文化間移動をする
子どもたちの学び

教育コミュニティの創造に向けて

齋藤ひろみ・佐藤郡衛 編

ひつじ書房

はじめに

　2008年秋、日本にも100年に一度といわれるアメリカ発金融大恐慌の波が押し寄せた。自動車を始めとする製造業が大きな打撃を受け、生産調整と共に、「派遣切り」と呼ばれる非正規労働者の解雇があちらこちらで行われている。この「派遣切り」の最初のターゲットになっているのが、外国人集住都市で生きる派遣外国人労働者である。労働力の調整弁として利用されているのである。そして、派遣切りに合った外国人労働者は、母国に帰国するか、仕事を求めて日本国内を移動するかといった選択に迫られている。こうした中、筆者が静岡県浜松市のある小学校で出合ったブラジルの子ども2人が、まさに親の解雇が原因で帰国することになったという話を聞いた。彼らの日本語教室担当教員は、それでも、母国に帰る子はまだ安心だと語る。保護者が仕事を求めて日本国内を流れて移動することになったら、子どもたちは学校に通えなくなるだろうと心配する。

　こうした状況の中、編者は改めて本書を出版することの社会的な意味について考えてみた。本書は、編者の2人が日本各地で出会った「外国にルーツをもつ子どもたちへの教育実践」を集め、その実践に埋め込まれた経験知を言語化して共有しようという趣旨で編集したものである。現在の状況がそうであるように、子どもたちが生活し学んでいる地域や学校等、彼らを取り巻く社会環境は日々変化している。本書に収めた実践の1つ1つは、学校の教員、あるいは地域の支援者という立場にある者が、目前の子どもたちが直面する課題を自身の教育・支援課題として設定し直し、その解決に取り組んだ軌跡を描いたものである。それぞれの実践は、最終的には直接の教育・支援主体である教員や支援者の手によって運営されているが、その過程では、子どもを起点として学校や地域の教室、そしてそれらを内包する地域社会を揺り動かすように展開している。そのうねりを生み出し実践を重ねていく力が、新たな教育課題であり現代的課題である「外国にルーツをもつ子どもたちへの教育」を推進していくのであろう。本書で紹介する実践は過去の実践であり、現在の経済不況の中で家計の支持者が解雇されるという状況にある子どもたちへの支援や教育をどうするのかという問いへの答えがあるわ

けではない。しかしながら、子どもたちの成長と発達のために、新しい課題や局面をいかに自身の教育・支援の場の具体的な課題として分析し、その解決のために、ナニをダレとドコでドノヨウに行うことが有効であるのかを想像し、試み、評価するための多くの示唆を含んでいる。そしてそれは、今、日本社会に求められている教育コミュニティの創造に向けた営みでもある。

　本書では、学齢期に海外から日本に来て日本で教育を受けている子どもたちや、日本生まれ・日本育ちであっても両親が民族的背景をもつ子どもたち、国際結婚家庭の子どもたち、あるいは海外生活の長い日本人家庭の子どもたちを、「文化間移動をする子どもたち」と呼ぶ。それは、「外国籍児童」という呼び名が示す国籍による捉え方でも、民族的背景や出生地のみによる捉え方でもない。子どもが、2つの（3つ以上の場合も含め）言語文化の間を、日々移動しながら生活しているということに着目する。子どもたちは内在化している自文化と日本文化との対立や葛藤を感じている。あるいは民族的に異なる家庭の文化と日本社会や学校の文化の間を行き来しながら、常にその間で差異を調整しながら生きている。こうした状況で学び、成長していく子どもたちにとって、それぞれの文脈で学んだことをいかに結び合わせるかが鍵となる。そのためにも、社会的に異なる立場のものが、地域の多様な空間で、子どもたちの学びをつなぎ合わせる場を創っていく教育コミュニティが重要なのである。関わり合うもの同士の視点のずれが調整の必要性を生み、調整のプロセスが教育に新たな価値や文化を創造していく。このような営みの中で、文化間を移動する子どもたちの学びは結び合わせられ、子ども自身も新たな文化を築いていくのではないだろうか。

　本書は、学校や教師に、教育コミュニティの中核としての役割を期待している。学校は子どもたちが過ごす空間、教育を受ける機会、そして仲間と出会う場である。学校がもつ環境としての存在意義は大きい。筆者は学校・教員の社会的・教育的役割と、そこで子どもたちが得る学びを捉えるためには、次の3つのカテゴリーに分けられる8つの視点で包括的に捉えることが必要だと考える。

表1　学校現場における日本語教育実践を捉える8つの視点

(1)実践内容・方法に直接関わる視点	(2)教育実践の環境創りに関する視点	(3)教育主体の成長に関する視点
①子どもたちの成長発達に基づく教育 ②文化間を移動している子どもたちへの教育 ③他の教育領域との横断・統合	①教育体制による実施形態の多様性 ②保護者、エスニック・コミュニティの教育への参与 ③学校を拠点にした地域教育ネットワークの形成	①日本語教育の「専門性」を有する教員集団の形成 ②外部から関わる支援者の「専門性」の形成

齋藤ひろみ(2008)「学校文脈において日本語教育を実践するということ」
『2008年度日本語教育学会春季大会予稿集』p.253

　(1)実践内容・方法に直接関わる3つの視点は、子どもたちの実態や力をどう把握し、教育内容と方法をいかに決定するかというものである。(2)は、子どもたちの学習環境、そして教員にとっては教育・支援環境をいかに整備・創造するかに関する3つの視点である。そして(3)は、教育主体である教員や支援者が(1)(2)の視点に基づき教育実践を行うために求められる専門性と教育集団としてのコミュニティ形成に関わる視点2つから成る。本書は、上記の8つの視点について個別に論じているわけではないが、全編を通じてこれらの視点で議論を展開している。
　ここで、本書の構成を簡単に紹介する。本書は、3部で構成されている。
　第1部では、編者が文化間移動をする子どもたちへの教育の現状と課題について述べる。第1章では、日本における外国人住民の居住状況、教育施策の史的変遷、そして、学校教育における外国の子どもたちの受け入れ体制等の制度面について概観し、子どもたちを生活者、社会の構成員として捉え直すための視点を提供する。第2章では、子どもたちの成長・発達という視点から、文化間移動をする子どもたちの学校適応、アイデンティティの形成、言語習得と学力、母語と認知発達の状況について、これまでの研究成果をレビューしながら述べる。第3章では、文化間移動をする子どもたちへの教育が学校や地域においてどのように行われているのかについて、「適応指導」と「日本語指導」を中心に整理する。第3部の第4章、第5章、第8章の実践でも紹介されている文部科学省開発の「JSLカリキュラム」について詳しく説明を加えた。第1部は、これまで日本国内で展開してきた移動する子どもたちへの教育を振り返り、その状況と課題を新たな視点で捉え直

すことをねらいとして構成してある。

　第2部では、この数年行われてきた文化間移動をする子どもたちへの教育および支援を、実践を直接実施してきた教員や支援者の目で描く。ここで紹介する実践は、編者が各地の研修会や講習会などで出会い、その後も交流を続けてきた教員や支援者、グループ、組織によるものである。第4章は、茨城県の神栖町(現神栖市)軽野東小学校において、山中文枝氏が中心となって取り組んできた外国の子どもたちへの教育支援と「JSLカリキュラム」の実践報告である。「JSLカリキュラム」の先駆けとなる実践事例であり、子ども一人ひとりの心身の成長に沿った学習の場づくりが、担任教師、母語指導員、子どもの保護者等、周囲を巻き込みながら展開される。第5章は、静岡県磐田市の東部小学校が日本語教室のみならず在籍教室でも取り組んできた実践の報告である。ブラジルからの日系人家庭の子どもたちの日本語の理解や表現を促すための教育活動が紹介される。文化間移動をする子どもたちの教育を在籍学級の日常化された教育活動として行うという、まさに今、各地の教育現場で目指されている学校運営・授業運営の例である。外国の子どもたちが理解できるようにことばを選んで授業を行うという取り組みは、教師にとっては自身の授業の見直しにもなったという。第6章は、高知市で長年日本語教室の担当をしてきた折田正子氏による、潮江南小学校の中国帰国児童への母語・母文化教育の実践報告である。中国帰国児童対象の教育が始まって20年以上を経て、子どもたちの教育課題は、当初の日本語力育成や学校適応から、民族的アイデンティティの問題や母語・母文化の継承へと転換したという。そうした中で取り組んだ学校現場における母語・母文化教育の先駆的な実践である。第7章では、大倉安央氏により大阪府立門真なみはや高等学校における外国籍生徒への教育支援体制と教育内容の概要が報告される。高等学校では、義務教育である小中学校とは異なる問題として、入学選抜と大学進学や就職などの進路の問題がある。これらの点について、歴史的な経緯とともに門真なみはや高等学校の取り組みが紹介される。第8章では、川崎市の小学校で進められた日本語指導等協力者グループと学校の日本語教室担当教員による「JSLカリキュラム」の授業実践が報告される。報告者である菅原雅枝氏(当時日本語指導巡回相談員)を含め、日本語指導等協力者は有志による自主学習グループである。この報告では、指導協力者と教員が、授業の計画・実施・評価の過程を振り返り、協働による授業づくりを通して両者が何を学び得たのかにも言及している。第9章では、群馬県

大泉町の大泉国際教育技術普及センターで運営されている親子日本語教室の活動を、排野寿美子氏が報告する。この教室では、ブラジル人の中高生が小学生の子どもたちに日本語を教えている。中高生が、この活動を通して、自信をもち、将来像を描き始める様子が描かれている。第10章では、福岡市立香椎浜小学校の空き教室を利用して進められている「よるとも会」の活動が、発足の経緯やその後の活動展開を交えて語られる。報告をするのは、自身もボランティアとして参加している大学院生の垂見直樹氏である。多様な背景、多様なニーズをもつ学習者とボランティアが集い、その多様性と柔軟性を力に、学校や地域行政を巻き込みながら活動を行っている様子が伝わってくる。

第3部は、第2部の実践報告を受け、「文化間移動をする子どもたち」に学校や地域の教育・支援はどのような力を育むのか、そのためにどのような内容をどのような方法で教育するのか、そのための環境をいかに創っていくのかについて、編者の考えを述べる。第11章は、第2部の実践を振り返りながら、教育・支援の場では文化間移動をする子どもたちに、どのような力をどのような学びの場を通して育むことが期待されるのかについて、学校を中心に議論する。第12章では、文化間を移動する子どもたちの学習を、ライフコースを通じた学びとして設定し直し、彼らに「学び」の連続性を保障するための支援のあり方について述べる。「主体的な学び」をキー概念として論じる。この議論に関連する問題として、教育の場での社会構造上の差別の取り扱いについても言及する。第13章は、本書の総括であり、今後の「文化間移動をする子どもたちへの教育」に対する方向性を示す。日本の学校教育における「学力観」への問い、直線型の学習支援への問いから、教育コミュニティの創造に向けての提言へと展開する。

以上が本書の構成であるが、読者の方には、何よりも第2部の実践をじっくりと読み解いていただきたいと思う。編者二人の読み解き方は本書の第3章に示した。しかし、文化間移動をする子どもたちとの関わり方は、それぞれに異なるはずである。読者のみなさんが、自身の教育理念、経験や現場で目にする現実を通して、それぞれの立場から批判的にそして生産的に、実践事例に学び、自身の実践を再構築されることを期待する。

文化間移動をする子どもの教育に関しては、本書ではページを割けなかった諸々の課題がある。移民受け入れ問題や福祉制度との関わり等の社会制度上の問題。そして、就学前の子どもたちの教育・保育や、特別支援を受ける

外国の子どもたちへの対応等、既に現場で顕在化している現実の問題。また、言語能力把握の方法といった関連領域の研究の進展に関わる問題などである。これらの問題に、既に取り組んでいる皆さんがいると思われる。「文化間移動をする子どもたち」の教育は、国内では未だ周辺的といわれる教育課題である。しかし、皆さんが実践や研究を相互に交流できる場を設けることで、徐々にではあろうが周囲の認識を変えることができるのではないだろうか。私たち編者も教育コミュニティの一員として、これからも文化間移動をする子どもたちの教育問題に取り組みたいと思う。そして、それをまた皆さんと共有する場が得られればと願う。

編者　齋藤ひろみ

目　次

はじめに　　　　　　　　　　　　　　　　　　　　　　　　　iii

第1部　子ども観のパラダイム転換　　　　　　　　　　　　　1

第1章　転機にたつ外国人の子どもの教育
　　　　—生活者、社会の構成員という視点から　　　　　　3

　　1.1.　居住地域の広がりと集住化　　　　　　　　　　　　3
　　1.2.　外国人の子どもの教育施策の特徴　　　　　　　　　4
　　1.3.　子どもの実質的な教育の保障　　　　　　　　　　　8
　　1.4.　日本語教育の保障—学習するための日本語の習得を　13
　　1.5.　進路の保障—中学校卒業後の対応　　　　　　　　15
　　1.6.　子どもの生活に応じた支援を　　　　　　　　　　16

第2章　成長・発達モデルから見た移動する子どもたちの状況　19

　　2.1.　社会・学校への適応　　　　　　　　　　　　　　19
　　2.2.　異文化適応とアイデンティティ　　　　　　　　　23
　　2.2.　日本語の習得と認知の発達　　　　　　　　　　　25

第3章　文化間移動をする子どもたちへの教育の方法　　　35

　　3.1.　適応教育　　　　　　　　　　　　　　　　　　　35
　　3.2.　学校における日本語教育　　　　　　　　　　　　38
　　3.3.　文部科学省開発「JSLカリキュラム」とその普及上の課題　43
　　3.4.　母語・母文化教育　　　　　　　　　　　　　　　49

第2部　文化間移動をする子どもの学びをつくる　　53

第4章　体験・探求・発信する授業
　　　　―授業「赤ちゃんのふしぎ」の取り組みを通して　　55

　　4.1.　神栖市の概要　　55
　　4.2.　軽野東小学校の受け入れ体制　　57
　　4.3.　軽野東小学校における「教育の国際化」を目指した取り組み　　59
　　4.4.　日本語教室における授業実践　　64
　　4.5.　JSLカリキュラムの授業実践例　　67
　　　　学びをつくるしかけ1
　　　　　―学校で子どもの学びと生活をつなぐ　84

第5章　子どもに即した日本語カリキュラムの開発
　　　　―国際教室から一般教室へ：ブラジルの子どもたちへの教育　　87

　　5.1.　磐田市の国際化の状況　　87
　　5.2.　東部小学校における外国人児童教育　　88
　　5.3.　子どもたちの学びの道筋に即した授業づくりの試み　　96
　　5.4.　授業実践例　　98
　　5.5.　2年間の取り組みの成果と課題　　113
　　　　学びをつくるしかけ2
　　　　　―全学級でことばをコントロールする　116

第6章　子どもたちの母語・母文化の教育
　　　　―小学校における中国語（母語）教室の取り組み　　119

　　6.1.　高知市の外国人児童生徒教育の現状　　119
　　6.2.　高知市立潮江南小学校における外国人児童教育　　121
　　6.3.　周囲の子どもたちを育てる教育活動　　125
　　6.4.　中国帰国児童の母語（中国語）保持教育　　135
　　6.5.　中国語・中国文化教育の蓄積と広がり　　141
　　　　学びをつくるしかけ3
　　　　　―子どもたちの母語・母文化を教育場面にとり入れる　146

第 7 章　高校への進学と学習機会
　　　　　―門真なみはや高等学校における学習支援　　　149

7.1. 大阪府の高等学校における外国人生徒教育の状況　149
7.2. 門真なみはや高校の渡日生教育　153
7.3. 門真なみはや高校の渡日生教育の実際　155
7.4. 高校における渡日生教育の課題　165
　　学びをつくるしかけ 4
　　　―学習保障をめぐって対話を重ねる　171

第 8 章　学習を支えるネットワーク―川崎市の実践から　173

8.1. 川崎市の国際化の現状　173
8.2. 川崎市の外国人児童生徒支援の体制　174
8.3. 川崎市の外国人児童生徒教育の新たな試み
　　　―プロジェクトチームの発足　178
8.4. 授業「メダカを飼おう」　180
8.5. 授業づくりの過程―学校／教員、日本語指導等協力者の
　　　連携・協力　183
8.6. プロジェクトから始まったもの　191
　　学びをつくるしかけ 5
　　　―学習支援ネットワークをつくる　196

第 9 章　日本語習得と人材育成の場として
　　　　　―大泉国際教育技術普及センターの親子日本語教室　199

9.1. 外国籍住民比率全国一の大泉町　199
9.2. 大泉町における教育支援の内容　201
9.3. 親子日本語教室　204
9.4. 親子日本語教室の効果と成果　207
　　学びをつくるしかけ 6
　　　―自分の将来に学習を位置づける　216

第10章　地域で子どもの学習を
　　　　──香椎浜小学校親子日本語教室よるとも会　　217

　10.1.　香椎浜校区を取り巻く多文化化の概要　　218
　10.2.　よるとも会設立の背景　　219
　10.3.　よるとも会の活動　　222
　10.4.　子どもの学びを支える　　227
　10.5.　よるとも会ができてから──地域の日本語教室としての広がり　　229
　　　　学びをつくるしかけ7
　　　　──子どもを支える地域の関係を「あむ」　232

第3部　教育コミュニティの創造に向けて　　233

第11章　文化間移動をする子どもの発達と学校　　235

　11.1.　文化間移動をする子どもに学校が育む力　　236
　11.2.　子どもたちの学びをつくる場　　245

第12章　子どもたちのライフコースと学習支援
　　　　──主体的な学びを形成するために　　251

　12.1.　子どもたちのライフコースと学びの広がり　　251
　12.2.　主体的な学びを生み出す教育・支援　　255
　12.3.　ライフコースと言語文化的差異の捉え方
　　　　──社会的「差別」という問題への教育的対応　　258

第13章　学習支援から教育コミュニティの創造へ　　267

　13.1.　社会で生きていく力を育む
　　　　──「学力」の多面性とその再定義　　267
　13.2.　多様な回路による学習支援　　270
　13.3.　多様な学習支援の場を　　273
　13.4.　教育コミュニティの創造に向けて　　277

第１部　子ども観のパラダイム転換

第1章　転機にたつ外国人の子どもの教育
　　　——生活者、社会の構成員という視点から

佐藤郡衛

1.1．居住地域の広がりと集住化

　外国人登録者数は2005年に初めて200万人を突破し、2007年末時点で約215万人となっている。10年前の1997年と比較すると約67万人の増加で総人口比の1.69%にあたる。これを地域別でみると、外国人登録者数が最も多いのは東京都の約38万人で全体の17.8%を占める。以下、大阪府、愛知県、神奈川県、埼玉県、兵庫県、千葉県、静岡県、京都府、茨城県の順となっており、この上位10都府県で全体の7割を占めている[1]。
　外国人登録者の増加に伴い、日本の公立学校に就学する子どもの数も増加している。2006年度の学校基本調査によると、外国籍の子どもは、小学生が約4万4千人、中学生が約2万人のあわせて約6万4千人に達する[2]。この中には、「在日韓国・朝鮮人の子ども」「日系南米人の子ども」「中国帰国者の子ども」「新規来住者としての中国籍の子ども」「インドシナ難民の子ども」「フィリピンに代表されるアジアからの子ども」などがおり、非常に多様化し、それぞれ固有の教育課題を抱えている。
　なかでも日本の学校の教授言語である日本語の力が十分でない外国人の子どもの増加が著しい。文部科学省(以下、文科省)の2006年度の「日本語指導が必要な外国人児童生徒数」調査によると、その数は約2万2千人に達し、年々増加しつつある。子どもの在籍学校数は約5千500校、ポルトガル語・中国語・スペイン語の3言語で全体の7割以上、また、在籍人数5人未満の学校が8割などという結果が報告されている。都道府県別では、愛知県が最も多く、ついで神奈川県、静岡県、東京都、大阪府などとなって

おり、全国的な広がりをみせている[3]。

ただ、「日本語指導が必要」という判断の根拠が曖昧なため、この数字には若干の留意が必要である。日常会話ができるようになると、教科学習についていくだけの日本語力がなくても、「指導の必要がない」と判断されてしまうためである。また、日本国籍であっても、中国帰国者や国際結婚家庭の子どものように、日本語が十分でない子どももいる。特に、近年では国際結婚の増加により日本国籍であっても、両親の一方が外国人という子どもも増加しており、文科省の調査よりも多くの子どもが日本語の学習を必要としている。日本語の習得が不十分なまま学校に就学している子どもの数は相当数に達する。

外国人の子どもたちは、全国的な広がりをみせていると同時に、一部の地域に集住している。外国人が集住する市町は「外国人集住都市会議」を組織し、情報交換やシンポジウムなどを開催し、国や県、さらには企業などに要望を出している[4]。こうした集住都市では、ポルトガル語を母語にする子どもが多く、ブラジルからの日系労働者の子どもが大半である[5]。このように、外国人の子どもたちの、集住化が進行し、集住地域では滞在の長期化とともに、日本生まれ日本育ちの子どもが増加し、「移民二世」とでも表現できる状況になりつつある。また、日本と母国との越境を繰り返す子ども、さらには日系ブラジル人の子どもの場合、日本の公立学校とブラジル人学校の行き来を繰り返す子どもも出てきている。この他、大都市を中心にして多国籍化が進行しつつあり、さらに国際結婚の増加とともに、国籍だけではとらえられない多民族化も進行している。

こうした状況の中で、外国人の子どもの教育課題が大きく浮上し、さまざまな施策が展開されてきた。ここでは、まず、国を中心にした施策を跡づけながら、この教育の現状と課題について検討していく。

1.2. 外国人の子どもの教育施策の特徴

国が本格的に新規来住の外国人の子どもの教育に関して施策を開始したのは1989年のことである。「外国人子女教育研究協力校」の指定を行い、その受け入れと指導のあり方についてのモデル事業を開始したのである。その後、1990年の入管法の改正で、日系人の子どもが急増し、矢継ぎ早に施策が展開されていく。表1は、文科省を中心にして国レベルがこれまで行っ

表1　外国人児童生徒教育政策の推移—文部科学省等の施策を中心にして

1974年：中教審答申(日本型の国際化対応の教育を)
1976年：「中国引揚子女教育研究協力校」の指定
1977年：「日本の学校」(中国語版上巻・下巻)(中国帰国児童生徒の適応のための補助教材)作成
1986年：「帰国子女教育の手引き」(引揚子女関係)作成
1986年：「中国帰国孤児子女教育指導協力者派遣」事業
1987年：臨教審最終答申(新国際学校の設置提案、日本語教育の充実等)
1989年：日本語教材「先生おはようございます」(中国帰国児童生徒対象)作成
1989年：「外国人子女教育研究協力校」の指定
1989年：自治体(豊中市、高槻市、東大阪市、吹田市、川崎市等)で、在日外国人、特に在日韓国・朝鮮人の子どもの教育の指針の作成(人権の尊重、内外人平等の原則、多文化主義の理念)
1991年：「日本語指導が必要な外国人児童生徒数調査」の開始
1991年：「日韓覚書」(在日韓国人の法的地位・待遇)(①課外での母語・母文化教育の公認、②就学案内の発給、③教育公務員への任用の際の国籍条項の撤廃)
1992年：総務庁の勧告(①就学の円滑化、②受け入れ体制整備・教員研修・日本語指導教材整備、③就学前の情報提供)
1992年：「日本語指導等特別な配慮を要する児童生徒に対応した教員の配置」事業
1992年：「にほんごをまなぼう」(初期日本語指導教材)作成配布
1993年：「日本語を学ぼう2」(小4までの算・理・社の学習に必要な日本語教材)作成配布
1993年：「外国人子女等日本語指導講習会」「外国人子女教育担当指導主事研究協議会」開催
1994年：「日本語を学ぼう3」(小5,6までの算・理・社の学習に必要な日本語教材))
1994年：「外国人子女等指導協力者派遣(母語対応)」事業
1995年：「ようこそ日本の学校へ」(指導資料集)作成配布
1996年：「日本語指導カリキュラムガイドライン」作成
1997年：「外国人子女教育資料・教材総覧」の作成
1998年：「外国人子女教育受入推進地域」の指定
1999年：「外国人子女教育等相談員派遣」事業
2000年：「大検」の改正
2000年：マルチメディア版「にほんごをまなぼう」開発・配布
2001年：初中局国際教育課で外国人児童生徒教育を所管
2001年：「帰国・外国人児童生徒教育研究協議会」の開催
2001年：「帰国・外国人児童生徒と共に進める教育の国際化推進」事業(2005年まで)
2003年：総務省行政評価・監査結果に基づく通知(①外国語による就学ガイドブック等の整備、②外国語による就学援助制度の案内の徹底、③通学区域外でかつ通学が可能な日本語指導体制が整備されている学校への通学を認める)
2003年：「JSLカリキュラム」小学校編開発
2005年：「不就学外国人児童生徒支援」事業(2006年度まで)

> 2005年「外国人児童生徒のための就学ガイドブック」作成配布
> 2006年：「帰国・外国人児童生徒教育支援体制モデル」事業(各地域にセンター校を設定し、母語のわかる指導協力者やコーディネーターを配置したり、日本語指導教室を設置したりするとともに、地域内の各学校に巡回指導を行うことで地域における日本語指導、適応指導の充実を図る事業)
> 2006年：文科省初中局長の都道府県教委、知事等への通知「外国人児童生徒教育の充実」
> 2007年：「帰国・外国人児童生徒受入促進」事業(①母語のわかる指導協力者の配置、②域内の小中校に対する巡回指導、③バイリンガル相談員等の活用による就学啓発活動)
> 2007年：「JSLカリキュラム」中学校編開発
> 2007年：「JSLカリキュラム実践支援」事業
> 2008年：「外国人児童生徒教育推進検討会」報告

てきた主な施策をまとめたものである。1990年以降、実態調査や日本語指導教材の開発など多くの施策がなされてきたが、そこには次のような特徴がある。まず第1に、現場からの要望によって対症療法的な施策が展開されてきたという点を指摘できる。つまり、学校現場でその受け入れと指導の困難さがクローズアップされ、学校現場の「問題」への対応という形で施策が展開されてきた。1991年から「日本語指導が必要な外国人児童生徒数」の実態調査が開始され、日本語指導の困難さが浮き彫りになり、教材整備の支援が中心に展開されてきたのである。

　第2に、外国人の子どもの教育は、独自に展開されたものではなく、これまでの行政の枠組みで行われてきたという特徴を持っている。国ではこの教育を独自に所管する部署がなく、海外・帰国児童生徒教育を行っていた部署が担当することになり、海外・帰国児童生徒教育や中国帰国児童生徒教育のこれまでの基本的な施策を踏襲することになった。これは、即応できたという利点を持つ反面、国民教育の枠組みに外国人児童生徒教育を位置づけることになった。また、憲法、教育基本法の規定を持ち出すまでもなく、教育の権利や義務は「国民固有の権利・義務」であり、外国人には義務を課しておらず、このためいわば「恩恵」という形で教育が提供されてきた。しかも、海外・帰国児童生徒と同様に、教育の制度や構造を問題視することなく、個人に還元するという問題を内包することになった。制度やシステムの改革に向かうのではなく、個人の適応を中心に据え、個別の支援を行うという施策が展開されてきたのである。

　第3の特徴は、外国人の教育政策の二重構造化である。1980年代までは

在日韓国・朝鮮人の子どもの教育が中心であったが、1990年代に入ると、新規来住の子どもが急増し、特に日系ブラジル人の子どもの教育が大きな課題になる。しかし、従来の問題を解決しないまま、両者の教育は別個に議論され、新規来住の子どもの日本語教育や学校への適応が国の施策の中心になっていった。それまで大きな課題であった民族教育や母語教育について政策の俎上に上ることはなかった。また、この点について、国と地方の施策の違いも顕在化してくる。地方自治体では、外国人の子どもの教育はまったなしの課題になり独自に対応策を進めざるをえなかったが、国では国民教育の枠が強くその対応が遅れることになった。

　第4は、第3の特徴と付随するが、外国人の子どもの教育の施策に関して自治体間の格差が広がっている点を指摘できる。「受け入れ体制」「高等学校の入試の特別枠」「就学案内」等、自治体での格差が拡大しつつある。受け入れ体制については、日本語指導を行う特別の教員を配置したり、指導員やボランティアを配置したりしている自治体もあれば、全く対応していない自治体もある。また、都道府県によっては、高等学校の進学に際して、特別枠を設けているところもあれば、まったく枠を設けていないところもある。このように、この20年間で自治体間の差が大きくなっているが、その背景には国が一定の指針を示してこなかったという点もみのがすことはできない。

　第5は、これまでの施策が国際法に依拠し展開されてきたが、まだ不十分であるという点を指摘できる。外国人の子どもの受け入れの根拠は、「経済的、社会的及び文化的権利に関する国際規約」、いわゆる「国際人権規約」であり、外国人の子どもの教育を受ける権利を保障している。しかし、「すべての移住労働者とその家族の権利保護に関する条約」に規定されているような母語及び出身国の文化の教育の保障にまでは踏み込んでいない。この条約を批准していないこともその要因だが、国際法の視点から、再度、国内の教育施策を見直す必要に迫られている。

　以上、この20年間の国の施策の特徴を指摘したが、2008年に提出された「初等中等教育における外国人児童生徒教育の推進のための検討会」の報告では、これまでよりも踏み込んだ視点がみられるようになった。生活者として外国人の子どもをとらえ、これからの日本社会の構成員として、その教育を保障するといった視点がみられるのである。一時滞在者の「お客さん」として扱うのではなく、これからの日本社会を構成するメンバーとして位置づ

け、その教育を保障しようとする視点である。いわば、「統合」的視点の芽生えとでも表現できるが、この視点を拡げていくには、「子どもの実質的な教育の保障」「学習に参加するための日本語教育の充実」「進路保障」などの課題を解決しなければならない。

1.3. 子どもの実質的な教育の保障

　外国人の子どもをこれからの日本社会の構成員として位置づけていく上で、なにより重要な点は子どもの教育を保障することである。教育を受ける権利といった形式的な平等（これ自体が保障されていないが）と同時に、実質的な平等を保障することが求められている。特に、義務教育段階の教育を実質的に保障することは不可欠であり、そのためには、全く手つかずであった就学前の教育、小・中学校での受け入れ体制の整備、外国人学校への支援、さらには不就学への対応などが課題になる。（なお、すでにみたように、国籍だけでは対応できない事態になりつつあることから、以下では、「外国人の子ども」と表現し、必要な場合は「外国籍の子ども」と表現する。）

(1)就学前の子どもへの支援

　まず、就学前の子どもへの支援である。滞在の長期化、定住化にともない、就学前の子どもが増加しつつあるが、これまでは義務教育段階の子どもへの対応に終始し、就学前の子どもの教育への対応が不十分であった。だが、自治体によっては、日本の保育園や幼稚園に就学する外国人の子どもが増加しつつあるし、外国人学校などが運営する保育施設や幼稚園などに通園している子どもも少なくない。

　「外国人集住都市会議」への参加市町の2006年の調査では、外国人を対象に保育や託児を中心にしている施設が、大泉町6、浜松市4、豊橋市4、太田市3など全体で28あることが報告されている。この調査結果で注目すべき点は開園している時間であり、平均すると実に1日12.46時間となり、保育時間が長いことがわかる。この他、外国人学校が運営する託児施設があることも調査から明らかにされている。ブラジル籍や日系人の場合、その多くは就労目的で日本に来ているため就労時間が長く、日本の保育園や幼稚園では対応できないことがこうした独自の保育施設をうみだす結果になっている。ただ、この調査が指摘するように、「外国人保育施設では従事職員の大

半がポルトガル語を主な使用言語としており、また、日本語能力からみても、日本の教育制度や小学校入学のための正確な情報」が得られないといった状況にあり、日本の学校との接続がなされていない[6]。こうした保育・託児施設を終えた後に、日本の公立学校に進む場合には日本の学校に関する情報がないため、学校生活の準備ができないといった問題を抱えることになる。

　今後、日本での滞在の長期化、定住化などの傾向と重ね合わせると、就学前の子ども数の増加が見込まれる。また、各地域で多国籍化・多民族化が進行しているが、集住都市のように自前で保育施設や託児施設を整備できないため、日本の保育園や幼稚園での受け入れが本格化していくことになる。その受け入れ体制、保育士や教師の対応、日本語と母語との関連を考慮した言葉の教育、さらには日本の小学校への接続など課題も多い。

　第2言語習得の視点からみて、日本語を習得するためには幼児期から小学校低学年での支援が重要だという指摘がなされている。「話し言葉が読みの発達に影響していくこと、つまり、読みの力は、話し言葉を土台にして発達していくこと、そして、学校での学習の成功、不成功をきめる要になるのは読みの力」であり、「第1言語の基礎が固まる小学校入学前後」に、話し言葉の発達を支える支援が必要だといわれる[7]。このように、就学前の子どもの受け入れ、日本語教育といった対応が今後の課題になる。

(2) 小・中学校の受け入れ方針の明確化

　日本の公立学校で外国人の子どもの受け入れが本格化し、20年近くが経過したが、いまだ学校での受け入れの方針が定まっていない。いま、教育界では多様な課題が山積し、外国人の子どもの教育が後退していることは否めないが、公立学校でその数は減るどころか、増加が見込まれる。こうした中で、外国人の子どもを日本の学校でどのように受け入れていくかという基本方針を明確化していかなければならない。現状の枠を前提に受け入れることは、結果として同化のメカニズムが働き、外国人の子どもにとり学校という制度、さらには日常の教育活動が抑圧的になることはこれまでの調査からも指摘されていることである[8]。外国人の子どもの受け入れ方針を明確化し、日本語教育などを正規の教育課程に位置づけていく必要もあろう。「日本語」は、正規の教育課程に位置づけられていないため、時間が確保できなかったり、指導者がいなかったり、さらには指導者の研修ができなかったり

といった問題を抱えている。

　受け入れ体制については、集住地域だけでなく、子どもの数が少ない地域でも問題を多く抱えている。文科省の「日本語指導を必要とする児童生徒数」調査によれば、1校あたりの子どもの数が「5人未満」という学校が全体の8割を占めており、在籍人数別にみると、「5人未満」の市町村が全体の過半数を占めている。こうした分散している地域での受け入れ体制はいまだ十分ではない。日本語力が十分でない子どもの数が「5人未満」の場合、特別なクラスを設置したり、特別な指導の体制をとったりできないため、日本語の習得もままならない状況で授業を受けざるを得ないという現実がある。また、受け入れ後の日常的な指導のあり方も課題が多い。日本語教育の拠点校を指定したり、遠隔での指導や個別の指導のあり方を工夫したり、さらには受け入れ体制のあり方を検討したりする必要があり、それを地域の実情に応じて構想していかなければならない。

(3)外国人学校への支援

　義務教育段階の子どもたちは、日本の公立学校だけでなく外国人学校にも就学している。特に、ブラジル籍の子どもの場合、帰国後の適応を考慮してブラジル人学校に就学する例が多く、各地にブラジル人学校が開設されている。2007年時点で48校がブラジル教育省の認可校であり、18校が申請認可中である。国際カリキュラム研究会の調査によると、7千人から8千人がブラジル人学校に就学しているといわれる[9]。授業料等の負担が大きいにもかかわらず、ブラジル人学校に就学する理由としては、「ブラジルで進学するのに役立つ」「ポルトガル語で勉強できる」「ポルトガル語が勉強できる」などがあげられている[10]。ただ、最近の動向をみると、ブラジル人学校を卒業してもブラジルに帰国せずに、日本に定住する子どもたちが多くなっている。もともとブラジル人学校は、ポルトガル語で授業を受け、帰国後の教育との連続を保つために設立されたという経緯があるが、その原則が崩れつつある。ブラジル人学校は、子どもの進路の多様化に対応して、キャリア教育が不可欠になっている。帰国か定住かという対立軸ではなく、「越境」という事態もみられる中で、どのようにキャリア選択をさせるかといった課題が出ている[11]。

　また、ブラジル人学校は、学校としての条件整備を進める必要もある。つまり、カリキュラム、施設設備など、教育をする上での一定の水準を満たし

ていないという問題である。自前の校舎を持つ学校は少なく、当然、運動場や体育館はなく、教室や設備も貧弱である。その背景には、日本、ブラジルの両面の公的な援助が受けられないといった問題があるが、当面、日本側の支援としては、空き校舎の開放や税の優遇策などが想定できる。単に学校の設置・認可の条件を緩和するだけでなく、学校としての一定の条件整備を進めることが不可欠であり、そのためには日本、ブラジルの両政府の援助も必要になるし、企業からの支援も検討すべき課題である。

(4)不就学への対応

　外国人には就学義務は課せられていないため、外国人の子どもの中には、日本の学校にも外国人学校にも就学していない子どもたちがいる。特に義務教育段階で全く教育を受けていない子どももおり、このことは子どもだけでなく社会としても大きな損失になる。不就学の要因は複雑であり、就学義務がないことばかりではなく、母国への帰国予定が曖昧であること、さらには経済最優先の親の生活戦略などが指摘されてきた[12]。また、不就学に関しては、非行や問題行動などの関連で問題視されることが多いが、実はその実態が正確に把握できていない。日本の公立学校と外国人学校への就学者と同年齢の外国人登録者数の差を不就学者数として割り出すケースが多く、その実態がつかめていないのである。また、外国人登録をした地域から他地域に移動した場合でも、前の地域に住民としてカウントされ、就学実態がないと不就学扱いになるといった制度上の不備もある。ごく一部の不就学の子どもたちの非行や問題行動を、さも全体であるかのように議論される傾向があるが、調査を通して不就学の子どもの生活実態を踏まえた対応が強く求められる。

　この不就学で問題になるのが、いわゆる「不法滞在」といわれる「非登録者」の子どもである。学校に行くことで、「不法滞在」が発覚するおそれがあるため親が学校に行かせないといったこともあり、一筋縄では解決できないが、人道的な対応が必要である。この他、ブラジルにおけるドロップアウト率が日本と比較しきわめて高いため、不就学をあまり問題視しなくてもいいといった声を聞くことがあるが、小学生や中学生が学校に行かないということは、子どもの発達・成長を阻害してしまうため、その教育を保障しなければならない。国際化という状況下で、文化間移動をする子どもの教育を保障することは、国の責務でもある。

次に、不就学への対応としてどのような課題があるかを検討していく。第1は日本の教育や、学校についての情報提供である。日本の学校のあり方や日本の教育・学校の情報不足が不就学の1つの要因になっているといわれる。学校生活のきまり、約束事、学校行事など、子どもが経験したことのないものが多く、しかも、親の日本語能力の問題もあり十分に対応できない。したがって、多言語での情報提供だけでなく、親や子どもにとり、必要な情報をいかに提供するかを各地域の実態に応じて整備していく必要がある。単に、多言語でパンフレットや案内をつくるだけでなく、困った時に気軽に母語で相談できるような体制づくりも必要であろう。

　第2は子どもの居場所づくりである。日本の学校に編入学後、授業についていけず、しかも、友だちもできず、学校に居場所がないことが不就学につながることがある。所属する学級で居場所を確保できない場合、日本語教室などで子どもの居場所をつくり、安心して学校生活を送ることができるようにすることも必要だろう。また、学校だけでなく地域の日本語教室などが外国人の子どもの居場所になっている例も報告されている。特に、同国出身の年下の子どもの支援をしたり、日本人のボランティアと交流したりすることで、自分の存在を自分でもまた他者からも評価されることで、自分の未来を切り開く力になるといった事例も報告されている[13]。

　第3は地域での対応であるが、地域ではこれまで不就学への対応は視野に入っていなかった。集住地域では、ようやく不就学の子どもに対する対応がなされるようになってきた。たとえば、豊田市では、NPOが中心になり、不就学の子どもの学習支援を行っているし、浜松市、豊橋市、豊田市などでは、ハローワークが中心になって、不就労の外国人青少年を対象に就職ガイダンスを実施している。また、各地で国際交流協会やボランティアが不就学の子ども、青少年を対象にした日本語教育を行っている例も見られるようになった。この他、就学年齢を超過した青少年への職業訓練、特に地域の企業も巻き込んだ職業訓練の可能性を探ることも課題である。実際、豊田市では、「在日ブラジル人自動車整備工養成コース」などを企業が中心になり実施している例もある[14]。

　第4は不就学に関しては、子どもだけの支援では限界があり、親の問題と大きく関連しており、親へのサポートが必要である。外国人の子どもの場合、家族が子どもにとっての支えになっていないことがあるという問題もあり、家族や親とどう関わっていくかも新しい課題である。

1.4. 日本語教育の保障―学習するための日本語の習得を

　外国人の子どもを日本社会の構成員として位置づけ、その教育を保障するには、日本語教育が重要な課題になる。日本で生活する外国人の子どもにとり、日本語は、単なる言葉という意味をこえて、認知能力の発達や人格の形成にまで関わる。日本語は、コミュニケーションとしての手段だけでなく、抽象的・論理的思考を支えるもの、自己表現の手段となるもの、さらに日本語を介して友だちや教師との関係性をつくり、自分の内的な世界をつくりあげていくものである。小学校高学年や中学生になると言葉を介して友人関係を築いていくが、自分を十分に表現できるだけの日本語の力がない外国人の子どもの場合、仲間から孤立するケースがみられる。こうした状況の中でいかに日本語の力を育成していくかが学校の課題となる。

　全く日本語が理解できない子どもに対しては、当然、日本語指導を行う必要がある。これは「初期日本語指導」と呼ばれるが、この教育が本格化し20年近くたちかなり整備されつつある。ただし、公立学校では教師の「異動」が必然化するため、「異動」により日本語教育の継続性が阻害されることになる。いままで対応してきた教師がいなくなれば、当然、新しい教師が一から出発するため常に学校では課題として存在し続けることになる。しかも、日本語指導に関しては、その評価の基準が曖昧であり、学校によって異なっているだけでなく、日常会話ができれば指導の必要がないという判断を下し、何も対応していない学校もある。「初期日本語指導」のみでは、教科の学習についていくだけの日本語力はつかないため、日本語指導のあり方を根本から見直す必要があり、日本語力について一定の基準を示すことも必要だろう。

　また、日本語指導に関しては、子どもの背景、日本語力、母語力、認知発達などの多様性を考慮する必要があるし、しかも、地域特性にも配慮する必要もある。集住地域の子どもの約70%はポルトガル語を母語にしているが、東京や大阪などは中国語を母語とする子どもが多く、漢字圏と非漢字圏の子どもへの支援はおのずと違ってくる。このため、地域の特性に応じ、あるいは子どもたちの特性に応じた日本語指導、教材開発といったことが必要になってきている。

　日本語教育で特に重要な課題は、教科に関わる日本語教育である。これま

で日本語指導を優先させ、まず日本語指導を行い、その上で教科指導を進めようという考え方が強く、日本語指導と教科指導が切り離されて行われていた。言葉だけを取り出した日本語指導では、子どもたちが学習に参加できる力を育成するには十分ではない。日常生活では流暢に日本語を操っていても、いったん授業に参加するとその授業内容が理解できない、また理解したことを十分に表現できない子どもが多いのである。外国人の子どもの日本語教育は、日本語指導と教科指導を統合し、子どもたちが学習活動に参加できる力を育成しなければならない。日本語指導と教科指導を分けてしまうと、語彙や辞書的な言葉の理解が先行し、子どもの理解を深めることが難しくなる。

　この学習するための日本語の力は容易に定義できないが、単なる教科の語彙を習得していくことではない。小学校5年生の理科の「川」の単元を例にしてみよう。日本語指導では、「上流、中流、下流」などの理科の語彙の読み方やそこに出てくる文型を教えることに主眼をおくことが多い。しかし、「上流、中流、下流」という言葉には、それぞれ水の速さや量による働き、土地の変化などの知識が付随し、しかもそれぞれが相互に関連し1つの体系をつくっており、それを理解することが重要になる。つまり、川の流れと石の様態や土の堆積、上流、中流、下流の自然条件の違い、人間生活と動・植物の関連など知識間の関連を学習していく必要がある。しかも、学習したことを理解し、その内容を日本語で表現できるようにすることが大切である。

　日本語力が十分でない子どもたちにとり、新しい課題を理解するには、自分の既存の認識構造にそれを組み入れたり、あるいは子どものもつ既有知識を活性化させたりしていくことが必要である。そのためには、具体物や直接体験を通した学習が効果的であり、かつ母語や母文化の支えも重要になる[15]。多様な背景を持つ外国人の子どもの場合、固定した内容を一定の順序性で配列したものを提供するだけでは対応できない。具体的な教育実践の場で、子どもたちの多様な生活背景を視野に入れて、授業づくりをしていかなければならない。外国人の子どもへの日本語教育は、日本語の習得が最終目的ではなく、授業への参加を通して学ぶ楽しさを知り、知識や経験を通して自分の生活世界を広げ、周囲の友人と学びあうことで、豊かな関係を築いていけるようにしていくことである。

1.5. 進路の保障—中学校卒業後の対応

　外国人の子どもの滞在の長期化や定住化につれ、義務教育終了後も視野に入れる必要がある。「在留外国人統計」によると、15歳～19歳の外国人登録者数は約8万5千人と、年々増加の一途をたどっており、しかも、高等学校進学者も増加傾向にあるためである。2006年度の学校基本調査では、外国籍の高校生の数は約1万2千人となっている。ただし、「日本人」の子どもと比較し高校進学率は極端に低い。先の「外国人集住都市会議」の調査によると、2006年3月中学校卒業者の進路は、「高校進学」が65%、「就職者」が11%、「その他」が24%となっており、「その他」の内訳は、「家事手伝い・未定」「帰国」「ブラジル人学校」などとなっている[16]。高等学校への進学希望者の増加とともに、高等学校段階の受け入れ制度の拡充と入学後の指導体制を整備していくことが課題になる。ブラジル人の場合、ブラジル政府が1999年から卒業資格認定試験を実施するようになり、ブラジルでの進学をめざしてこの試験を受験する生徒も多いが、日本の高等学校への進学希望者も年々増加している。

　外国籍の生徒の受け入れは、「外国人生徒枠」といった特別な定員措置も考慮しなければならないし、入学後の日本語指導、選択教科の中に母語を位置づけるといった対応も考慮すべき課題である。また、結果としての平等を保障するには、奨学金枠の拡大や高等学校のカリキュラム改革まで踏み込まなければならない。たとえば、可児市では国際交流協会が高等学校進学者への奨学金制度を設けているが、こうした奨学金制度を拡大していくこと、さらには高等学校段階の受け入れ体制の整備が重要な課題になる。

　また、外国人の生徒を高校に受け入れていくには、従来の教育の枠組みや学校の制度・組織・カリキュラムなどを固定したままではなく、システムや構造自体を変革するという視点が重要になるが、そうした視点はまだ希薄である。たとえば、日本ではライフコースが「学校期」と「労働期」に二分されているため、「学校期」に日本の学校の教科学習についていくだけの「学力」をつけるという発想が強いが、これからは、「労働期」を経てからまた学校にもどれるような柔軟な制度をつくるとともに、地域の中で多様な学習機会を用意するといった対応が必要になってきている。この他、すでに指摘したように、地域の中で、外国人の青少年に就労の機会を提供したり、企業での職業訓練などの機会を提供したりすることも今後検討すべき課題になろ

う。

1.6. 子どもの生活に応じた支援を

　外国人の子どもの教育が開始され20年近くになるが、ようやく子どもたちを生活者としてとらえ、これからの日本社会の構成員として位置づけていく動きがみられようになった。この視点をより明確にするには、まず第1に外国人の子どものとらえ方の転換が求められる。子どもたちは、これまで日本語ができない子どもとみられ、日本語力をつける支援の対象ととらえられてきた。しかし、こうした子どもを日本語力だけでとらえるのではなく、文化間移動のために成長・発達や学習に非連続、不連続が生じているというようにとらえていく必要がある。子どもたちは、文化間移動により、これまでの友人関係や社会環境が根こそぎなくなり、しかも自分への評価も一変させられることが多く、一から社会関係を築き、自分の立つ位置を確立していかなければならない。学校では、それまでの生活背景や文化的背景が考慮されずに、日本の学校への適応、とりわけ日本語力のみが要求される。外国人の子どもたちにとり、なによりも重要なことは、子どもの過去といまをつなぎ、そのアイデンティティを支えることであろう。子どもの過去といま、そして未来という発達の軸をつないでいくことが必要であり、そのための支援を考えなければならない。

　第2は、子どもの生活全体を視野に入れた支援が必要である。これまでは学校中心にその支援を構想してきたが、もはや学校や教育という枠だけではとらえきれなくなっている。生活全体を視野に入れると、雇用、福祉、医療などとの関連を考慮する必要があるし、子どもの教育の問題は、親や家族の問題、雇用の問題と密接に関わってくる。これまで、教育の問題は他の領域と不可分の関係にありながらも、理念だけで語るきらいがあった。雇用、福祉、医療といった問題と教育を関連づけて議論していかないと、現実の対応ができなくなっている。このことは、子どもの生活全体を視野に入れた支援が必要なことを示している。

　第3は一般論から踏み出して具体性のある支援を地域の実情に応じてつくりあげていくことである。これまで支援や指導を実態概念としてとらえ、いつでもどこでも、どんな子どもにもあてはまるものとして考えてきたように思う。しかし、支援や指導は、関係概念であり、学習者次第で変化するもの

であり、子どものおかれた状況に適切に対応していくことである。それは臨床医学では「タクト」(機転・機知)と呼ばれるものに近い。多様な子どもたちを前にして、マニュアル通りの支援や型にはまった支援は役立たない。各地域で子どもの実情に応じた支援のあり方を築いていくことが課題になる。

　各地域には外国人の子どもを支援する多様なボランティアやNPO、NGOなどの組織が存在し活動を展開しているが、そのネットワーク化が必要になっている。熊谷晃は、長野県を事例にして、地域における支援のネットワーク化の必要性を強調している。特に、「サンタ・プロジェクト」を例にして、募金活動による経済的な支援のみならず、不就学の解消に地域のボランティアや日本語教室、県と市町村、大学との連携による効果を報告し、こうした協働により、市民の外国人の子どもの教育への関心が高まったことも指摘している[17]。本書の2部の事例はこうした各地域の独自のネットワーク化の試みを取り上げたものである。

　地域の支援のためのネットワークは、いうまでもなく学習支援にとどまらず、新しい地域づくりにもつながる。杉澤経子は、「外国人の抱える問題から、日本社会が、日本人が、自分たちの地域が、その多様性をどう受け入れ、問題認識をしていけるのか、そのプロセスをもっとも獲得しやすい『場』であると思っている。そしてそのプロセスこそが自立した市民に育っていく『場』であると『現場』の活動の中で感じている」と指摘している[18]。つまり、地域ボランティアは、活動への参加者がその活動を通して自律した「市民」として育っていく場であり、そのことが多文化共生の地域づくりにつながることを示している。地域に応じた外国人の子どもの支援は、地域における関係づくり、地域づくりにつながるものであり、それが教育コミュニティの創造という課題にもつながっていく。本書は、各地で展開している子どもたちの多様な支援の取り組みを取り上げて、その中から、新しい教育の枠組みとそれを支える地域づくりへの展望を描こうとするものである。

注
1　財団法人入管協会(2007)『平成19年度　在留外国人統計』より
2　文部科学省(2006)『学校基本調査』より
3　文部科学省(2006)「日本語指導が必要な外国人児童生徒の受け入れ状況等に関する調査」より

4　外国人集住都市会議への参加市町は、2008年4月時点で、太田市、大泉町、上田市、飯田市、大垣市、美濃加茂市、可児市、浜松市、富士市、磐田市、掛川市、袋井市、湖西市、菊川市、豊橋市、岡崎市、豊田市、西尾市、鈴鹿市、小牧市、知立市、伊賀市、津市、四日市市、長浜市、湖南市の26市町である。

5　外国人集住都市会議(2006)『外国人集住都市会議　東京2006多文化共生をめざして　未来を担う子どもたちのために　資料編』より

6　外国人集住都市会議(2006)上掲書

7　ダグラス小川昌子(2008)「2つの言葉で育つということは」佐藤郡衛・片岡裕子編『アメリカで育つ子どもたち』明石書店 pp.70-93

8　たとえば、清水睦美・児島明編著(2006)『外国人生徒のためのカリキュラム』嵯峨野書院を参照。

9　国際カリキュラム研究会(研究代表　結城恵)(2006)『外国人子女の教育に関する調査研究―ブラジル人の教育機会の現状と課題―』

10　小内透(2003)『在日ブラジル人の教育と保育』明石書店

11　拝野寿美子(2007)「在日ブラジル人学校、子どもたちが日本でよりよく生きるためのブラジル人学校の挑戦―新しい海外子女教育の萌芽―」科学研究費補助金成成果報告書(研究代表者、佐藤郡衛)『東アジア地域における海外子女教育の新展開に関する研究』東京学芸大学 pp.138-160

12　佐久間孝正(2006)『外国人の子どもの不就学』勁草書房を参照

13　相磯友子(2006)「外国人青少年たちはなぜ日本語教室に通い続けるのか―ボランティア日本語教室のエスノグラフィー」『国立オリンピック青少年総合センター研究紀要』第6号 pp.109-121

14　外国人集住都市会議(2006)上掲書

15　佐藤郡衛・齋藤ひろみ・高木光太郎(2005)『小学校JSLカリキュラム「解説」』スリーエーネットワーク

16　外国人集住都市会議(2006)上掲書

17　熊谷晃(2008)「子どもたちの『学び』を支えよう～サンタ・プロジェクトとその意義」『共生―ナガノの挑戦』信濃毎日新聞社 pp.29-45

18　杉澤経子(2002)「市民活動としての日本語学習支援」『日本語学』vol.21 明治書院 p.60

第2章　成長・発達モデルから見た移動する子どもたちの状況

齋藤ひろみ

　第1章では、文化間を移動する子どもたちの教育の現状と課題を、社会的、政治的、制度的な側面に焦点を当てて捉えようと試みた。そこからは、日本の学校教育において、外国人児童生徒教育が子どもたちの欠損部分を補うための時限的な教育的対応、言い換えれば補償教育として実施されているという状況が浮かび上がってくる。そしてまた、教育現場における教育が、地方自治体レベルの教育施策の有無やその質に大きく依存していることも見えてくる。外国人の集住地域と散住地域の間で、学校間で、教育体制及び教育内容に格差が生まれている。こうした社会的・制度的状況において、子どもたちはどのように生活し学んでいるのだろうか。本章では、子どもたちの学びの状況を「学校への適応」「アイデンティティの形成」「日本語の獲得と学力」「母語の発達と認知的発達」といった視点から捉える。

2.1.　社会・学校への適応

　文化間移動をする子どもは、移動によって、それまで慣れ親しんできた周囲の物理的環境から、習慣から、考え方や価値観から、断ち切られることになる。そして、日本という社会、あるいは幼稚園・小中高等学校という環境の中で、そこに内包されている文化を、自己との間で折り合いをつけながら取り込んでいかざるを得ない。それがうまくいかない場合は、「周囲と喧嘩をする、孤立している、皆と一緒に行動できない」といった姿として現れる。いわゆる「異文化適応」の問題である。中西・佐藤[1]は「外国人の子どもの教育は、日本の学校生活への適応から始まる」(p.6)と述べ、その重要性を主張している。また、梶田他[2]においては、外国人児童・生徒への教育

を3層構造として示し、第1の層に「異文化交流・理解」を位置づけ、「言語指導(第2層)」「教科指導(第3層)」をその上に配置している。文化間移動をする子どもたちの教育においては、日本社会・学校への適応が、最優先の課題とされてきた。では、子どもたち個々人の変容という視点で捉えた場合、異文化への「適応」が順調に進むケースとそうならないケースには、どのような違いがあるのだろうか。ここで、異文化環境で子どもたちが新たな文化を取り込む過程を「認知」「行動」「情動」3つの側面から分析した箕浦[3]と、自文化と参入先の文化への態度の違いから文化変容の状況を考察した佐藤[4]を紹介し、子どもたちの異文化への適応について考える。

箕浦は、文化概念について、文化人類学と発達心理学における理論の統合を目指し、個人がいかに自分の外側にある文化を取り入れていくかを論じている。その中で、文化人類学における包括的定義として、ボックの入門書の定義「「文化」は、物理・生物的環境(物質文明)、社会的環境(人と人との組織のされ方)、内面的環境(人がその中で生きている意味の世界)の3側面からなっている」を紹介した上で、文化について次のように定義する。

> 文化を個々人の外にある意味体系とし、それがその文化の成員の体験に意味を付与する枠組みを提供し、そのなかで個人のうちに取り込まれたものを意味空間と呼ぶことにする。(p.17)

自文化においては、行為と、それに伴って起こる情動とは不可分な関係であるため、背後にあるその文化特有の意味を認識することはないが、異文化においては、「認識」「行動」「情動」の3側面にズレが生じるという。例えば、その文化内の約束事について、「知ってわかり(認知)」「それに沿って行動し(行動)」「そう行動することに違和感を感じない(情動)」というように、3側面が同時進行的に相互補完的な状況にあるとき、その文化に根を張ったと言えるという。そして、学齢期にアメリカに渡り、現地校に通学していた日本人を対象に、対人関係の文化の体得過程について調査を行っている。その結果、渡米時の子どもの精神発達の程度とアメリカ人との接触密度が、意味空間の体得過程に大きな影響を与えていることを明らかにした。9歳未満では、「認知」「行動」「情動」の全てでアメリカ的でズレを感じていないタイプが多く、それ以降では1つの文化から他の文化への移行に抵抗

を感じ始めるという。9歳から11歳までは、行動など表面的にはすぐにアメリカ人風になるが、情動面では個人差があるという。11歳から14歳までは、母国から持ち込んだ意味空間を維持しつつ、認知・行動面ではホスト社会の文化を取り入れていく。14・15歳以降に異文化に入った場合は、母文化の影響が強く残るが、必要にせまられ行動面での習得が進むので外見上はバイカルチュラルに見える。この結果について、箕浦は異文化の言語の習得に要する期間を3–4年と想定した上で、ある文化特有の対人関係領域の意味空間に包絡するには、約6年の居住が必要だとする。その時期として、9歳から15歳までの期間を最も重要だと指摘する。ただし、子どもたちにホスト社会に積極的に入ろうという姿勢がなければ、異文化にいたとしても影響は少ないという。

　佐藤は、心理学における適応の定義に基づき、文化接触と文化変容という2つの要素から文化間移動をする子どもたちの異文化適応について議論を展開する。2つの文化の併存に着目し、ベリーの心的文化変容モデルに基づいて子どもたちの文化変容の様相の解釈を試みている。それによれば、子どもたちは、移動に伴い異文化への接触を経験し、「前接触」「接触」「葛藤」「危機」という過程を経て、変容最終段階の「順応」にいたるという。この順応段階の状態は、2つの基準で、4タイプに類型化される。第1の基準が「自己の文化的アイデンティティや文化的特性を保持することに価値をおくかどうか」であり、第2の基準が「異文化の集団と関係をもつことに価値をおくかどうか」である。第1の基準で、自己の文化的アイデンティティや文化的特性の保持に価値をおき、第2の基準で異文化の集団と関係をもつことに価値をおく場合は「統合」となる。自己の文化的アイデンティティの保持には価値をおかず、異文化集団との関係に価値をおく場合は「同化」、そして、自己の文化的アイデンティティに価値をおき、異文化集団との関係に価値をおかない場合は「離脱」となる。教育の立場からいえば、「統合」タイプであることが理想とされるが、他の2つのタイプも心理的な状態としては安定状態にあるという。そして、4つ目のタイプが、「葛藤」「危機」状態を脱することができず、文化的アイデンティティや文化的特性の保持も、異文化集団との関係も築けない状態で、「境界化」と呼ばれる。国内で文化間を移動する子どもたちは、全面的な異文化接触によって文化変容を余儀なくされ、多くが「境界化」の状態にあると言う。

佐藤は、子どもたちが「境界化」する社会的要因として、学校・学級内の関係において意図的・無意図的に示される「同化圧力」を指摘する。また、両親の仕事や経済面の状況から生じる家事などの負担から時間的に制約があり、子どもたち自身の日本語の力が十分に発達させられない。それにより、学校における自己実現が困難となり、日本の仲間と社会的関係を築くことを困難にしていると指摘する。そして、受け入れ側である日本の学校、教師、児童・生徒側にも要因があるとする。子どもたちの異文化性を、ある特性に固定化し「ブラジル人」「中国人」「ベトナム人」などとステレオタイプ化して捉える傾向がある。しかも、日本の基準に基づき、「〇〇人は、学習意欲が低い」というようにマイナス評価を行うこともあるという。こうして定式化された枠に子どもたちを押し込め、日本人対外国人という対立構造を前提にした関わり方を求めることが、子ども一人ひとりがもつ文化的アイデンティティを否定することになる。それは、日本社会における彼らの関係構築にマイナスに作用しているという。岡崎(2000)[5]もまた、ベリーのモデルを示しつつ、日本の学校・社会、つまり、受け入れ側のこうした「異文化性」の捉え方の問題性を強く主張している。

　文化間移動をする子どもたちの異文化への適応に関しては、移動時の年齢と滞在期間、そして、ホスト社会参画への積極性と自文化の保持と自尊感情という視点をもつことによって、一定程度の予測を立てることができる。適応のための教育的な対応の仕方や環境づくりにあたっては、これらの点を十分に考慮すべきであろう。ただし、子どもたちは文化間移動後も、就学前、小学校、中学校、高等学校／職場、大学と、彼らがライフコースの節目を迎えるたびに、新たな「文化」に接触する。また、子どもたちが置かれている家庭、社会環境は、それぞれに異なる。そのため、箕浦が指摘するように、年齢による発達段階の特徴やホスト社会の物理的社会的状況と、そこへの本人の参与態度によって、適応の状態は更に変容する可変的なものとして捉えることが求められる。

2.2. 異文化適応とアイデンティティ

　文化間移動をする子どもたちに関して、「中国人だが中国語が話せない」「自分でも何人かわからない」といった語りがよく見られ、アイデンティティの揺らぎ、崩壊といった解釈が行われる。文化間移動をする子どもたちは、その成長過程で、エスニック・アイデンティティの問題に対峙せざるを得なくなる。それは、例えば名前を日本名に変更したり日本名の通称を使ったりするかどうか、教室で自分の母国や母文化について語るかどうか、家庭外の場で母語を話すかどうかという行動面の選択として迫られる。また、子どもたちの母語や母文化の保持や獲得を目的とした教育においても、エスニック・アイデンティティの形成がその教育理念の中核となっている。「子どもたちが、出自や母文化・母語に誇りをもつ」ことによって「自尊感情」を育み、それらを資源として日本社会において自己実現することが目指されている。このように、文化間の移動とアイデンティティの問題は切り離して考えることはできない。

　関口[6]は、日本に滞在する日系ブラジル人の子どもたち(60名弱)のアイデンティティの形成過程について調査を行った。この調査では、ブラジル人の子どもたちの文化化過程が、彼らのエスニック文化体系とホスト社会である日本の文化体系の二次元的文化化の構造を基本として分析が進められ、血統、世代、学歴、職層などの諸層における文化化とアイデンティティの形成過程が記述されている。その結果から、文化変容のタイプとアイデンティティ形成の類型化を行っている。第1のタイプは、差別はあっても、家族の支援を得て対峙することができ、親の資源・資本を得て日本に調和的に文化変容し、モノカルチュラル・アイデンティティを形成する。日系同士の婚姻関係による家庭、戦後移住者の家庭に多く見られる。第2のタイプは、家族とエスニック・コミュニティの支えで強い差別を受けることなく、両者のネットワークや資源・資本を活用して選択的に文化変容し、エスニック文化と日本文化のバイカルチュラル・アイデンティティを形成する。親の意識的な文化継承がある場合や、居住地域にエスニック・コミュニティがありポルトガル語が市場価値をもつような条件下で見られる。第3のタイプが、差別に直面し、誰からも支援がなく頼れるのは個人資源・資本のみといった中で、不調和な文化変容によって、居場所が見つからない疎外化・周辺化されたアイデンティティを形成するタイプである。親が労働市場に組み込まれ、

子どもの教育に関心を向けるゆとりがない場合に生じ、子どもが学校に適応できず脱学校化していく。そして、資源・資本としての家族、学校が、子どもたちのアイデンティティの行方に大きな影響を与えると言う。

関口が示すように、文化間移動をする子どもたちのアイデンティティの問題は、彼ら／彼女らのエスニック文化と日本文化との間で、子どもたちが、自分が何者かを問う営みと切り離すことはできない。思春期以降の子どもたちが自分自身について語るときに「ベトナム人としての誇りを失わず…」「日本人と同じように…」というような発言として現れ、彼ら／彼女らが民族的なアイデンティティを強く意識していることがわかる。しかしながら、アイデンティティを民族的帰属意識を中心にした議論に終始することには問題があると思われる。関口も述べているが、アイデンティティ形成に影響を与える諸要素は、エスニック文化か日本文化かといった二項対立の構造では捉えきれない。どちらかの文化を選択するという発想から解き放ち、アイデンティティを多元的なものとして育んでいくことが求められる。

大久保[7]は、中国帰国者(2世、3世世代)のアイデンティティについて、「中国日裔青年」と表わし、独創的な文化の作り手や担い手になりうる存在とする。歴史的背景や社会状況、言語・文化など、中国と日本の文化の往還による雑種性を有する存在として、それを積極的・戦略的に活用し社会参画する存在として、ハイブリットなアイデンティティを主張する。2つのエスニック・アイデンティティからの選択ではなく、ハイブリットな文化的アイデンティティの獲得であり、「文化を創造する主体」(佐藤、2001)として、彼らを捉える。

また、アイデンティティの多面態という特性を考慮すれば、民族的帰属意識の層にのみ焦点化したアイデンティティの枠組みでは、彼ら／彼女らの実態を描くことはできない。家族内の役割、職場内の役割、友人関係など、成長とともに子どもたちの生活世界は広がり、他者との関わりに様々な要素が含まれるようになる。こうした中で、自身の所有や関係、そしてその意味を探求して行く営みとして、総合的に文化間移動をする子どもたちのアイデンティティの形成を捉える必要がある。

2.3. 日本語の習得と認知の発達

　学齢期に来日した子どもたちの多くは、日本の学校に入学、あるいは編入し、日本語と教科の学習を並行して行う。そのほとんどは日本に来て初めて日本語を学ぶ子どもたちであり、生活上必要な第2の言語として、日本語の挨拶や文字の読み書きなどを、全くの「0」から学び始める。

　こうして日本の小中高等学校に入る場合は、いわゆるサブマージョンの状態で教育を受けることになる。サブマージョンとは、「泳げない子をプールに放り出す」といった比喩が用いられるように、言語少数派集団の子どもが、一般の教室で通常行われている現地語（ここでは、日本語）による授業を受けるという教育形態である[8]。この子どもたちを別教室に取り出して行う日本語教育も一定程度行われるが、一日の多くは特別の支援もないままに日本人児童生徒とともに、一般の教室で過ごすのである。

　地域や家庭における言語環境も、地域の国際化の状況や、地域における日本語学習支援活動の多寡によって、大きく異なっている。外国人住民が多く、エスニック・コミュニティが形成されている地域には、子どもたちの母語で衣食住の生活が送れるというところもある。そうした地域では、ボランティアの日本語学習支援活動なども活発である場合が多く、学習面でもコミュニティからサポートが得られる。一方、外国籍住民が少ない地域では、そうしたサポートは期待できず、自力で日本語の学習を進めていかざるを得ない。

　十分な整備はされていないものの、外国人児童生徒への日本語教育が社会的に認知され、教育行政の施策が本格化してから約20年になる。この間、学校や地域の日本語教室では、教育実践の積み重ねにより、子どもたちの日本語習得については、大方、次のように捉えるようになっている。

①日常生活に必要な口頭の日本語能力は、年齢が低ければ1年ぐらいで、中高生でも2年ぐらい日本で生活していれば身につく。

②日常的なおしゃべりができても、必ずしも教科内容が理解できる日本語の力が身についているとは限らない。授業中はお客さん状態で過ごすなど、学習に参加できない時期がある。

③低年齢で来た子どもは、すぐに日本語が話せるようになるが、その後、小学校高学年になるころに、読み書きの力や教科の学習で問題を抱えるケースが少なくない。

④小学校の高学年以上で来る子どもの場合は、母語を日本語に置き換えることで教科学習に参加できる子どもが少なくない。中国語、韓国語を母語とする子どもたちの中には、読み書きの力の獲得が速い子どももいる。

①〜④は、筆者が各地の現職教員研修会や地域のボランティア対象の研修講座などで耳にした教師や支援者の声から経験的に得たものであるが、発達心理学やバイリンガル教育等の研究知見に一致している。次の項では、①〜④の4点について、これまでの研究で明らかになっている点を整理する。

2.3.1. 生活言語能力と学習言語能力

2.3. で示した子どもたちの日本語習得の特徴①②については、「生活言語能力」と「学習言語能力」という、2言語併用状況にある子どもたちの言語能力発達に関する概念によって説明される。この概念は、カナダのバイリンガル教育の研究者である Cummins によって整理された BICS（Basic Interpersonal Communicative Skills: 基本的対人伝達技能）と CALP（Cognitive Academic Language Proficiency: 認知的学問的言語熟達度）のモデル[9]に拠る。BICS は、日常的な生活場面で、対面で口頭のコミュニケーションをする力

認知的必要度　低

A 言語以外の情報が多い状況での単純な言語活動	C 言語以外の情報が少ない状況での単純な言語活動
B 言語以外の情報が多い状況での思考を要する複雑な言語活動	D 言語以外の情報が少ない状況での思考を要する複雑な活動

文脈依存度　高 ←→ 文脈依存度　低

認知的必要度　高

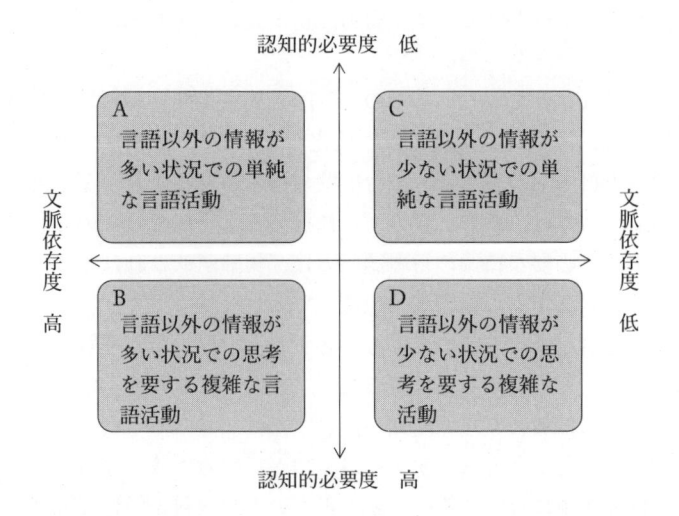

図1　言語能力発達モデル　Cummnins & Swain（1986）を齋藤が訳・加筆

であり、その言語環境で生活していれば1–2年で獲得されるという。CALPは、教室での教科学習等の、認知的に高次の言語活動を行う言語の力であり、獲得には5–7年を要するといわれる。先の①②の、おしゃべりができても教室での学習に参加できない子どもは、「生活言語能力は身についているが学習言語能力が未習得である」と説明される。

　Cumminsは、学習言語能力と生活言語能力を捉えるための枠組みとして、さらに縦横2つの軸による2言語発達のモデル(図1)を提案している。

　「文脈への依存度」を横軸とし、「認知的必要度」を縦軸とするこのモデルでは、子どもたちの言語能力を、言語を使って行う課題(タスク)のタイプによって捉える。象限Aの力は、ジェスチャーや表情、実際の物など、視覚的に意味が分かる情報が豊かに準備された中で、認知的負荷の低い、つまり思考する必要のあまりない活動を行う言語の能力である。例えば、習慣化した挨拶や、物を見ながら数を数える活動、実物のりんごを見て大きさを比べる活動などである。一方、相対するのは象限Dであるが、ここに位置する能力は、言語以外の情報がない(あるいは少ない)状況で考え、言語をつかって表現するような能力である。例えば、理科の実験についてレポートを書く活動や論説文を読んで要旨を書く活動など、理由や関係性を考えたり論理的に説明したりする力が含まれる。この象限Dが学習言語能力に該当すると考えられており、読み書きの力との関連性があることも強調されている。

　具体の例を通して、2つの言語能力をイメージしてみたい。次の会話は、ある小学6年生が歴史の授業で見せたものである。日本生まれのベトナムの児童Yと支援者Sが、ワークシートの作業中に交わしたやりとりである[10]。

> **Y児と支援者Sの会話（歴史の授業で）**
>   徳川家康について学習した内容をワークシートで整理する活動場面。Yのシートには「かったやつ」(勝った奴)と書いてある。①
> S：「かったやつか、何の戦いでかったの？」
> Y：戦争
> S：そうだね、関ヶ原の戦いだよね。関ヶ原の戦いに勝った人って書こうか。⑥
> Y：(「たたかいに」と書き加える)
> S：戦いといってもいろいろあるから、ちゃんと分かるように関ヶ原の戦いって書いて。
> Y：(「せきがはら」と書き加える)
> S：それから？何した人？
> Y：(「しんだ」と書く)②
> S：そうか、「しんだ」んだよね。でも、誰でも死ぬから、死ぬ前に何したのか書いてよ。関ヶ原で勝って、なんになったの？⑦
> Y：えらい人。(「えらい」と書く)③
> S：えらいって、何をしたからえらいの？
> Y：え？
> S：勝ってから、K首相みたいに、一番偉くなって自分がやりたいことやすきなことができるようになったっていうこと？
> Y：自由？
> S：自由かどうかは難しいけど…、自分が考えたように政治をしたかなあ。
> Y：ふーん。(「じゆう」とかく)④
> S：自由か…。何時代だっけ？(教科書の「江戸」と言う文字を指す)
> Y：えーと、え…ど？⑤
> S：そう、江戸時代。江戸時代の政治をおこなったんだよね。自由は消して、江戸時代の政治をしたってかいたら？⑧
> Y：(「じゆう」を消し、「えどじだいのせいじをした」と書く)

　Y児は、日常の生活においては日本語で不自由を感じることはない。ここでのやりとりにおいても、"おしゃべり"としては、ネイティブの子どもと変わりない流暢さで反応が返っている。しかし、教科内容の理解が困難で、学力的にも課題が多い。この「徳川家康について学んだことを、整理してまとめる」という学習活動では、学習内容の理解が不十分で、内容を自分で構成して表現することができていない。それは、歴史に関する概念やそれを表わす用語が乏しく(③④⑤)、場にふさわしい表現の選択が困難である(①②)といった日本語の知識に関する問題をまずは指摘できる。その他に、知り得たことを統合する(⑥)、事柄間の関係性を捉える(⑦)、学んだことを異なる文脈に応用する(⑧)力の弱さが浮き彫りになっている。このY児の例のように、単純な口頭でのやりとりはできても、ことばで思考し、それを表現す

ることが困難な状況を「学習言語能力が十分発達していない」と捉える。

この20年間に、ニューカマーと呼ばれる定住タイプの外国人住民が増えてきたが、その子どもの滞在期間は長期化し、日本生まれ・幼少期来日の子どもたちも増加している。それにともない、Y児タイプの子どもたちに教科学習への参加を可能にする日本語の力を育むことが、学校現場における日本語教育の新たな課題として認識されている。それは、中学校から高等学校、大学への進学にも直結する現実的な問題となっている。

2.3.2. 発達段階と第2言語の発達

文化間を移動し、2つ以上の言語文化環境下で育つ子どもたちの言語能力の問題については、「2言語（複数言語）併用」という側面と、「言語発達」という側面から総合的に捉える必要がある。後者については、発達心理学分野における研究知見から多くのヒントが得られる。

心理学者である岡本夏木[11]は、乳幼児期を通して親しい人との直接的な会話の形で展開することばの力を「一次的ことば」と呼ぶ。そして、意図的組織的教育の場である小学校入学を機に求められるようになることばを「二次的ことば」と呼び、それぞれの特徴を下のようにまとめている（表1）。小学校から導入される「書きことば」は二次的ことばの性質をより明確にもつものであり、「二次的ことばとしての話しことばと書きことばは、おそらくくびきをかけ合いながら一方の発達が他方の発達を定着させていくという形をとってしだいに子どもに獲得されていく」（p.68）という。

表1　一次的ことばと二次的ことばの特徴　岡本夏木(1985)『ことばと発達』p.52

コミュニケーション形態	一次的ことば	二次的ことば
状　況	具体的現実場面	現実を離れた場面
成立の文脈	ことばプラス状況文脈	ことばの文脈
対　象	少数の親しい特定者	不特定の一般者
展　開	会話式の相互交渉	一方向的自己設計
媒　体	話しことば	話しことば、書きことば

2言語併用状況にある子どものケースでも、母語（第1言語）の力と日本語（第2言語）の力は、発達段階と学校での学習経験に関連づけて捉えることが必要である。子どもたちが学校での学習に参加するためには、「一次的こ

とば」を「二次的ことば」につないでいくことが必要である。学齢期に日本に来た子どもたちには、日本の学校への編入と同時に、日本語でこの2つのことばの力を育むことが求められているのである。

　一方、内田[12]は岡本の「一次的ことば」から「二次的ことば」へという発達モデルに、新たに「三次的ことば」を加える。年齢や学校教育経験との関係からは、就学前に一次的ことば、小学校低・中学年で二次的ことば、そして小学校高学年で三次的ことばの発達が進むという。「二次的ことば」から「三次的ことば」への発達の要となるのが「メタ言語能力」である。メタ言語能力とは、言語を客体化して、分析的かつ価値的に捉える力であり、児童期の終わりに第2言語や電子言語、映像言語を含めたマルチリテラシーの学習経験を通して高まっていくとされる。この、2回の質的転換期を経ることで、伝え合うことばと考える手段としてのことばが重層的に発達していくという。

　文化間移動をする子どもの教育に当たっている学校においては、母語と日本語の能力の関係や生活言語能力と学習言語能力という言語能力の捉え方については、多くの場で語られ伝えられてきた。実践にも一定程度反映されている。しかし、子どもたちが年齢や学校における教育経験とともにことばを発達させていくという発達の視点を十分に考慮した言語教育が行われているとはいいにくい。バイリンガル教育と発達心理学の両領域の言語発達のモデルからの示唆を基に、文化間移動をする子どもの言語能力の把握とその発達のための教育実践のあり方を探ることが課題となっている。

2.3.2. 2言語の発達と学力

　まず、2言語併用と認知的な発達との関係について考えたい。バイリンガルの歴史においては、一時期、2言語併用状況にあることが混乱を招き、子どもたちの知的側面の発達に負の影響があると考えられていた時代があった[13]。しかし、現在は、2言語併用の子どもたちは、拡散的思考力があり独創性があり、言語についても研ぎ澄まされた感覚をもつという研究知見が広く受け入れられているという。とはいえ、2つの言語に触れている子どもたちが皆、認知的に優れた発達をするわけではない。第1言語と第2言語の能力の関係から、認知の発達について捉えることが必要となる。

　2言語併用状況下にある言語形成期の子どもたちの2言語の発達に関して、Cumminsは2つの仮説を提起している[14]。1つが、2言語相互依存仮説

であり、第1言語と第2言語は、表層面では発音、表記、語彙、統語規則など個別言語の異なる特徴を有するので、その能力は全く異なって見えるが、基底部分は共通する面があるという説である。この共有基底部分は認知的側面と連動する言語能力であるとする。また、共有基底部分は両言語によって発達させることが可能であり、一方の言語で発達させた力は、もう一方の言語の表層面の言語能力が一定程度高まれば、その言語においても機能させられるという。日本国内でも、2言語の発達状況に関する調査研究が徐々にではあるが進められている。その結果からも、上記の仮説を追認する結果が得られている[15]。

　もう1つの仮説が、閾仮説といわれるものである。これは、2つの言語能力の発達状況と学力との関係に関する説である。両言語の力がともに年齢層応レベルに達していない場合は学力面では負の影響が、両言語ともが年齢相応のレベルに達していれば学力面では正の影響があるという。年齢相応とされる言語の力には幅があり、2言語ともがそれ以下の閾では学力にマイナスに、それ以上の閾ではプラスに影響するということから、閾仮説と呼ばれている。以上、2つの仮説から、発達段階にある子どもたちが文化間移動をする場合には、母語の発達状況がその後の言語発達と認知や学力の発達を左右することが示される。

　2.3.1. で紹介したY児について、2つの言語の能力の関係という点で捉えると、Y児は日本生まれのベトナム人であり、家庭内ではベトナム語での生活、学校では日本語で生活を送っている。そのため、2つの言語で日常的な会話の力を有する。しかしながら、先に示したように、学習した知識を体系化したり統合したりして新たな概念を形成する力や、求めに応じて自身の知識や経験を再構成して言語化するような日本語の力は育っていない。ベトナム語においても、日常の生活場面での「生活言語能力」はあっても、読み書きの力はなく、ベトナム語で認知的負荷のある教科学習のような言語活動を行った経験がない。そのため、両言語において、「思考するための言語の能力」が育っていないと考えられる。それが、学校における教科内容の理解にも反映している。こうした、言語発達の状態やその人を「セミリンガル」と呼ぶ。セミリンガルの問題は、先に紹介したCumminsの二言語相互依存仮説が前提となって論じられている。

　中島[16]は、セミリンガルが指し示す対象は成人の2言語状況であり、言

語形成期にある子どもたちの問題ではないと強く主張する。そして、「学齢期の移動によって学習言語が変わり、新しい学習言語で学習が可能になるまでの一時期にはどちらのことばも学年相当のレベルに達していない状況が起こる」(p.205)とし、それを「一時的セミリンガル」と呼ぶ。母語の獲得が十分に行われる前に、文化間移動によって他の言語に触れると、母語の発達が阻害され、その言語の発達にも時間がかかり、一時的にどちらの言語も不十分な状態が生じる。子どもの場合は、ことばの発達を可変的に捉え、セミリンガルを言語形成期の一時的な現象として捉えるべきだと主張する。

2言語併用状況と認知発達についての研究成果を紹介してきたが、国内の学校現場においては、外国の子どもたちの認知的な発達をどう捉えているのであろうか。これは、社会システムの問題でもある。認知的能力を可視化するためには、仕掛けが必要となるが、日本の学校現場においては、「試験／テスト」によって点数化される教科科目の知識の有無によって捉えることが一般的であろう。市販のテストなどによって把握される「点数」によって、いわゆる「学力」が査定されている。しかし、「学力」は、ある社会の意味体系において価値をもつ知識や技能、それを運用する力の総体を指す概念であり、その構成要素は、その社会によって規定されている。つまり、いわゆる「学力」は「認知的能力」のある側面を表わすものであるとしても、そのものではないのである。

2言語併用状況下で言語を発達させている外国人の子どもたちについても、知識偏重の学力論議の延長線上で、議論される傾向がある。特に、中学3年生で高校受験を前にした子どもたちは、受験で問われる「教科の知識」の有無によって評価され、中学卒業後の進路が決定される。受験時の言語は日本語以外には認められていないところが多く、滞日期間が短い生徒は、日本語では教科に関する力を存分に発揮できない。受験対策として、各教科の用語を闇雲に覚えるといった学習や支援が行われることも少なくない。このように、文化間移動をする子どもたちにとっては、「日本の学力観」と「受験システム」が、二重の枷となっている。

子どもたちの認知的側面の発達が、断片的な知識を詰め込むこととして、矮小化されて議論されないようにするために、問うていかなければならないのは、「学力とはなにか？」であり、その学力を底支えする認知面の発達をいかに保証していくかである。

第3部第13章では、第2部の実践報告を受け、学力の問い直しについて議論する。

注
1　中西晃・佐藤郡衛編著(1995)『外国人児童・生徒への取り組み　学校共生の道』教育出版
2　梶田正巳・松本一子・加賀澤泰明(1997)『外国人児童・生徒と共に学ぶ学校づくり』ナカニシヤ出版
3　箕浦康子(2003)『増補改訂版　子供の異文化体験』新思索社
4　佐藤郡衛(2001)『国際理解教育　多文化共生の学校づくり』明石書店
5　岡崎眸(2000)「多言語・多文化共生社会を切り開く日本語教育　日本語教育実習を振り返る2000年度」お茶の水女子大学大学院博士課程前期課程人間文化文化研究科、言語文化専攻日本語教育コース、教育実習報告書編集委員会『多言語多文化社会を切り開く日本語教員養成　日本語教育実習を振り返る』pp.111-138
6　関口知子(2003)『在日日系ブラジル人の子どもたち　異文化間に育つ子どものアイデンティティ形成』明石書店
7　大久保秋夫(2000)蘭信三編著『中国帰国者の生活世界』行路社 pp.341-342
8　コリン・ベーカー著、岡秀夫訳・編(1996)『バイリンガル教育と第二言語習得』大修館書店 Baker, C.(1993) *Foundations of Bilingual Education and Bilingualism.* Clebedon: Multilingual Matters
9　Cummins, J. & Swain, M. (1986) *Bilingualism in Education.* New York: Longman.
10　筆者がフィールドとして通っている小学校での参与観察により得られたデータである。土屋千尋・齋藤ひろみ(2008)「子どもの学びをつなぐ「ことばの教育」─日本の外国人集住団地における小学校の事例から─」『第7回国際日本語教育・日本研究シンポジウム論文集1』pp.132-140
11　岡本夏木(1985)『ことばと発達』岩波新書
12　内田伸子(2005)「小学校1年生からの英語教育はいらない─幼児期～児童期の「ことばの教育」のカリキュラム」大津由紀雄編著『小学校での英語教育は必要ない！』慶應義塾大学出版会 pp.100-140
13　コリン・ベーカー(前掲)
14　Cummins, J. & Swain, M. (前掲)
15　国内の2言語相互依存仮説の検証を目的とした研究に関しては、中島和子(2005)に詳しい。
　　中島和子(2005)「バイリンガル育成と2言語相互依存性」『第二言語としての日本語の習得研究』第8号 pp.135-165
16　中島和子(1999)『バイリンガル教育の方法』アルク

第3章　文化間移動をする子どもたちへの教育の方法

齋藤ひろみ

　本章では、言語文化的に異なる背景をもつ子どもたちの教育の大きな柱である「適応教育」「日本語教育」「母語・母文化教育」について、その現状と課題を整理する。ただし、母語・母文化教育については、その実践的意義を捉えるための考え方を紹介するにとどめる。

3.1.　適応教育

3.1.1.　学校における「適応指導」の現状と課題

　いわゆるニューカマーの子どもたちの存在が教育課題として認識され始めた当初は、「学校への適応」と「日本語教育」が中心的課題として、教育実践が進められてきた[1]。第2章でも紹介した中西・佐藤[2]、梶田他[3]において、当時、外国人児童生徒への「適応」指導がどのように位置づけられていたかを見る。

　中西・佐藤では、「外国人の子どもの教育は、日本の学校生活への適応から始まる」(p.6)とされ、適応のための教育的配慮として、次の4点が挙げられている。

　　・子どもが育った国の文化・宗教、生活習慣を理解すること。
　　・子ども一人ひとりの生活や学習の履歴を把握すること。
　　・子ども達の行動の背景を理解すること。
　　・保護者との連携をとること。　　　　　（中西・佐藤 1995: 6）

　また、外国人児童生徒教育に取り組む学校の多くで、「適応」の理念とし

て、「子どもたちの母語・母文化の尊重」や、「日本人児童生徒との相互理解」を挙げていたという。

　一方、梶田他は、外国人児童・生徒への教育は「異文化交流・理解(第1層)」「言語指導(第2層)」「教科指導(第3層)」の3層から構成されると主張する。この「異文化交流・理解」の層が、いわゆる「適応」を促す教育的対応の層である。その基本について以下のように述べている。

　　　3階構造の1階は、異文化交流のフロアである。ここでは外国人児童・生徒が、日本の学校のイメージ、子どもに期待されるもの、先生の役割、学校での成果の意味などを理解するとともに、日本の子どもや教師にとっても、外国人児童生徒がもっている学校についてのイメージ、期待、態度・価値観などをしることがこのフロアの基本になる。

(梶田他 1997: 12)

　両者に見られるように、当初から、外国人児童生徒教育における「適応」概念には、参入する外国人児童生徒側と受け入れ側の日本人児童生徒や教師との間の「相互理解」が含まれている。しかしながら、1章で述べたとおり、学校や地域の教育現場のほとんどは「今日、編入してきたこの子への、明日のための対応」で精一杯といった状況にある。そこでは、「サバイバル」のための知識の伝授や日本語指導が中心となり、「適応」のための組織的・計画的な取り組みが進められてきたとはいいにくく、理念と現実の乖離が見られる。つまり、多くのケースで「適応」が、子どもたちが日本語を習得し日本の学校システムに慣れるという一方向の課題として設定され、そのための教育が実施されてきたのである。

　こうした状況を、志水・清水は、「圧倒的な日本の学校文化の圧力の前に、ニューカマーの子どもたちがなんとか「適応」を遂げようとしているというのがおよその実態」(p.16)だと指摘する[4]。恒吉は、「一斉授業」に代表される、子どもたちの同質性を前提にした日本的基準への適応という範疇にとどまっていると問題視する[5]。この「適応」指導は、日本語習得の緊急性と相まって、初期段階の「サバイバル日本語」の指導として具現化されるケースが多い。こうした教育が実施される日本語教室について、大田は「奪文化教育の場」だと強く批判している[6]。これらの調査研究からは、理念としての「適応」指導には、相互理解や多文化共生といった文言が並ぶが、教

育現場における実際の適応指導は同化的傾向が強いといわざるを得ない。

　では、学校教育の教育課程の総合的な学習などの時間に実施されている「国際理解教育」において、外国人児童生徒の教育はどのような位置にあるのであろうか。在籍する学校の多くで、外国人児童生徒教育や彼らへの日本語指導・適応指導は、国際理解教育の1つの「部門」といった位置づけとなっている。「適応」指導が、外国人児童生徒を直接の対象とするのに対し、「国際理解教育」は全児童生徒をその対象とする。この「国際理解教育」の枠組みに、「外国人児童生徒の民族的な文化背景を理解し、尊重すべきだ」という学校や教師の理念と教育的配慮が組み込まれている。具体的な教育活動としては、外国人児童生徒の国や文化・言語を紹介する学習が展開されるケースが多い。例えば、外国人児童生徒が母国の自然や地理、文化や言語を紹介し、それを受けて日本人児童生徒が図鑑やインターネット等でより詳しく調べるといったような学習である。しかしながら、中島智子[7]が指摘するように、こうした学習は、相互理解の第一歩として必要な段階ではあろうが、固定化した文化イメージや知識の学習に留まり、行動や情動を伴うような交流には深まっていない。それどころか、日本人児童生徒の国際理解教育のために、外国人児童生徒が「材料」として利用されるという構図にさえ見える。外国人児童生徒教育が、参入先の日本の文化を、客体化し、分析的・批判的に捉え、自身の育んできた文化と刷り合わせながら位置づけるといった学習は、日本の学校現場においてはまだ十分には行われていない。

　一方、外国人児童生徒の母語・母文化の問題への積極的な取り組みが、一部の地域や学校で展開している。大阪府、兵庫県、三重県など、同和問題や在日朝鮮・韓国人の問題を歴史的背景として持つ学校や地域に多く見られる。外国人児童生徒教育を人権教育の下位領域として位置づけ、権利として、子どもたちの母語・母文化を保持育成することが目指されている。具体的には、外国人児童生徒の母語教育の実施や、出身国の文化交流イベントなどが開催されている（具体的な教育の状況については、3.4.で述べる）。課題は、周囲の日本人児童生徒や日本社会の文化的差異に対する認識の変容を、同時進行で進められるかどうかということである。言語的、民族的少数派の権利の主張のみでは、「権利を主張する外国人」対「その権利を無視する日本人」という対立構造が生じかねない。そうした状況では、子どもたちは周囲の日本人グループや社会を敵視し、エスニックグループや少数派グループは日本社会から孤立しかねない。こうした事態にならないようにするには、

文化間移動をする子どもたちへの「母語・母文化教育」を、言語多数派である日本人側の人権意識を高め、社会構造の問題性を見抜く力を育む教育活動と連動させて進めていくことが求められる。

3.2. 学校における日本語教育[8]

3.2.1. 学校内の外国人児童生徒教育の体制

　学校教育における外国人児童生徒教育の体制については、第一章で紹介したが、ここでは、教員の加配がある学校のケースを中心に、その教育活動を具体的に描き、課題を整理する。

　外国人児童生徒教育のための教員加配がある学校では、一般に日本語教育を実施する場として日本語教室（学校や自治体によって呼称は異なる）が設置されている。子どもたちは、在籍学級からこの教室に通って、（いわゆる「取り出し指導」と呼ばれる）、学校生活や日本語についての学習を行う。その頻度は、学校の体制と子どもたちの状況によって異なるが、一般的には週に2〜3回、各1〜2時間程度である。教員加配や地方自治体からの指導者派遣などによって体制が整っている場合は、滞日期間が短く日本語が初歩的な段階では、毎日1時間程度取り出し、徐々に回数を減らすという対応をしている学校もある。

　また、センター校システムをとっている地域もある。周辺の学校の子どもたちが、地域が指定した日本語教室のあるセンター校に週に数回通級して学ぶというものである。地理的な問題で子どもの通級が困難な地域では、センター校の日本語教育担当教員が近隣の学校を巡回して指導するというケースも見られる。その他、数は少ないが、愛知県豊田市の保見地区や岐阜県可児市のように、教育委員会が適応指導と日本語教育を専門に行う教室を設置し、来日直後の一定期間そこに所属させて短期集中で初期段階の教育を行う地域もある。

　いわゆる初期指導といわれる一定期間（半年から1年程度）の「取り出し指導」後の支援は、市町村レベルの教育行政の考え方や、学校の体制によって大きく異なる。その後は一切支援がない学校現場もあれば、その後も子どもたちの在籍学級での学習参加の状況に鑑み、必要に応じて支援が継続される学校もある。指導が継続される場合も、日本語や教科の「取り出し指導」が継続されることもあれば、在籍学級に日本語担当教員等が入って「入り込

み指導」を行い、一般教科の学習参加をサポートするという方法がとられることもある。「入り込み指導」では、在籍学級で対象となる子どもの脇で、その授業の理解を促すために、易しい日本語で言い換えたり母語で訳したりといった支援が行われる。

　加配教員の他、母語相談員や市町村が派遣する日本語指導員が日本語教育を、担っているところが多い。また、学校が地域のボランティアに支援依頼をしている場合には、ボランティアが学習補助に入るケースもある。社会的な立場の異なる、様々な背景をもつ担当者が子どもたちの日本語指導に当たっているのである。担当者は雇用の形態や専門性にかかわらず、生活面・心理面から家庭への連絡まで、あらゆる面でのサポートを請け負っている。加配教員がいない学校では、多くの場合、市長村が派遣する日本語指導員によって日本語教育が運営されている。その教育の場として空き教室や会議室等を利用することも多く、教育設備の十分に整っていない場所があてがわれているといった状況もある。

3.2.2. 日本語教室及び外国人児童生徒教育担当者の役割

　日本語教室やその担当者（加配教員、派遣の日本語指導員・母語相談員、ボランティア等）は、日本語教育の他、以下に示すような多岐にわたる教育的役割を担っている。

　第一に、子どもたちや保護者と、学校や他の教師、周囲の子どもたちとの相互理解を促すという役割がある。海外から編入してくる子どもたちにとっては、日本の学校制度も学校内のシステムも、また「常識」として暗示される学校文化も、全てが新しいものである。子どもたちとその保護者が、こうした知識や情報を得られるかどうかは、学校への適応の成否を左右するものとなる。その情報を伝える役割が日本語教室や担当者に求められる。そのため、学校にとって、子どもや保護者の通訳や通信文の翻訳ができる人材の確保が来日直後の子どもたちへの対応にとって不可欠である。地方自治体の多くが、子どもたちの言語ができる人材を派遣しているのも、こうした理由からである。

　同時に、移動してきた子どもたちの側にのみ理解を求めるのではなく、受け入れ側である日本人側にもまた、彼ら／彼女らの文化や言語を受け入れる環境を構成していくことが求められる。日本語教育担当者は、周囲の子どもたちや教員、日本人保護者に対し、異文化背景をもつ子どもたちへの理解を

促すという重要な役割を担っている。

　第三に、日本語教室や担当者が、子どもたちの心理面を支える存在として果たす役割は大きい。いわゆる「居場所」づくりである。文化間を移動したことによって、子どもたちは従来の人間関係や学びのネットワークを失った状態にある。コミュニケーションの最大の道具である日本語がまだ十分に機能させられない段階では、その状況を理解し、受け止めてくれる場が必要なのである。日本語教室担当者や指導員から、「子どもの悩みを聞いている内に、授業が終わることもよくある」と聞く。日本語教室は、異なる文化を尊重し、子どものありのままを受け入れてくれるような場として存在し、その担当者には、異文化カウンセラーとしての対応が期待されている。

3.2.3. 日本語教室における教育内容と方法

表1　日本語教室の指導内容

～6ヶ月	①サバイバル日本語(安全、健康、衛生、生活面)	②日本語の基礎(発音、文字・表記、語彙、初級文型)
～1年		②日本語の基礎(文字・表記、語彙、中級文型)	③技能別日本語(読み書きが中心)
～1年半	④教科の補習	
～2年	⑤教科と日本語の統合学習	

　各学校によって受け入れや教育の体制が異なることは、ここまでに述べてきたとおりであるが、実際に行われている日本語教育の内容や方法に関しても一般化することは難しい。そこで、ここでは教員の加配があり日本語教室が設置されており、来日後2年程度の日本語教育が行われる場合を想定し、その大まかなスケジュールと内容を示す(表1参照)。

①サバイバル日本語：日常生活、学校生活において、対象の子どもにとって学習の緊急性の高い表現を扱い、理解や表現の正しさよりも、日本語を使って行動する力を身につけさせることをねらいとする。例えば、周囲に「トイレ！」「おなか、痛い！」と伝えられることや、名前を呼ばれたら「はい」と返事すること、教科名を聞いて教科書を出せるようになることなどである。教育の方法としては、場面を重視し、そこで使われる表現をかたまり(チャンク)で聞かせ、使わせる練習をする。

〈リソースとしてよく利用されている教材〉
・『にほんごをまなぼう』ぎょうせい

・『日本語学級』凡人社　大蔵守久著
　・『児童・生徒のための日本語わいわい活動集』
　　スリーエーネットワーク　国際交流基金日本語国際センター著

②日本語の基礎：日本語の基礎的な知識・技能の習得をねらいとする。シラバスは文型と機能の折衷シラバスが多く採用されている。日本語の語彙や基本文型をパターンプラクティス等の練習で学び、コミュニケーションの材料を身につける。その後、ゲームやタスク等の活動を通して、学んだ語彙や表現をコミュニケーションの道具として運用する力を高める。
〈リソースとして利用されている教材〉
　・『ひろこさんのにほんご』凡人社　根本牧・屋代瑛子著
　・『こどものにほんご』スリーエーネットワーク　ひょうご日本語教師連絡会議・子どもの日本語研究会著
　・『マリアとケンのいっしょににほんご』スリーエーネットワーク　横田淳子・小林幸江著

③技能別日本語：「聞く・話す・読む・書く」、それぞれの技能に焦点を当て、その技能を高めることをねらいとする。現状では、短文作り、短作文作り、漢字学習など、書く技能の強化のための活動が中心となっている。
〈リソースとして利用されている教材〉
　・『かんじだいすき』シリーズ　スリーエーネットワーク　社団法人国際日本語普及協会著
　・『ひとりでよめるはじめての名作』双葉社　光元聰江監修
　・『外国人児童・生徒を教えるためのリライト教材』ふくろう出版　光元聰江・岡本淑明編著

④教科の補習：在籍学級で行っている学習を補うための指導である。例えば、在籍学級の授業で完成できなかったワークシートやドリルを仕上げたり、作文を書き上げたり、宿題をしたりという活動となる。

⑤教科内容と日本語の統合型の学習：内容（教科等）と日本語を同時に学習

する。教科の学習内容を取り上げ、それを日本語で学ぶことによって、内容の理解とそのための日本語の習得を目指す。体験的活動や具体物で文脈化して理解を促すことや、子どもの能力に合わせてその場面で必要な語彙や表現を適切に提示して発話を促すことが重要となる。

　日本語教育を担当する者の中に、子どもたちの母語ができる人材がいる場合、母語を使って教科学習の補助が行われることもある。母語で説明したり、母語で言い換えたりすることによって、教科内容の理解を促し、その後、理解した内容を日本語に結びつけて学ばせるという方法である[9]。

　それぞれの学校で、日本語指導の期間や頻度、担当者の数などの条件、また担当者の専門性や子どもの母語を話す能力の有無、子どもたちの学習状況に合わせ、この5タイプのプログラムを組み合わせて教育活動が展開されている。また、子どもたちの言語的文化的背景の多様性や日本語学習状況の違い、中途編入の子どもたちの存在を加味し、プログラムを柔軟にデザインし実施していくことが求められる。ただし、現状においては、日本語教室の担当者として加配される教師に日本語教育の専門性を有する人材は少ない。また、時間単位で派遣される日本語指導員には、学校における生活や学習について十分な経験や知識があるとは限らない。こうした制約があるため、対象児童生徒のニーズに合わせてコースをデザインをすることが困難な学校も少なくない。結果として、成人向けにデザインされた文型積み上げ型のカリキュラムを利用して運営している教室が、数多く見られる。その教育内容と方法は、成長発達段階にある子どもには相応しくない上に、第2言語として日本語を学ぶという状況にもそぐわない。

　こうした状況に対し、文部科学省は「学校教育におけるJSLカリキュラム」を開発し、その実践支援事業を展開している(2003年度に小学校編、2007年度に中学校編の報告書を公開)。そこで、次の項ではその理念と方法論、そして普及をめぐる諸課題について簡単に紹介する。

3.3. 文部科学省開発「JSL カリキュラム」とその普及上の課題 [10]
3.3.1. 文部科学省開発「JSL カリキュラム」の基本理念

「JSL カリキュラム」は基礎的な日本語の学習を終えた子どもが在籍学級で教科学習に参加できるように、さらなる日本語の力を育成することを目的として開発された。文部科学省の言語教育施策という視点からいえば、取り出し教室から在籍教室への「橋渡し」のためのカリキュラムという役割が付されている(図1参照)。そのため、学校教育現場で、初期段階の日本語学習を終えた児童生徒を対象に、取り出しの日本語教室で実施することが基本となっている。この「JSL カリキュラム」について、ねらいとする日本語の力、カリキュラム開発の基本姿勢、カリキュラムの機能という3つの点から紹介する。なお、この内容は、文部科学省の報告書「学校教育における JSL カリキュラムの開発」(小学校編・中学校編)[11] に基づき、一部筆者の解釈を交えて述べるものである。

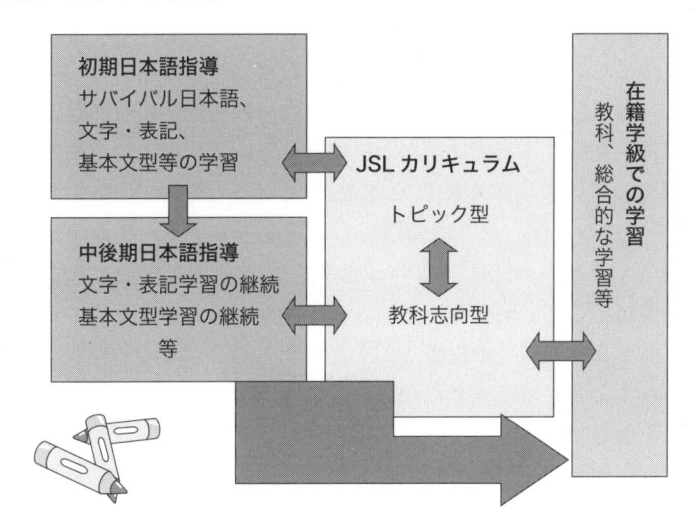

図1 JSL カリキュラムの位置づけ

(1) 学習参加のための日本語の力の育成

「JSL カリキュラム」は、いわゆる言語形式に関する知識・技術ではなく、使う文脈や状況に応じた言語運用の力を重視する。ねらいとする言語(日本語)能力を、「教室での学習に日本語で参加する力」とする。特に、教室での

学習活動に参加する上で必要となる「学校における授業展開や学習スタイルについての知識・経験」「各教科の学習スキル」「思考や認知的活動」の重要性に着目する。これらの要素と日本語の知識・技能とを統合した力を育むことが目指され、それを「学ぶ力」と呼ぶ。生活言語能力と学習言語能力についての議論を先に紹介したが、「JSLカリキュラム」がねらうところは、学習言語能力の育成であると言える。

　小・中学校の子どもたちの発達段階や教科内容の違いを考慮し、小学校編では「教室での学習に日本語で参加する」力を中心とし、中学校ではこれに「各教科の重要知識・概念と、それを表わす語彙・表現の獲得」を加え、ねらいとする「学ぶ力」を設定してある。

(2) 対象児童生徒／教育・支援現場の多様性への対応

　JSLカリキュラムが対象とする子どもたちは、家庭の言語文化、来日の経緯・目的、そして滞日期間等、その背景は大きく異なる。生育歴、家庭環境、母語の能力、教育歴、教科内容に関する知識・技能など、子どもたちの多様な実態に対応するには、個々に適した教育目的、内容、方法が必要となる。また、各地域の国際化の状況や地方行政の教育施策の有無などにより、学校の教育・支援の体制には大きな格差が見られる。加えて、地域の歴史や特性と相まって、担当する教員や支援者の問題認識や専門性も一様ではない。「教授項目の一覧」と「指導指南」からなるカリキュラムではこうした実状に対応できない。「JSLカリキュラム」は対象となる子どもと現場の状況の多様性に応じて、個別カリキュラムを開発することを提唱する。

　個別カリキュラム開発の提唱は、子どもたちがそれまでの経験や学習、そしてそれらによって培ってきた知識やスキルを発揮できる学びの場を創るという意味を含む。つまり母語や母文化(国)での学びを土台として、そこに日本における学習を関連づけて、子どもたちの成長・発達を支える教育を行うことが提案されているのである。

　カリキュラム開発の枠組みとして、小学校編の場合は、教科の学習内容や学習活動で組み立てる「教科志向型」カリキュラムと、教科に共通する学習活動を中心に組み立てる「トピック型」カリキュラムという2タイプのカリキュラムが提案されている。「教科志向型」は、日本語の力、あるいは教科の学習経験が一定程度あり、教科の学習スキルや基本的な知識の学習が可能な子どもを対象とする。一方、「トピック型」は、教科の学習に先立って、

比較や分類、推測や条件的思考、関連付けなど、学習全般に必要な認知的な力を高めることが必要だと考えられる子どもを対象とする。

中学校編の場合は、小学校に比べ、教科内容に重きが置かれているが、その内容の選定の仕方によって子どもたちの多様な日本語の力や教科の知識に対応することが期待されている。また、小学校で扱う内容や教科学習スキルを身につける必要がある場合には、対象が中学生であっても、小学校編のカリキュラムを運用することが奨励されている。これらのカリキュラムの枠組みを基に、子どもたちの実態にあった授業を実施することが求められている。

(3)「授業づくり」のツールの提供─カリキュラム観の転換

JSL カリキュラムの特徴に、「学習項目」を配列したものではないという点がある。学習項目が明示された言語教育カリキュラムとは異なり、学習項目が実施順に配列された定式化したシラバスやマニュアル的な方法（method）は示されていない。このカリキュラムで示されているのは、「理念、言語観、言語教育観、学習－教授観、言語教育としての方法論」そして「授業作りの手続き」とそのための「ツール」である。これは、先の(2)で示した姿勢に直結する。特定の固定化したシラバスやマニュアルでは、子どもたちの多様性に対応できず、対象の子どもに相応しくない授業になることもあるという考え方からである。このカリキュラムの捉え方は、従来型のカリキュラム観から大きく転換したものとなっており、日本語教育の新しい潮流に沿った挑戦的なものだといえる。

ツールとしては、授業の基本構造、学習活動を単位化した「AU（Activity Unit）」が提案されている（詳しくは後述）。これらは、個別カリキュラムを開発し授業を実施するための、アイディアや道具である。

3.3.2.「JSL カリキュラム」の方法論

上述したように、このカリキュラムでは、実際に「学習活動に日本語で参加する力（学ぶ力）」の育成が目指されている。そのための方法論として、「ことばを学習文脈に埋め込んで学ぶ」という考え方を採る。単語や文型を切り出して学んで、知識や言語操作の技術を身につけても、学習場面での実質的な日本語の運用力にはなりにくい。子どもたちの興味関心に基づき設定したトピックや教科内容についての学習参加経験を通してこそ、その活動に

参加するための学び方と日本語の力を同時に高められると考える。「内容重視の言語(日本語)教育」の一形態といってもいいであろう。授業づくりのための道具立てとして、授業の基本構造と活動の単位化が提案されている。

以下では、「JSLカリキュラム」の小学校編を例に、授業のつくり方を簡単に紹介する。

(1)授業の基本構造―学習プロセスを構成する

教室で展開される授業に関する知識と経験の有無は、学習への参加を左右する。学習の展開の予測や、学習活動の目的の理解、教師の指示や問いかけの意図の理解ができれば、学習への参加は容易になり、日本語を理解できる度合いも高まる。文化間移動をする子どもたちは異なる学校・教室文化をもって、日本の学校文化・教室文化に参入する。その差異を調整するには、日本の学校における授業の進み方や学び方についての知識が重要となる。そこで、JSLカリキュラム教科志向型では、一般の教室における各教科の授業の典型的な展開を、基本構造とした(下記の枠内に示す)。

教科志向型の各教科の授業展開

国語科：「話すこと・聞くこと」「読むこと」「書くこと」の3領域と発音・文字・表記、文構造等の「言語事項」を関連付けた言語活動を多様な組み合わせで構成

算数科：問題を把握する→解決の計画を立てる→計画を実行する→実行した結果を検討する

理　科：課題を把握する→予測する→観察・実験・調査する→結果を考察する→発表する

社会科：課題をつかむ→調べる→まとめる

トピック型は、教科共通の認知的活動に日本語で参加する力を育むことが目指される。そのための場として、子どもたちの興味関心に基づき設定されたトピックに関するいくつかの活動で授業を構成する。それらの活動は、知識や経験を日本語で具体的に表現すること(体験局面)、そこで活性化されたスキーマをもとに探求的な活動を行い、新たな知識や技能を得ること(探求局面)、探求を通して知ったことを日本語で他者に伝えていくこと(発信局面)からなる。このプロセスを授業の構造としてモデル化したものが図2の基本構造である。

第3章　文化間移動をする子どもたちへの教育の方法　47

体験	⇒	探求	⇒	発信
トピックに関する知識や経験を活性化し、興味関心を喚起し課題を捉える。		トピックに関して、観察や実験、調査等で新情報を得、それを推測、関連付けて探求する。		探求活動の経験や分かったことを日本語で表現して他者に伝え、判断や評価を行う。

図2　トピック型の授業の基本構造

(2)活動の単位化：AU(Activity Unit)―学習活動と日本語表現との関係

　トピック型では、日本語で教科に共通する活動を行う力を育むことが目指されているが、その活動を一定の大きさのまとまりで示したものがAU(Activity Unit)である。小学校の教員に各教科で行う学習活動を洗い出してもらい、授業を組み立てるときに操作しやすい大きさに分割するという手続きを経て開発された。学習のステップ化のためのまとまりであり、「これができたら次へ」と進むための区切りでもある。日本語獲得の途中にある子どもが、理解や産出のための支援があれば参加可能な活動の大きさといってもよい。AUとして挙げられている活動は、全体で105であるが、12にカテゴリー化され、授業構造の3局面との関係で、表2のように配置されている。

表2　AUの構成

展開	AUグループ
体験	知識を確認する／興味関心を抱く
探求	観察する／操作して調べる／情報を利用する／分類して考える／比較して考える／条件的に考える／推測する／関連づけて考える
発信	表現する／判断する

　各AUは、トピックによって文脈が与えられ具体化される。同時に、AUに参加するための日本語の表現が特定される。その決定は、一般の教室の学習活動で教師と子どもたちが使用している日本語表現を元に、対象の子どもの日本語の力や認知的な発達の状況に鑑みて行う。AU「比べながら観察する②」の日本語表現の例を、表3に示した。子どもの日本語の力に応じ、語彙、文構造、談話構造の調節が必要である。活動を単位化し、その活動に相応しい言語表現を組み合わせて授業を構成することによって、場面や状況に合ったことばの使い方を身につけることができると考えられる。ただし、

48　第1部　子ども観のパラダイム転換

JSLカリキュラムで学んだ子どもたちが達するであろう言語面の習熟度については、具体的なイメージは描きにくい。

表3　AUの日本語表現　（例）

	C-7　AU：比べながら観察する②「違いを観察する―1」 よく使うことば：違う、どこ	
	働きかけ・問いかけの表現	応答表現
基本形	・〜と〜、違うところはどこですか。	・〜は〜(だ)けれど、〜は〜(だ)というところが違います。
バリエーション	・〜と〜は、違っていますか。 どこが違いますか。	・〜が違っています。 〜が違います。

　以上、JSLカリキュラムの方法論上の特徴を2点述べてきた。その他にも、グループによる協働型の学習や、子どもたちの母語・母文化を導入することが推奨されている。その背景には、子どもたちが、教室で学んだことを、社会的文脈の中で自己実現するための力として育むという理念があると考えられる。また、知的好奇心を刺激し、母国での経験を含めて今の力を発揮することで、参加可能であるという効力感を味わわせられる。そして、思考する力と世の中を批判的に読み解く力としてのリテラシーを育成することが期待されている。

3.3.3.　「JSLカリキュラム」の普及状況

　2003年に公開された小学校編については、一部地域の小学校で実践が進められており[12]、本書第2部においても、いくつかの実践を紹介する（第4章、第5章、第8章）。それらの実践からは、このカリキュラムに織り込まれた、文化間移動をする子どもたちの適応やアイデンティティの問題をも含む、全人教育としての理念が、教育実践として体現され、豊かな学習の場を創造していると評価できる。

　しかしながら、現段階では、JSLカリキュラムの普及については、以下に示す課題や問題が残されている。

　〈JSLカリキュラム普及のために解決が求められる問題〉
　　①言語政策としての位置づけ
　　②カリキュラム実施のための体制の整備
　　③担当する人材の育成

④方法論の精緻化

　⑤リソースや実践事例の蓄積

　こうした中、2007年度に文部科学省は「JSLカリキュラム」の普及を目的に、「JSLカリキュラム実践支援事業」を開始し、全国から申請のあった地域(都道府県レベルあるいは市町村レベル)から、12の地域を指定して事業を展開している[13]。その成果が期待されるところである。

3.4. 母語・母文化教育

　文化間移動をする子どもたちの日本社会・学校への適応や日本語の獲得が進む一方で、彼ら／彼女らの母語や母文化に関する認識やスキルは、放っておけば薄れていく。現地の多数派言語を学ぶことで、少数派言語である彼らの第1の言語とその文化が損なわれるという減算的(subtractive)バイリンガルの状態である。反対に、多数派言語を第2言語として学んでもそれが第1言語に取って代わることはなく、2つの言語・文化を身につけていくバイリンガル状況を加算的(additive)と言う。ランバートのこのモデルは、単に2つの言語の能力の問題ではなく、少数派言語の強化と喪失、文化的アイデンティティ、民族言語的アイデンティティに関連するものであり、個人的観点と社会的観点から解釈されるべきものである[14]。少数派である第1言語が社会的地位を脅かされない状況で第2言語を学ぶことができ、その社会において民族言語的活力(ethnolinguistic vitality)を維持でき、第1言語と多数派である第2言語に習熟し、両方の言語・文化を肯定的に捉えられる場合に、加算的バイリンガルになるという。

　中島和子[15]は、母語・母文化を保持、発達させる教育を継承語(Heritage language)教育と呼ぶ。「親から子どもに伝えることば」の教育であり、母語・母文化が危険にさらされているマイノリティ言語の子どもたちに必要な教育であるとする。しかし継承語教育の問題点として、第1に、子どもたちの中には、継承語が家庭の生活言語である子どもと、現地語が家庭の生活言語になりつつある子どもがおり、その教育内容も方法も異なるものが求められることを挙げる。第2に、世代間の継承語や継承文化に対する価値づけが異なることを挙げる。それは、日本文化や日本語に対する態度の違いや、子どもの母語・母文化の継承への期待値の違いにも影響し、親子間の関係性に摩擦や葛藤を引き起こすという。母語の問題は単なる言語能力の問題では

ないのである。家庭の言語環境や言語・文化の継承に対する考え方、子どもたちの日本の社会や学校への適応状況、そして日本語の獲得状況と連動する問題として、移動する子どもたちの教育の全体像の中に位置づけられるべきである。

湯川[16]は、国内の文化間移動をする子どもたちの母語教育への関心の高まりについて言及した上で、「母語」とは何かについて冷静に捉える必要があるという。「生後第一番目に触れる言語、最初に読み書きを習う手段としての言語」「広範囲の領域で行動に発達していく言語」「文化的・心情的に帰属意識が持てる言語」が母語の特徴だと整理した上で、これらの特徴を1つの言語が全て備えているとは限らないと指摘する。その場合、これらの特徴をできるだけ多く備えた言語を少なくとも1つは確保する努力が、年少者への言語教育では不可欠だと主張する。そうしなければ、少数派の子どもたちに、何語を支援すればいいかの判断が難しくなるケースが出てくると危惧する。子ども自身の自己実現や社会参画を支えるための言語の発達とは何かが問われるということであろう。教育者の論理で、母語を特定することの危険性への警告とも言える。

これまでに実施されたいくつかの調査によれば、保護者も学校の教師の意識も、母語・母文化教育は重要であるという[17]。しかし、現実的な問題として、経済的・時間的・物理的な問題を解決する具体策をもたないために、実現できていない。このように、文化間移動をする子どもたちの母語・母文化の教育については、制度的には条件が整っていないことや、日本における母語・母文化教育の歴史が浅いことなどが重なり、実施のためには多くの問題や課題を解決しなければならない。

こうした中、学校現場、地域の日本語教室などの支援の場で、移動する子どもたちの「母語・母文化」の教育が（徐々にではあるが）、母語教室という形態で、展開し始めている。本書でも、第6章で小学校が中国帰国児童を対象に実施している課外の母語教室の例を、第7章では、高等学校で正規の選択科目として実施している母語教育の例を紹介する。他にも、外国人生徒教育のセンター校において母語・母文化教育を実施している例（大阪府阿倍野中学校）、保護者が小学校の教室を借りて中国語教室を開いた例（横浜市立いちょう小学校）、地域の支援活動団体が学校の教室を借りて開くポルトガル語・スペイン語教室の例（横浜市潮田地区のIAPEの活動）などがある[18]。また、国際交流協会の支援を受けながら中国帰国生徒が後輩のために中国語

教室を運営する例(大阪府とよなか市)もある[19]。こうした教室に参加する子どもたちは、自身の言語・文化に対する新しい認識を育み、民族的アイデンティティの形成という点でも効果をあげているという。しかしながら、母語教室の安定的な運営には様々な問題が残されている。教室や指導者の確保といった事業運営上の問題、また、子どもたちの母語学習への動機付けが困難、カリキュラムや教材がほとんどないといった教育方法上の課題等である[20]。

注

1 佐藤郡衛(2001)『国際理解教育―多文化共生の学校づくり』明石書店、志水宏吉・清水睦美(2001)『ニューカマーと教育』明石書店、宮島喬(1999)『文化と不平等 社会学的アプローチ』有斐閣

2 中西晃・佐藤郡衛編著(1995)『外国人児童・生徒への取り組み 学校共生の道』教育出版

3 梶田正巳・松本一子・加賀澤泰明(1997)『外国人児童・生徒と共に学ぶ学校づくり』ナカニシヤ出版

4 志水宏吉・清水睦美編(2001)『ニューカマーと教育―学校文化とエスニシティの葛藤をめぐって』明石書店

5 恒吉遼子(1995)「Ⅵ 教室の中の社会―日本の教室文化とニューカマーの子どもたち」佐藤学編『教室という場所』pp.185–214 国土社
志水宏吉・清水睦美編(2001)『ニューカマーと教育―学校文化とエスニシティの葛藤をめぐって』明石書店

6 太田晴雄(2000)『ニューカマーの子どもと日本の学校』国際書院

7 中島智子(2003)「『総合的な学習』と在日外国人教育」『異文化間教育』17号、pp.26–37

8 齋藤(2006)の一部を本書向けに書き直したものである。
齋藤(2006)「子どもたちへの日本語教育の現状と課題―国内の学校教育現場における『異文化背景をもつこどもたち』の現在」東京学芸大学国語国文学会『学芸国語国文学』38号、pp.1–16

9 母語の保持伸長と日本語の習得、そして教科内容の理解という3つの能力を同時に発達させることを目指した、モデル「教科・母語・日本語相互育成学習モデル」が提示され、実践も試みられている。
岡崎眸(2005)「年少者日本語教育の課題」『共生時代を生きる日本語教育』凡人社、pp.165–179

10 2007年2月に開催された「移動する子どもたちの言語教育―ESLとJSLの教育実践から」(於早稲田大学)での筆者の報告と議論をもとに構成してある。
齋藤ひろみ(2007)「学習参加のためのことばの力を育む」―文部科学省開発「JSLカ

リキュラム」の方法論とその実践事例から」年少者日本語教育学を考える会・年少者言語教育国際研究集会実行委員会『国際研究集会「移動する子どもたちの言語教育—ESLとJSLの教育実践から」』pp.90–118
11 文部科学省初等中等教育局国際教育課(2003)『学校教育におけるJSLカリキュラムの開発について(最終報告書)』
文部科学省初等中等教育局国際教育課(2007)『学校教育におけるJSLカリキュラム(中学校編)開発最終報告書』
12 佐藤郡衛・齋藤ひろみ・高木光太郎(2005)『JSLカリキュラム「解説」』スリーエーネットワーク
13 文部科学省HP http://www.mext.go.jp/a_menu/shotou/clarinet/003/001/010.htm
14 コリン・ベーカー著、岡秀夫訳・編(1996)『バイリンガル教育と第二言語習得』大修館書店 Baker, C. (1993) *Foundations of Bilingual Education and Bilingualism.* Clebedon: Multiligual Matters
15 中島和子(1999)『バイリンガル教育の方法』アルク
16 湯川笑子(2006)「年少者教育における母語保持・伸長を考える」『日本語教育』128号、pp.13–23
17 社団法人国際日本語普及協会(1993)『日本に定住したインドシナ難民の母語の保持と喪失に関する調査研究　報告書』
佐藤郡衛(1997)『外国人児童・生徒の指導・実践に関する調査研究』東京学芸大学海外子女教育センター(現：国際教育センター)
石井恵理子(2000)「ポルトガル語を母語とする在日外国人児童生徒の言語教育に関する父母の意識」『日系ブラジル人のバイリンガリズム』国立国語研究所、pp.116–142
18 大阪市教育委員会『帰国者・外国人児童生徒と共に進める教育の国際化推進地域　最終報告書』
福山満子(2004)「事例報告—③「親子の中国語教室」」いちょう小学校　多文化共生教育フォーラムinいちょう小学校　配布資料
梅田玲子(2003)「IAPE(イアペ)の母語支援活動に関する報告」『フォーラム「ことばと学び—昨日・今日・明日」多文化共生時代の子どもの教育　予稿集』スリーエーネットワーク
19 (財)とよなか国際交流協会(2005)『母語学習と人材育成　「友達」はいらない—但是我想要「朋友」』
20 齋藤ひろみ(2005)「日本国内の母語・継承語教育の現状と課題—地域及び学校における活動を中心に」『母語・継承語・バイリンガル教育(MHB)研究』創刊号、pp.25–43

第 2 部　文化間移動をする子どもの学びをつくる

第4章 体験・探求・発信する授業
―授業「赤ちゃんのふしぎ」の取り組みを通して

茨城県神栖市立植松小学校　山中文枝

4.1. 神栖市の概要

　神栖（かみす）市は茨城県の東南端に位置する市である（図1参照）。2005年8月に神栖町と波崎町が合併し、人口約90,000人の市に生まれ変わった。

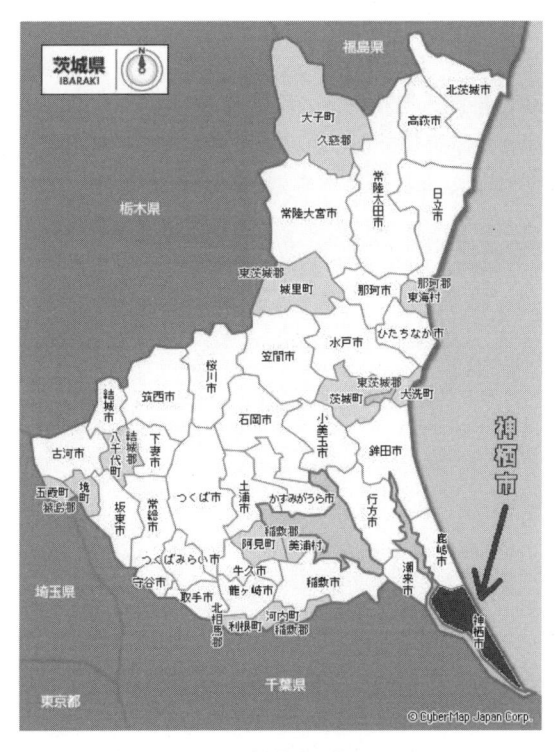

図1　茨城県の地図

鹿島臨海工業地域を背景に外国人の雇用が比較的多いため、就労を目的に来日する外国人が年々増加している。その国籍は、ブラジル、ペルー等の中南米が大多数を占めるが、他に中国、タイ、フィリピンなどの国からも来ている。最近は、日本人との婚姻で、滞在する外国人も増えてきている。

外国人住民は旧神栖町の地区に多く、その子どもたちが旧神栖町の小中学校に在籍している。南米からの日系人家庭の子どもが多数を占めるが、最近は、国際結婚家庭(母親が外国人のケースが多い)の日本籍の児童の中に日本語指導が必要な児童生徒が急増している(表1参照)。その子どもたちが、旧神栖町の小学校5校(7校中)に、中学校1校(4校中)に設置されている日本語指導教室で学習している。

表1　神栖市の外国人児童生徒在籍数の推移

1997年	1998年	1999年	2000年	2001年	2002年	2003年	2004年	2005年	2006年
48人	61人	68人	69人	77人	88人	97人	93人	104人	114人

※ 2005年(平成17年)に神栖町と波崎町が合併し神栖市となった。2005年以降は、神栖市のものである。

旧神栖町では、外国人児童生徒の増加に対し、1997年より「外国人児童生徒日本語指導支援事業」を立ち上げ、子どもたちの母語を解する指導員を採用し、教育の体制整備に努めてきた(2004年現在、6名)。また、文部科学省の関連事業の指定を受けながら、外国人児童生徒教育に積極的に取り組んできた(資料1参照)。2005年に波崎町と合併し、神栖市になってからも、その方針は変わっていない。

資料1【神栖市の対応】
・平成9年度「外国人児童生徒等日本語指導支援事業」という事業を立ち上げる
　母国語指導員(ポルトガル語、タガログ語の2名)の巡回指導開始
　受け入れ体制の整備に努める
・文部省より
　平成11・12年度「外国人子女教育受入推進地域」の指定を受ける
　軽野東小学校内に日本語指導センターを設置
　日本語指導員の増員(ポルトガル語、タガログ語、教科補充の3名)
・文部科学省より
　平成13〜17年度「帰国・外国人児童生徒と共に進める教育の国際化推進地域」の指定を受ける
　日本語指導員の増員

> （ポルトガル語、タガログ語、スペイン語、教科補充2名の計5名）
> 平成18・19年度「帰国・外国人児童生徒教育支援体制モデル事業」の指定を受ける日本語指導員の増員
> （ポルトガル語、タガログ語、スペイン語、教科補充3名の計6名）

4.2. 軽野東小学校の受け入れ体制

(1) 外国人児童数

軽野東小学校は全校児童458人の中規模校であり、外国人児童27名（ブラジル、ペルー、タイ、中国）が在籍している（2004年度）。その他に、21名の日本人児童が日本語指導を受けている（表2参照）。

表2　軽野東小学校の外国人児童在籍数の推移

年度	児童数	外国人	国籍の内訳	要日本語指導の日本人
2001年	405人	20人(0人)	ブラジル12、ペルー4、タイ1、中国1、フィリピン1	未調査
2002年	438人	22人(1人)	ブラジル15、ペルー3、タイ3、フィリピン1(フィリピン1)	未調査
2003年	454人	29人(2人)	ブラジル21、ペルー3、タイ2、中国1、フィリピン1、無国籍1(フィリピン1、アメリカ1)	22人
2004年	458人	27人(0人)	ブラジル18、ペルー4、タイ4、中国1	21人

※（　）は、帰国児童数

こうした異文化背景をもつ子どもたちへの教育については、市教育委員会と連携を図り、体制整備を行ってきた。外国人児童受け入れ時の対応については、資料2に示したような流れを決め、神栖市への転入後、子どもたちがすぐに学校教育を受けられるようにしている。

(2) 受け入れ体制

軽野東小学校は、学校像として、「外国人児童が安心して通える学校」「外国人保護者が安心して児童を通わせることのできる学校」を目指している。学校では、校長、在籍学級担任、日本語指導教室担当教員(3名)が中心となり、子どもたちの母語ができる日本語指導員(市派遣)と連携しながら、外国

人児童の適応と日本語指導に当たっている。

```
資料2【外国人児童の受け入れの流れ】
〈教育委員会〉学校教育課職員が対応
    ①受け入れに際し、神栖市での約束を伝える
        ※対訳付き「編入生の保護者の方へ」を活用
    ②学校への電話連絡
    ③センターへ日本語指導員(通訳)の依頼
                ↓通訳と一緒に学校に来校
〈学校〉校長(教頭、教務主任)、在籍担当、担任(学年主任)、日本語指導教室担当が
    対応
    ①学校についての説明:校長(教頭、教務主任)
    ②学年、クラス、持ち物についての説明:在籍担当、担任(学年主任)
    ③日本語指導教室についての説明:日本語指導教室担当が対応
                                指導に際しての聞き取り調査
        ※対訳付きの学校案内「ようこそ軽野東小学校へ」を活用
    ④聞き取ったことをもとに担任との打ち合わせ(共通理解)
    ⑤個票、個別の指導目標の作成
    ⑥日本語指導、教科補充学習開始
```

(3) 外国人児童教育の課題

　日本語指導教室が開設された当初は、児童や保護者のスムーズな受け入れや適応が課題であった。その解決のために、教室作りや校内の環境整備、日本語指導教材や資料の収集、丁寧な指導と丁寧な対応に努めてきた。その成果か、児童や保護者が安心して学校にかかわり、子どもたちの日本語の習得も学校適応も順調に行われるようになっている。

　その一方で、児童数が増加してきたことやその背景が多様化していること、そして、担当者が経験を重ねてきたことにより、外国人児童教育の新しい課題が出てきた。まず、一人ひとりへの指導時間数の確保が難しくなってきたことがある。また、子どもたちは日常生活で必要な日本語の力(生活言語能力)を初期指導で短期間で身につけることができるが、学習参加に必要な日本語の力(学習言語能力)の習得には時間がかかる。そのため、なかなか日本語指導教室での指導を終了にできないという課題がある。その他、学校生活の中で、文化の違いによるトラブルが起こるようになり、互いの国の文化を学ぶ必要性が出てきた。国際結婚家庭(特に母親が外国人のケース)の児童が増え、日本語指導や学習補充の必要性が高まってきたことなどがある。

　これらの新たな課題に対し、軽野東小学校では「教育の国際化」の研究と

して、学校全体で取り組むことにした。

4.3. 軽野東小学校における「教育の国際化」を目指した取り組み

　外国人児童を対象にした教育を、日本語教室のみで進めるのではなく、「教育の国際化」というテーマを掲げ、学校全体で、様々な教育活動を通して実施してきた。各教室における授業改善のための取り組みと保護者や地域との関係作りの取り組みである。以下では、それらの取り組みについて紹介する。

(1)「『分かる授業』実現のために」の作成

　外国人児童は在籍学級で一日の大半を過ごす。在籍学級で「外国人児童にも分かる」授業を行うということは、「その他の子どもたちにとってもわかりやすい」授業になると言うことである。そこで、児童一人ひとりにわかりやすい授業とはどんな授業か、そのために教師のどのような支援が有効か、児童一人ひとりが分かる授業を目指して、授業の見直しをしてきた。そうした話し合いを通して、教師が授業実践おいて意識すべきことを8項目にまとめ(資料3参照)、全教師が日々の授業で生かすようにした。

資料3【「分かる授業」の実現のために】
①児童の実態に応じた、授業や教材開発に取り組む。
②基礎・基本をふまえた課題を設定する。
③具体物や視聴覚教材を積極的に用いる。
④観察や実験などの体験的な学習や作業的な学習を取り入れる。
⑤説明や講話等のとき、ゆっくりとわかりやすく話す。
⑥板書、配布物、掲示物等、学級の実態に合わせ、ふりがなを付ける。
⑦自己評価カード等を用いて、学習を振り返らせる。
⑧通常の学級における授業において、特別支援教室、日本語指導教室との連携を密にする。

60　第2部　文化間移動をする子どもの学びをつくる

(2)「教材リスト」の作成

教科	教材写真	教材の種類		使い方
道徳		使用年月日	H12. 6. 30	資料を読むときにカセットテープ(BGM)を流します。 また、タガログ語で話をするところもカセットテープ(タガログ語)を流します。 発問に合わせて、場面絵、短冊を使います。 中心発問、展開後の段階では、ワークシートを使います。 終末では、カセットテープ(外国人児童の作文)を流します。
		作成者	○○　○○	
		単元名	わかり合う心	
		教材名	読み物資料、場面絵、カセットテープ、短冊、ワークシート	
		使用場面	導入　展開　終末	
		指導者	有　　無	

図2　教材の写真など

　単元名、教材、教材を使用する場面、使用方法を明記した「教材リスト」を作成し、分かる授業作りに使用した教材を整理した(図2参照)。学年ごとに分けて資料室に保管した教材は、いつでも、誰でも使えるようになっている。

(3) AUを意識した授業

資料4【JSLカリキュラムを導入するまで】
○子どもたちの実態：通常の学級での授業に参加できない
○なぜだろう・・・
　　取り出し指導での授業と通常の学級の一斉指導での学習の進め方、指示の仕方の違い
○どうすれば・・・
　　学習活動に参加するための力、「学ぶ力」の育成
　　　　違いを見つける力
　　　　関連づけてみることのできる力　　など
　　各教科の授業に日本語で参加できる力の育成
○それらの力をつけるために
　取り出し指導の中でも通常の学級の学習指導の時のような流れを取り入れよう
　取り出し指導の中でも通常の学級の学習指導の時のような指示の仕方を取り入れよう
JSLカリキュラムの導入
　授業中のことばを意識し、選んで使おう
　　→ AU(活動の単位と日本語の表現)を取り入れる

　学級での授業に子どもたちが参加できるようにするために、学校全体で、JSLカリキュラムを導入することになった。その過程では、資料4に示すように、なぜ授業に参加できないのか、参加するにはどんな力が必要なのか、そのためにどんな工夫を授業で行えばいいかという点について、JSLカリ

キュラムの考え方をもとに、話し合いが重ねられた。
　その結果、日本語指導教室のみならず、通常の学級の授業でもJSLカリキュラムのAUを取り入れた授業を行うことになった。指導案の中に「AU・表現」という項目を加え、外国人児童への日本語表現を意識することにより、授業に意欲的に取り組めるように配慮した。下に示す2年生の国語科の例では、話すポイントや聞く時に気をつけることを確認する活動で、外国人児童が分かる表現で繰り返し丁寧に問いかけた。こうした配慮は、外国人の児童だけでなく、他の児童の理解をも促し、「分かる」授業になった。

【AUの考え方を意識した授業の例】
　2学年　国語科学習指導案
　　「大切なことを落とさずに話したり聞いたりしよう「なかみはなあに？」」

(3)展開
　　□は国際理解教育の視点　　◆は外国人児童への支援
　　◇はその他の配慮を要する児童への支援

学習内容・活動	AU・表現	支援と評価　　○評　評価
1　本時の学習課題を知る。 話し方・聞き方に気をつけてゲームをしよう。 「なかみはなあに？」	知識の確認をする③ T：一学期勉強した「ともこさんはどこかな」を覚えていますか。 S：はい、覚えています。	◆◇　しっかりとらえさせるため、学習課題を繰り返し音読させ、課題文に線を引く。(T1) ・既習の学習内容(一学期に学習した「ともこさんはどこかな」)を想起させ、意欲を高める。(T1) ・A児がスムーズに学習に取り組めるようにA児を中心に支援にあたる。(T2)

(4)交換授業の実施
　通常の学級担任と、日本語指導教室担当教員、そして特別支援教室(障害児教室)担当教員が、それぞれの教室の授業を交換して実施する取り組みを行っている(資料5)。通常の学級担任は、日本語指導や特別支援教室での指導経験を通して、外国人児童や特別支援教室在籍児童の様子や実態をより深く理解できる。一方、日本語指導

資料5　①交換授業　日本語指導担当

教室担当教員や特別支援教室担当教員は、日本語指導の技術や個別指導の技術を生かし、分かる授業を行うと同時に、外国人児童が在籍学級でどのように学習参加しているかを知ることもできる。教師間の相互理解と、子どもたちの実態把握や、異なる対象に対する教育力など、教師として自分を振り返る機会になっている(資料6参照)。

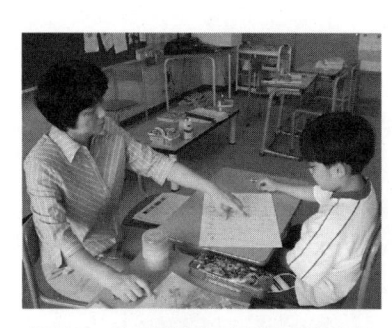

資料5　②交換授業　通常の学級担任が個別指導

資料6【交換授業の感想】
〈通常の学級担任の感想〉
「できないと思っていたが、1対1で丁寧に説明すると良く理解できた。」
「どんなふうに言えば通じるのか、言葉にとても気を遣った。今まで、授業の時に言葉をこんなに意識したことはなかったので、いい経験になった。」
「交換授業の後、教室ではあまり話さなかった子どもが、よく話しかけてくれるようになった。」
〈特別支援学級担任、日本語指導教室担当の感想〉
「久しぶりにたくさんの子どもたちの前に立って、気持ちの良い緊張感を味わった。通常の学級担任をしていた時の感覚を思い出した。」
「自分の担当している子どもが、通常の学級の中でどのような位置にいるのかがわかり、集団の中でどのように支援していけばいいのかを考える良い機会になった。」

(5) 家庭との連絡

　外国人児童の保護者のほとんどは、日本語を自在には話せない。簡単な内容なら日本語でも何とか伝わるが、細かな複雑な内容の理解は難しい。そのため、学校からの連絡には、市の日本語指導員に協力してもらい、外国人の子どもたちが「伝わらなかったために困る」ということがないようにしている。日本語指導員は、欠席の時の理由の確認や次の日の持ち物の確認、担任からの伝言など、母語でしっかりと伝えてくれる。また、毎日のように配布される学校からの通知については、学校行事や保健関係の文書は翻訳文書を用意して、配布できる体制を整えた。母語の読み書きの危うい保護者もいるので、日本語指導員に依頼し、文書を配布した後には電話でも確認をしている。日本語指導員は、保護者の仕事のシフトを把握し、2交代・3交代で働いている場合も、家にいる時間帯に連絡をとるなど細やかな配慮をしてい

る。保護者は、こうした連絡や文書の翻訳で、子どもの学校での生活がわかり、安心できているようである。

(6)日本語指導員との協力
　神栖市の日本語指導員は、市内の小中学校に派遣指導という形で巡回している。学校では指導員の協力を得て、外国人児童生徒教育のセンター校としての業務を円滑に進めることが可能になっている。
　日本語指導員は、家庭への連絡や文書の翻訳のほかにも多くの役割を担っている。まず、母語が身についており、母語での該当学年の学習が可能な子どもたちへは、母語による教科学習のサポートを行っている。日本語教室担当教員と組んで(TT：ティームティーチング)、日本語での授業を母語でサポートする場合もあれば、母語で学習理解を深められるように母語で指導する場合もある。
　また、日本語指導員は神栖市内の各小中学校を派遣指導で回っているが、各学校の様子や児童の様子、保護者間のネットワークの状況などをよく知っている。そうした情報がセンター校である軽野東小学校に集められ、他の学校の外国人児童生徒教育に関わる出来事や問題に、センター校として迅速な対応をとることができている。
　他にも、外国人保護者の生活面でのサポートも行ってくれている。例えば、市役所での様々な手続きについて丁寧に対応するなど、保護者からも信頼を寄せられている。

(7)外国人保護者のネットワーク作り
　ブラジルや中国の保護者はそれぞれのネットワークを持っている。しかし、他の人数の少ない国の保護者は孤立しがちで、悩みがあっても相談もできずにいることも少なくなかった。そこで、外国人の保護者のネットワーク作りを主な目的として、「外国人保護者会」を年に1回開催することになった(資料7参照)。

資料7【外国人保護者会のねらい】
・様々な国の人たちとの親睦を深め、人間関係を広げる。
・日本の学校教育に対する理解を深め、協力関係を築く。
・教師と保護者のコミュニケーションを深める。
・困った時に助け合える、保護者間のネットワーク作りの場を設ける。

はじめは懇談会形式であったが、保護者同士の交流を中心に考え、料理を持ち寄ってのパーティー形式にした。ブラジル・ペルー・フィリピン・タイ・台湾・中国等からの外国人保護者とその家族、日本語指導員、本校職員と100人規模の参加者があり、各国の料理を食べながら、和やかな雰囲気の中で交流を深めている（資料8、9）。

資料8　外国人保護者会　会場風景

資料9　みんなそろって　はいチーズ

(8) PTAによる「国際委員会」の組織化

「外国人保護者会」の運営により、学校と外国人保護者との関係は回を重ねるごとに良いものになっていった。しかし、外国人保護者が生活している地域での理解はなかなか深まっていかなかった。そこで「外国人保護者会」にPTAの地区委員等の参加を呼びかけ、外国人保護者と地域をつなげる活動を展開することにした。

また、PTA組織の中に「国際委員会」を設置し、日本人保護者への理解の啓発を図ることにした。校区内で開かれる「七夕祭り」に「国際委員会」の模擬店として外国人保護者に協力してもらい、外国料理の模擬店を出す計画なども行っている。

4.4. 日本語教室における授業実践

日本語教室では、在籍学級から通級してくる子どもたちを対象に、子どもたちの年齢や日本語の力、在籍学級での教科学習の進度などを考慮して、5つのタイプの授業を組み合わせて実施している。

(1) 個別指導、小集団指導

　日本語教室の最も中心となる授業である。児童の日本語力に合わせて、週2時間〜10時間の取り出し指導を行っている。日本語指導が中心だが、児童の学力に合わせて、国語・算数の教科補充も行っている。

　1対1の個別指導(資料10)を基本とするが、児童の実態から他の児童と一緒の方が効果が得られる場合や、児童数の増加に伴う指導時数の確保のために2〜3名の小集団を組んで指導を行う場合もある。

　日本語指導教室の担当者、神栖市日本語指導員が通常の学級での授業についていけるようになるまで取り出し指導を続け、通常の学級担任や児童ともよく相談のうえ終了するようにしている。

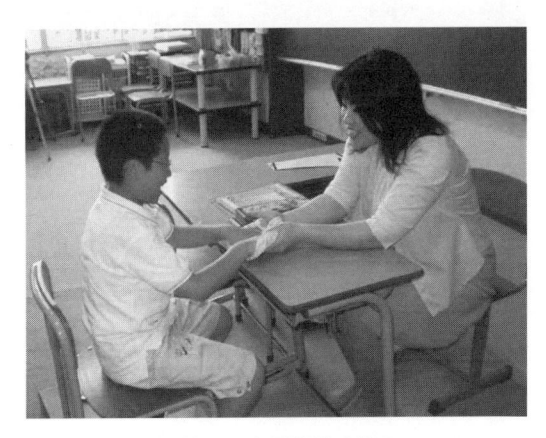

資料10　個別指導の様子

(2) 母語を生かした指導

　母語がしっかり身についている児童には、日本語指導員による母語を生かした指導も行っている(資料11)。意味の理解が難しい言葉には、母語での意味の補足だけでなく、日本語でも説明が加えられ、両方(日本語と母語)の言語で理解が深められるようにしている。

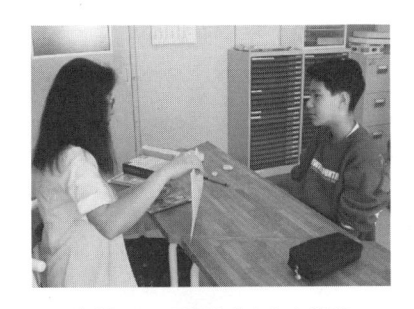

資料11　母語を生かした指導

(3) JSLカリキュラムによる授業

　日本語がある程度身についている児童を対象に、教室での学習に参加するために必要な知識や日本語の会話を習得できるように設定した時間である。学期に1単元(数時間)の実施を目安に実施する。週に1時間ずつ、3〜4週間かけて授業を行う。通常の学級での学習の流れを意識し、体験活動を取り入れ、友達と一緒に調べたり、自分の考えをまとめて発表したりする(資料12)。また、他の先生や友達との関わりを重視する。

資料12　JSLカリキュラム「調べたことの発表会」

(4) 小集団活動

　日本の習慣や文化、季節や遊びなどを、楽しい体験活動を通して学ぶ時間を設けている(資料13)。対象を1年生から3年生までの児童とし、週1時

資料13　小集団活動「かき氷作り」

間行っている。この活動を通して、友達と助け合い、協力する態度を養うこともねらいとしている。

(5) 母親参加型指導

外国人児童と母親を一緒に指導することで、学校での指導の様子を知ってもらうと共に、母親にも日本語を学んでもらう場を提供したいと考え取り組んでいる(資料14)。

資料14　母親参加型授業

4.5. JSL カリキュラムの授業実践例

1学期に1単元を目安に、JSL カリキュラムの授業を実施しているが、その実践例を紹介する。2003年の11月に実施した「赤ちゃんのふしぎ」という、トピック型の単元である。計画、実施、実施後と時間の経過にそって、エピソードなどを交えて紹介する。

4.5.1. 対象児童

対象児童は、3、4年生4名で、ブラジル人児童2名、タイ人児童1名、フィリピン滞在経験のある日本人児童1名である。二人は、生まれてすぐに来日した子どもで、もう二人は滞日5年の子どもたちである。そのため、日常の会話においては、日本語で困ることはほとんどない。しかし、読み書きの力が弱く、使用している語彙や表現も少ない。そのため、教科学習では

理解できないことが多い(表3参照)。

表3 対象児童(男2名、女2名、計4名)

氏名	学年	性別	国籍	来日	学習意欲	集団行動	読む	書く	話す
R.N	3	女	帰国(フィリピン)	1999.9	◎	◎	○	○	○
K.M	3	男	ブラジル	1999.8	○	○	○	○	◎
B.O	4	男	ブラジル	1996.7	○	◎	○	○	○
H.P	4	女	タイ	1995.7	◎	○	◎	○	○

学習意欲：◎自分から進んでできる　○友達と一緒ならできる　△声かけがあればできる
集団行動：◎友達と行動できる　○声かけがあれば行動できる　△自己中心の行動が多い
読む　：◎すらすらと読むことができる
　　　　○ことばのまとまりを意識して読むことができる
　　　　△拾い読みになってしまう
書く　：◎意味の通る文を書くことができる
　　　　○見本の文をまねて書くことはできる
　　　　△支援があれば書くことができる
話す　：◎自分の気持ちを正しい日本語で話すことができる
　　　　○自分の気持ちを自分の言葉で伝えようとすることができる
　　　　△友達や先生に助けてもらえば話すことができる

4.5.2. トピックの決定　―子どもたちの生活状況(実態)から

エピソード1　A児の保護者からの相談
　Aには次の年の1月に兄弟ができることになり、それを大変心待ちにしていた。Aは弟がほしくてたまらなかったようである。絶えずお母さんのお腹に触ったりしていた。
　しかし、生まれてくる赤ちゃんが女の子だと分かると、急に興味をなくしたように、お母さんに寄りつきもしなくなってしまった。ちょうど年頃の男の子ということもあって、母親との会話も少なくなっていた。そのことを両親はとても心配していた。

　この授業を行うきっかけとなったのは、個別面談時の、ある4年生男子児童(A)の保護者からの相談であった(エピソード1参照)。
　Aに限らず、子どもたちは、赤ちゃんが生まれることは楽しみにはしている。しかし、「赤ちゃん」という新しい命が誕生するまでに、どのようなドラマがあるのか、どのように「赤ちゃん」が育っていき、小さな命を守るためにどのような配慮が必要なのかなどの知識はない。また、「赤ちゃん」が産まれるまでの両親の思い、こう育っていってほしいという願いまでは十分に感じ取れていない。

そこで、「赤ちゃん」を題材に取り上げて授業を行ってみることにした。

4.5.3. 目標の設定

「赤ちゃん」に対する知識だけではなく、命の大切さや、両親の愛情を感じること、そして両親に感謝する気持ちも育てたいと考えた。それを、体験を言語化し、資料で調べ、友達と気持ちや調べたことを伝え合う活動を通して育みたいと考え、次の3点をねらいとして授業を展開していった。

> ○お母さんのお腹に触った時の暖かさを感じたり、赤ちゃんの心音を聞いたり、胎動を感じたりという活動を通して命の暖かさに触れ、感じたことを自分の言葉でまとめることができる。
> ○「赤ちゃん」の育っていく過程での疑問や不思議に思ったことついて調べ、調べたことを友達にわかりやすく伝えることができる。
> ○お母さんがお腹の中で「赤ちゃん」を育てていく時の思いから、自分たちも大切にされ生まれてきたことを知り、お母さんへの感謝の手紙を書くことができる。

4.5.4. 授業の実際

JSLカリキュラムのトピック型の授業は、「体験」「探求」「発信」の3つの段階から構成される。ここでは、各段階の計画と、実際の授業の様子を紹介する。

(1) 体験
〈計画〉
子どもたちには「生きている」ということや「命」を感じてもらいたいと考えた。そこで、この授業を行うきっかけになった男の子のお母さんにも協力していただいて、実際に心音を聞いたり胎動を感じたりすることで、「命」を感じさせることにした。また、お母さんがお腹の赤ちゃんを育てるために気をつけていることを聞くことで、お母さんや妊婦さんの思いを知り、思いやりについても考えさせたいと考えた。教師の支援として、それぞれの場面で、児童のつぶやきや意見を大事に取り上げ、他の児童に投げ返していく（表4に授業計画を示す）。

70　第2部　文化間移動をする子どもの学びをつくる

表4　授業の計画　第1時：体験

児童の活動	AU・表現
①赤ちゃんの心音を聞く。	・知識の確認をする② 　T：何の音だかわかりますか。 　S：心臓の音です
②実際に、4年男児のお母さんのお腹を触らせてもらったり、心音を聞かせてもらったりする。	・観察する② 　T：さわってみた感じはどうですか 　S：さわってみた感じは〜です
③お腹の中に「赤ちゃん」がいる時に、お母さんが気をつけていることを聞く。	・感じたことを表現する① 　T：(〜について)どう感じましたか。 　S：〜だと感じました。
④周りにいる自分たちが気をつけてあげられることはないか考える	
⑤今日の感想をまとめ発表する。 　○ワークシート	

〈授業の様子〉

①心音(テープ)を聞く

子どもたちの反応①

　子どもたちは、突然流れてくる音に興味津々。「電車」「犬」「車」「何だか怖〜い」など、様々な答えや感想を言っていたが、この活動が、これから何が始まるのだろうという興味につながり、授業に対しての関心が高まったようだ。
　「赤ちゃんの心臓の音」だと種明かしをすると、「えーっ！」と、驚きの声が上がった。

　課題文を提示しなくても、心音のテープを聞き、赤ちゃんの写真を貼ることで、子どもたちはこれから『赤ちゃん』の学習が始まることをつかむことができた。また、「心音を聞き、何の音か当てる」という活動で、授業に対する興味・関心が高まり、スムーズに『赤ちゃん』の学習へと導くことができた(子どもたちの反応①参照)。

②お母さんのお腹に触る(資料15)

　子どもたちは、お母さんのお腹に直接触れたときの暖かさや胎動から、お母さんのお腹の中に赤ちゃん(命)があることを感じ取ることができた。また、実際に心音を聞くことで、赤ちゃんがお腹の中で生きていることを実感

することができたようである（子どもたちの反応②参照）。

事前の準備として、お母さんのお腹のどの辺りに聴診器を当てれば心音を聞くことができるのか試しておいたが、赤ちゃんはお腹の中で動いてしまうため、残念ながら当日はうまく聞くことができなかった。

> 子どもたちの反応②
> 　お腹に触る時、子どもたちはおそるおそる触っていた。でも胎動を感じると、「わぁ〜っ」「動いた！」「あったか〜い」という歓声をあげていた。
> 　心音は、一人の女の子が何とか聞くことができ、「さっき（テープ）と同じ音がした」とつぶやいた。

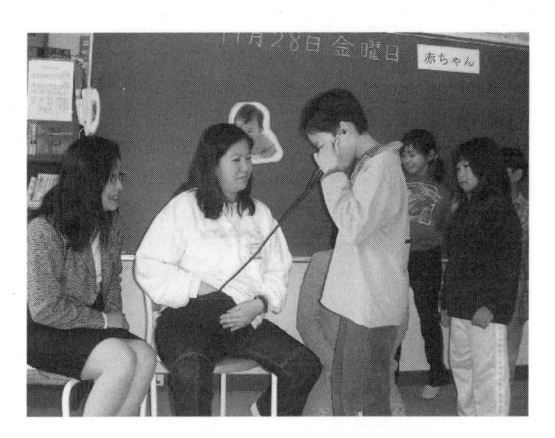

資料15　赤ちゃんの心音を聞く

③お母さんの話を聞く

　Aの母親に教室に来てもらい、話をしてもらった。彼女は日本語があまり話せないし、Aは母語であるポルトガル語があまり分からない。そこで、日本語指導員にも参加してもらい、お母さんの言葉を日本語に訳して話してもらった。あらかじめ打ち合わせをしておいて、当日はポイントを絞って話してもらうようにした。

> 資料16　お母さんの話の内容確認
> 1. （お腹に赤ちゃんがいるから）栄養に気をつける。
> 2. 重い物を持たないように気をつける。
> 3. ゆっくり動くようにする。
> 4. 適度に運動をする。

　話を聞く前に、子どもたちにはヒントとして、ポイントが4つあることを知らせ、集中して話を聞けるようにした。話の後、内容を確認し（資料16

参照)、子どもたちの日本語の力に合う表現で板書した。確認をすることで理解のあいまいだった部分もはっきりし、次の「自分たちにもできることを考える」時のヒントになった。

　子どもたちは、お母さんの話を、真剣に聞いていた。直接、妊婦さんから話を聞くことで、赤ちゃん(命)の大切さを感じられたのではないかと思う。また、小さな命を守るためにどのようなことが必要なのか、妊婦さんに対して、自分たちにもできることがあることを考えるきっかけになったと思われる。

④自分たちが気をつけてあげられることを考える
　子どもたちは、お皿洗いをする、お洗濯を手伝う、荷物を運んであげる、お母さんの言うことを(よく)聞く、お姉ちゃんと仲良くするなど、自分にできることを考え、発表したり、ワークシートにまとめることができた。

⑤感想をまとめる
　授業の終わりに書いた感想には、「今度こんなことをしてあげたい」「自分にもこんなことならできる」という子どもたちの思いが素直に現れていた。実際にお腹に触ったり、心音を聞いたり、お母さんの生の声を聞いたことが子どもたちの心に響いたのだろう。

(2)探求段階：赤ちゃんについて疑問に思ったことを、調べる
〈計画〉
　児童たちは「赤ちゃん」がお母さんのお腹の中で育つことは分かってはいても、どのように育っているのかはよく分かっていない。そこで、興味・関心・理解をさらに深めるため、お母さんのお腹の中にいる「赤ちゃん」がどのように育っているのか、不思議や疑問に思ったことについての調べ学習を取り入れることにした。それぞれが調べたことは共有化を図ろうと考えた。調べたり調べたことを発表し合ったりする活動を通して、読み取りや表現する力も育める。「調べ学習」は、通常の学級での総合的な学習の時間にもよく取り入れられているため、その練習にもなればと考えた。調べ学習が順調に運ぶように、右の資料17に示したような事前の準備を念入りに行った(表5に授業の計画を示す)。

第4章　体験・探求・発信する授業　73

資料17【調べ学習の事前準備として…】
『パソコン』…児童から出そうな疑問を予想し、インターネットのどのサイトに答えのヒントが載っているのかを探しておいた。また、そのサイトにどうやったら辿り着くのかを押さえておき、さりげなく児童を導けるようにしておいた。児童が見てすぐに分かるようなサイトは少なく、探すのに苦労した。
『本』…図書室に行って調べさせたかったが、膨大な量の本の中から適切な本を選択することが難しい。そのため、児童が見て分かりそうな何冊かの本をあらかじめ選んで教室に置いておき、その中で調べさせることにした。
『インタビュー』…外国人児童は先生方の名前を覚えるのが苦手で、担任以外の先生との関わりが薄いため、インタビューする先生は、日本語指導教室以外の先生にするということを約束しておいた。また、答えの虎の巻を作って、児童がインタビューに行きそうな先生方(職員室の先生方、担任、養護教諭)に渡しておき、ゆっくり、わかりやすく説明してくれるように頼んでおいた。職員室の先生方に大変お世話になった。

表5　授業の計画　第2時、第3時：探求段階

活　　動	AU・表現
①前時にお母さんのお腹に触らせてもらったことを振り返る。	・知識の確認をする③ T：この前勉強したことを覚えていますか。 S：はい、覚えています。赤ちゃんのことです。
②「赤ちゃん」の育っていく過程について不思議に思うことを出し合う。	・興味を持つ② T：「ふしぎだな」と思ったことはありませんか。 S：はい、あります。なぜ〜だろうと思いました。
③調べてみたいことと、何で調べるのかを決める。	・情報を収集する① T：〜を調べます。なにで調べますか。 S：〜で調べます。
④自分で決めた「赤ちゃん」の不思議について調べる。 ○ワークシート	
⑤調べたことをまとめて発表する。	・わかったことを表現する① T：どんなことがわかったか発表してください。 S：〜ということがわかりました。

74　第2部　文化間移動をする子どもの学びをつくる

〈授業の様子〉
①前時の学習を振り返る

> 子どもたちの反応③
> 「赤ちゃんの音を聞きました」
> 「すごい音がした」
> 「お母さんのお腹、あったかかったよ〜」

　前時の授業のことは大変よく覚えていた。前時の振り返りは、子どもたちに「赤ちゃん」について学習することを再度認識するのに有効だった。次の課題に円滑に進むことができた（子どもたちの反応③参照）。

②お腹の中の赤ちゃんについて、不思議に思ったことを出し合う

　「赤ちゃん」がお母さんのお腹の中でどのように育っているのか、不思議に思うことをあげさせた（資料18）。最初は、どのようなことが「疑問」なのかが分からないようだったので、教師側から「赤ちゃんって、うんちしてるのかなぁ」など、考えるヒントを投げかけ、子どもたちが疑問に思っていることを引き出すようにした。そうすると、子どもたちから、「（お腹の中ですでに）髪の毛って生えているのかな」など、次々に不思議に思うことが出てきた（子どもたちの反応④参照）。

> 子どもたちの反応④
> 赤ちゃんってお腹の中で…
> 「（お腹の中ですでに）髪の毛って生えているのかな」
> 「うんちはするのかな」
> 「息してるのかな」
> 「ごはんはどうしているのかな」
> 「目は開けているのかな」
> 「耳は聞こえているのかな」

資料18　不思議に思うことの発表

③、④疑問に想ったことを調べる
　子どもたちからは、調べてみたい項目がたくさんあがった。そこで、資料を読み取る力や日本語の力を考慮して、一人2つずつ調べさせることにした。
　調べ学習を始めるにあたっては、まず、調べる方法をわかりやすく示すことにした。児童には、「パソコン（インターネット）」「本」「人に聞く」という3つの方法から好きな方法を選ばせたが、パソコンが一番人気があった（子どもたちの反応⑤参照）。

子どもたちの反応⑤
〈パソコン〉
　パソコンにはどの子も興味を持っており、一番人気だった。しかし、パソコンの操作に慣れていないため、調べるのは難しかったようである。
　動画で赤ちゃんの動きを見ることができるので、子どもたちにはとてもおもしろく、分かりやすかったようである。パソコンの動く画面に釘付けになっていた。
〈本〉
　本の中の文章を読み取るのは、難しい部分もあったので、ワークシートにまとめた後、個別指導の時間に説明をし、発表の練習もした。
〈インタビュー〉
　職員室の先生や担任の先生に聞くのはとても恥ずかしかったようだが、聞いて分からない時には丁寧に何度も説明してもらえるので、調べたことについてはよく理解していた。先生方との交流ができたことも大きな収穫だった。

---

⑤ワークシートにまとめたことを発表する
　ワークシートは、記入した順に読んでいけばそのまま発表の形になるような工夫をしておいた。しかし、子どもたちは、調べた内容を書き写しては来たものの、内容についての理解は十分ではなかった。そこで、この授業とは別の個別指導の時間に、それぞれが調べた内容について確認し、もう一度まとめ直した。
　発表時には、自信が持てるように練習を行っておいたので、緊張しながらも上手に発表することができた。

(3) 発信段階：赤ちゃんについて調べたことをまとめ、母親への気持ちを手紙に書く

〈計画〉

　赤ちゃんがどのように育っていくのかという、保健の学習内容も知識として身につけさせたいと考えた。児童が理解しやすいよう、視覚的な手がかりとなる絵や図などの掲示物を用意し、赤ちゃんの大きさや重さの説明では、児童になじみの深い物と対比しながら説明することにした。

　また、この学習を通して感じたことを、お母さんへの手紙として表現させることにした。日本語も母語も十分でない児童たちに、どのようにすれば母親たちの思いを十分に感じ取ってもらえるのかと考え、母親たちから子どもに宛てたビデオレターを作成して見せることにした（表6に授業の計画を示す）。

表6　授業の計画　第4時、第5時：発信段階

活　動	AU・表現
①「赤ちゃん」の育っていく様子を学習する。 ○赤ちゃんが育っていく様子を表した絵や写真 ○赤ちゃんの人形	・知識を確認する② T：〜について知っていますか。 S：いいえ、知りません。
②お母さんからのメッセージを聞く。 ○手紙 ○ビデオテープ	・いろいろな視点で考える③ T：お母さんは、どう思っていたのでしょうか。 S：お母さんは、〜と思っていたと思います。
③お母さんに手紙を書く。 ○便せん ○封筒	・感じたことを表現する② T：お母さんのお話を聞いて、どんなことを思いましたか。 S：〜と思いました。

授業の様子

① 「赤ちゃん」の育つ様子を知る

　まず、「赤ちゃん」が育っていく過程を絵や写真等で学んだ（資料19）。「2ヶ月」「3ヶ月」「6ヶ月」「9ヶ月」の胎児の絵から、その変化を視覚的に捉えられた（子どもたちの反応⑥⑦参照）。

> 子どもたちの反応⑥
> 　赤ちゃんの絵を、わざと順番を間違えて貼ると「え〜、違うよ〜。」という声が起こった。貼り替えさせると、子どもたちは、赤ちゃんの大きさや顔の様子などを見ながら、順番を直していった。

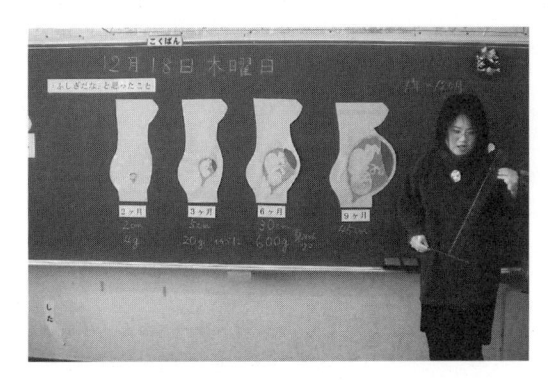

資料19　赤ちゃんの育っていく様子

　絵を見ながら、何ヶ月なのか、どのくらいの大きさ（身長）で、どのくらいの重さ（体重）なのかを話し合った。しかし、全く想像がつかないようで、子どもたちから飛び出す数字は全く的外れであった（子どもたちの反応⑧参照）。

> 子どもたちの反応⑦
> T：赤ちゃんは、どのくらいお母さんのお腹の中にいると思いますか？
> S：1年！2年！3年！・・

　そこで、「○ヶ月」という期間を理解しやすいよう、カレンダー1枚分が1ヶ月であることを説明し、「〜ヶ月」という数え方の練習もした。身長については、物差しを出して長さを確かめさせた。重さについては、「4gはぶどう1粒」など、子どもの分かるものに置き換えて説明するような工夫をした。

子どもたちの反応⑧
T：このときは、何センチぐらいかなあ？
S：50cm！
T：じゃあ、重さは？何グラムぐらい？
S：1000g！
　子どもたちは、適当に思いついた数字を言う。
　2ヶ月の赤ちゃんがぶどう一粒の重さで、消しゴムくらいの身長だと知ると、その小ささや軽さにとても驚いていた。

子どもたちの反応⑨
2ヶ月の赤ちゃんを抱いて
「ちっちゃ〜い」
「変な形」
「軽〜い」
9ヶ月の赤ちゃんを抱いて
「重た〜い」
「本物みたいで、どきどきした」
「ずっと抱いてると、手が疲れる」

　こうして2ヶ月の赤ちゃんの身長・体重のイメージができると、子どもたちは絵で分かる変化をもとに、他の月の赤ちゃんの身長や体重を一生懸命考えていた。
　その後、養護教諭が保健指導のために作成した赤ちゃんの実物大の人形（2ヶ月、3ヶ月、6ヶ月、9ヶ月）を借りて、『赤ちゃんを抱く』という疑似体験も行った（資料20）。子どもたちは実物大の赤ちゃんの人形を目にして歓声を上げていた。2ヶ月、3ヶ月の赤ちゃんの人形はとても小さく、人の形に見えないものもあり、その形や大きさ、軽さにとても驚いていた。男の子たちは恥ずかしさからか、少しふざけてしまうこともあった。それでも、人形が大きくなってくると、本物の赤ちゃんを抱くように、恐る恐る、そして大事そうに人形を抱いている姿が印象的であった（子どもたちの反応⑨）。

資料20　赤ちゃんの人形を抱く

②お母さんからの手紙

「赤ちゃん」の授業のしめくくりとして、子どもたちの母親からのビデオレターを見せた。子どもの母親たちには、事前に手紙で授業の趣旨を知らせ、「赤ちゃんがお腹の中にできた時の喜び、お腹の中で育てている時の思い、生まれてきた時の感動、これからこんな子に育ってほしいという願い」などを手紙に書いてもらった（資料21

> **資料21　お母さんからのメッセージ**
> （例：一部）
> 　マリア（仮名）、体がだるい時にマッサージもしてくれます。だから、マリアがいないと、さびしくて。これからもやさしいマリアでいることを願っています。マリアは、お父さんとお母さんの大事な大事な宝物です。

参照）。最初は、日本語に翻訳した手紙をそのまま子どもたちに見せることも考えた。しかし、子どもたちの日本語での理解力が十分でないこと、読むことよりも聞くことの方が易しく、手紙の内容についてもその方が理解できる。そう考え、母親たちに日本語で手紙を読んでもらい、ビデオレターを作成することにしたのである。まず、母親に母語で手紙を書いてもらい、次にそれを日本語指導員に日本語に翻訳してもらった。日本語に翻訳した手紙には、ローマ字で読み仮名を振ってもらい、何度か読む練習をしてからビデオ撮影に臨んだ。

　ビデオレターを見せるにあたって、恥ずかしいからといってふざけてしまうことがないよう、ビデオレターを見せる前に「お母さんたちからの大切なメッセージ」だと言うことを伝えてから見せた。効果も考え、見せる順番にも配慮した（子どもたちの反応⑩参照）。

　ビデオレターが始まると、母親の姿を目にした子どもたちは、少し恥ずかしそうにしていたが、どこか誇らしげで嬉しそうであった。母親が子どもたちのために、なれない日本語で一生懸命語りかける姿から、何かを感じ取ったのだろう。

> **子どもたちの反応⑩**
> 　ビデオにお母さんが出てくると言うと、子どもたちは少しざわめいた。それでも、「お母さんからの大切なメッセージ」だと伝えると、静かになった。
> 　ビデオを見ながら、照れ隠しのように笑う子もいたが、どの子も真剣にビデオレターに見入っていた。

③お母さんへの手紙

資料22　お母さんへ手紙を書く

> お母さんへ
> お母さんがぼくのことしんぱいし
> てくれてありがとう。いまお母さんのお
> なかの中に赤ちゃんがいてお母が
> おさらあらうときぼくがあらってあげる
> からお母さんは、休んでて。
> お母さんがびょういんにいったら
> 家にぼくと ■■■ しかいないから
> ぼくは、■■■ とけんかしない。
> 赤ちゃんがうまれたらぼくは、赤
> ちゃんのことをいじめません。

資料23　Aさんの手紙

　ビデオレターを見た後、お母さんに手紙を書いた。普段は、文章を書くことを苦手としている子どもたちが、一心不乱に便箋に向かっている（資料22）。母親への思いを一生懸命文字にしていた。ここまでの体験活動を通して、子どもたちは、子どもなりに赤ちゃん（命）についての理解を深めることができた。そうして、心が耕された状態で、母親のメッセージを聞いたことで、子どもたちの心に親の思いという大切なものが伝わったからだろう。日本語の文章としてはとても稚拙なものだが、どの子の手紙にも母親への感

謝の気持ちと愛があふれていた(資料23、24参照)。

子どもたちが書いた手紙は、母親が読むことができるよう、日本語指導員に母語に直してもらい、後日子どもに届けさせた。両親にとっても、この手紙が「家族」というものを考える1つの材料になればと願う。

> 資料24　子どもからの手紙(例：一部)
> マリアをうんでくれたありがとう、マリアはおてつだいをします。だからままもがんばってね。マリアはおうえんしています。お手紙をくれてありがとう。マリアはだいじにもっています。もうつかれたらもうやすんでいいよ、マリアがやるから。マリアはとってもうれしいです。マリアも本当にあいしてるよ。

4.5.4. 授業実践「赤ちゃんのふしぎ」を通して

(1) 子どもの学級との関わり

今回の授業を行うに当たって、担任の先生方には調べ学習のインタビューで協力していただいた。担任の先生方は、普段なかなか自分から話しかけることの少ない児童が、勇気を出して自分に話しかけに来てくれたと喜んでいた。

また、母親からのビデオレターも授業の前に時間を作って見てもらった。先生方も母親の思いに触れ、大変感動し、児童が学校生活で困ることがないように、学級での対応や指導について、思いを新たにしたようであった。例えば、学級でのグループ分けに配慮したり、授業中に発表する機会を作ったり、外国人児童が参加できるような配慮をしたりしている。また、JSLカリキュラムの授業で活用したAUの文型を意識して、分かる授業を心がけている。

(2) 子どもたちの生活との関わり

今回、母親に手紙を書いてもらったことで、家族の中で「親子の絆」を再確認する良い機会になったようだ。ビデオレターの撮影をとても恥ずかしがっていた母親たちも、このような授業をしてくれてよかったと、後から感想を述べてくれた。

また、この授業のきっかけとなった男の子は、その後、妹がいない時には母親のそばに寄っていくようになり、お腹を触ったり、こっそりお手伝いをしてくれたりするようになったそうである。年頃の男の子なので、会話はあまり多くないようだが、父親には何でも話しているようで、父親が母親との

間をきちんとつないでくれている。男の子は母語であるポルトガル語を十分に話すことができないが、両親が日本語を話そうと努力してくれている。子どもを大切にし、家族を大切にしているとてもいい家族だと思う。

　妹が生まれた現在は、「妹、命！」というくらい、かわいがっているそうである。

(3) JSLカリキュラムの導入について
　JSLカリキュラムは体験活動がベースとなっている授業なので、日本語が十分でない外国人の子どもたちにとっても参加しやすい授業である。また、学習の場が作られているので、場にあった『生きた日本語』を学ぶことができる。小集団で授業を行うので、子どもたちは友達と一緒に学ぶ楽しさも体験できる。その中で、友達のつぶやきや発表を「聞く」という学習や、挙手をして発表する学習もする。これらは、普段の個別指導の時には行われない学習活動である。子どもたちは小さな集団の中で発表の仕方を学び、話を聞く、話し合うということを学び、自分のことばで学習内容や感想をまとめる活動を繰り返すことで、確実に日本語で学ぶ力を身につけていったように思う。

資料25　JSLカリキュラムの授業の様子

　子どもたちはJSLカリキュラムの授業の時間が大好きで、「今日はやらないよ」というと、ブーイングが起こるほどである(資料25)。

所感

　以前、テレビのニュースで「日本人の犯罪が増え、多様化し、外国人の犯罪も増えてきている。」そんな話をしていたことがある。その話題について、何人もの方が「物騒ですね。」という中、一人のコメンテーターの方がこんな事を言っていた。
　　犯罪を取り締まるのは大切なことです。でもそれよりも、その人たちに犯罪を思いとどまらせるだけの歯止めになるような人との関係やいい思いを作ってあげることの方が大切ではないでしょうか。そうすれば犯罪は減ってゆくでしょう。
　外国人の犯罪が増えている今、外国人というだけで差別され社会の中で、いじめにあうことも少なくないそうである。「ここは(日本は)いいところだ。」「あの人(日本人)はいい人だ。」という思いを味わっていれば、その大切な人や思いを裏切れずに、犯罪に手を染めてしまう前に思いとどまることができるのではないだろうか？
　いろいろな研修会でお話をさせていただく時に、私は「外国人の子どもたちにとっての幸せって何だと思いますか。」と、質問させていただくことがある。みなさんは、どのようにお考えだろうか。私たち日本語指導教室の担当は、外国人の子どもたちが幸せな生活を送れるように支えていくことが仕事なのだと思っている。その子の育った環境、今の学力、教室でのその子の位置、日本での生活の様子、その子を取り巻く様々なものを理解し、その子の幸せを考える時、外国人の子どもたちにしてあげなければならない支援の方向性が自ずと見えてくるのではないだろうか。
　日本での生活が安定せず、帰国や来日を繰り返す家庭も少なくない。たとえ帰国してしまったとしても、いつか日本を思い出した時に「楽しいこともあったな」「優しい人もいたな」「日本って良かったよね」というふうに、思い出してもらえたらいいなと思う。
　そして今はもちろん、5年後、10年後、子どもたちが幸せな未来を歩いていてくれたらいいなと思う。

学びをつくるしかけ1──学校で子どもの学びと生活をつなぐ

　茨城県神栖市軽野東小学校には、日系南米人家庭の子どもを中心に、フィリピン、中国、タイなどからの子どもたちや国際結婚家庭の子どもたちが在籍する。この学校は、神栖地域（2005年の合併により神栖市となった。それ以前は、神栖町）のセンター校として、文化間を移動する子どもたちの教育において中心的な役割を果たしてきた。日本語教室「わくわくワールド」は、言語文化的な背景の違いにより支援が必要な子どもたちの学習指導（日本語及び教科内容の基礎）や生活面での指導、そして保護者への連絡などを行っている。また、文部科学省の関連事業の指定を受け、地域の外国人児童教育の充実のために実践研究を進めている。

　こうした教育活動の中から、文部科学省が開発した「JSLカリキュラム」に基づく授業実践の一例を、実践者である山中文枝氏が紹介する（「JSLカリキュラム」については、第3章参照。）

　この授業のもつ特徴として、子どもたちの心の成長に沿った学習内容と学習活動で構成されていることがあげられる。対象となる子どもたちの1人に新しい兄弟が生まれるという、子どもの家庭内の出来事を出発点とし、命の大切さをテーマにした「赤ちゃんのふしぎ」という学習単元が創られた。学習内容及び学習活動は、子どもたちの年齢、家族構成、保護者との関係といった個々の子どもの生活環境・状況と、子どもたちの日本語の力や教科等の学習経験、そして、学校教育において目指される学び方や知識を、有機的に関連付けて構成されている。この授業で、子どもたちは、いわゆる「知識」のみならず、自身の身の回りの出来事を科学的に捉え、それを知識として整理し、さらに自分の生活を見直すための知識として利用するという経験をした。その過程では、知る・調べる、考える・判断する、行動する力が、日本語の発達と一体化させて育まれていた。子どもを起点にして内容と活動が組み立てられ、そこに日本語理解のための支援を受けながら参加することで、子どもたちは意味のある学習をするために日本語を使い、日本語の力をも高めていく。「JSLカリキュラム」が目指す教育を具現化した授業が実施されている。

　また、この実践においては、教室（教育実践の1つの単位）が子どもたちの生活空間の広がりを再現する場になっている。この単元「赤ちゃんのふしぎ」の実践では、わくわくワールドの担当教員の他、子どもたちのお母さん、日本語指導員（通訳・翻訳を兼ねる）、学級担任、学校長が授業作り

第4章 体験・探求・発信する授業 85

を支えている。間もなく出産する母親が授業に来て、お腹に聴診器を当て、赤ちゃん（胎児）の心音を子どもたちに聞かせる。日本語指導員の手によってお母さん方がそれぞれの言語で書いた子どもたちへの手紙が日本語に訳される。お母さん方は、ビデオレターを撮影するために放課後学校を訪れる。在籍学級の担任教員が日ごろの子どもたちの様子を語り、母親たちのビデオレターを見る。こうして、わくわくワールドの学習は、子どもたちの生活の様々な側面に関連付けられ、子どもたちの今もっている力が多様な形で引き出される。

　以上のように、この実践を行った山中氏らの視点は、子どもたちの生活全体を捉えるものであり、それが、子どもたちの学びの場を創り出している。

（齋藤ひろみ）

第5章　子どもに即した日本語カリキュラムの開発
―国際教室から一般教室へ：ブラジルの子どもたちへの教育

(当時)静岡県磐田市立東部小学校　鈴木亨司（校長）
高橋恵子・矢島一彦（教諭）他

5.1. 磐田市の国際化の状況

5.1.1. 静岡県内の外国人児童生徒の概況

　静岡県には、5万人以上の外国人が居住している。そのうちの3万人以上がブラジル、ペルーなどの南米系の外国人である。その中でも特にブラジル人が50%を越え、全国的に見ても、愛知県に次ぎブラジル人が多い県である。また外国人の60%が県内西部に居住している。ブラジル人に限って言えば、実に73%が県内西部に居住している。外国人児童生徒数は、1991年には1,195人であったものが、2005年には3,260人となり、全児童生徒数の1%を占めている。日本人児童生徒数が減少する中、外国人児童生徒数は2.7倍の伸びを示している(図1参照)。

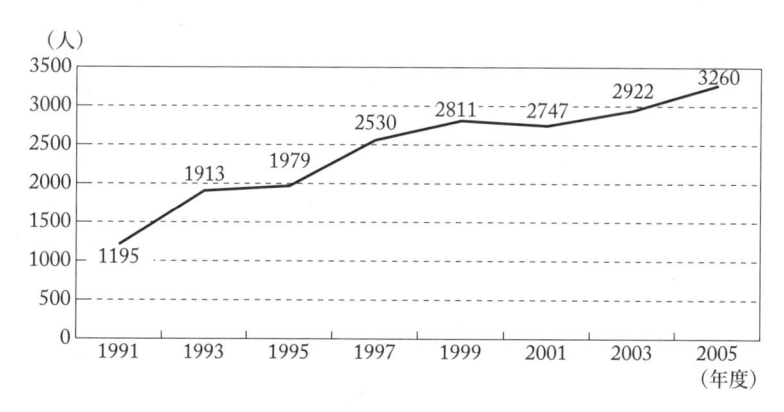

図1　外国人児童生徒数の推移（静岡県）

5.1.2. 磐田市の外国人児童生徒の概況

　磐田市は、静岡県の西部に位置している。2005年4月に、周辺4町村と合併し、人口は9万人から約2倍の17万人強となった。静岡県内第2位の工業都市であり、市内には自動車、オートバイ関連の製造業の会社が多く、外国人労働者を受け入れやすい環境となっている。外国人登録者数は、1991年3月末においては、763人、総人口に占める割合は1%程度であったが、2006年6月30日現在の磐田市の外国人登録者数は、9,081人と増加した。国籍の内訳は、ブラジルが最も多く7,176人(79%)、以下中国、フィリピン、ペルー、インドネシア、韓国の順となっている。

　旧磐田市の外国人児童生徒数は、1991年には30人であったものが、2006年には、147人と大きく増加している(2006年6月現在)。公立小中学校では、297人の外国人児童生徒(小学校206人、中学校91人)が学んでいるが、この数は、磐田市在住の外国人の子どもたちの38%(小学校年齢)、48%(中学校年齢)に当たる。

5.1.3. 磐田市内の小中学校における外国人児童生徒教育の取り組み

　2003・2004年度に磐田市は、文部科学省より「帰国・外国人児童生徒と共に進める教育の国際化推進地域事業」の研究指定を受けた。研究を支える体制としては、磐田市国際化推進委員会や国際化推進研究部をもとに、東部小学校がセンター校として市内全小中学校における研究を推進してきた。

5.2. 東部小学校における外国人児童教育

　2006年現在の東部小学校における外国人児童教育の状況について、紹介する。特に断りのない数字は、全て2006年6月現在のものである。

5.2.1. 外国人児童生徒数の推移と国籍

　東部小学校に在籍する外国人児童は、1998年までは10人に満たなかったが、翌年から徐々に増え、2002年には40人を超えるまでになった(図2参照)。その後も増え続け、2006年には、全児童数の10%に当たる79人となった。外国人児童は、校区内の県営・公団住宅に多く居住し、この地区の児童の50%以上を占める。国籍別に見ると、ブラジルが一番多く、次いでペルー、フィリピン、中国となっている(図3参照)。

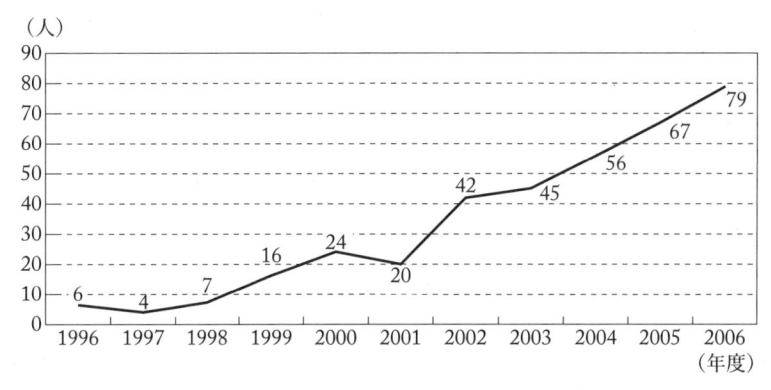

図2　外国人児童生徒数の推移（東部小）

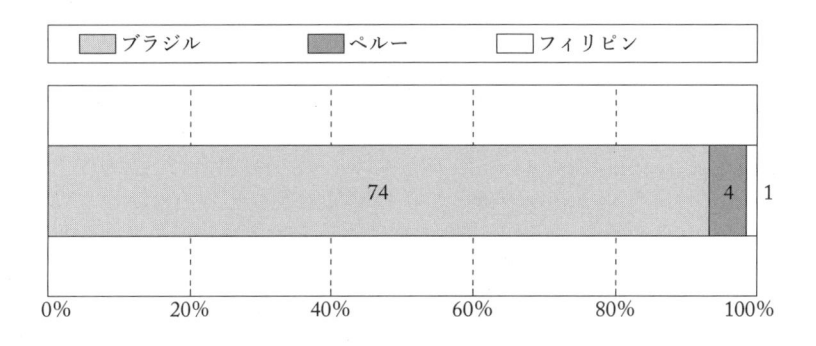

図3　外国人児童の国籍（東部小）

5.2.2. 学校全体の教育における「外国人児童教育」の位置づけ
5.2.2.1　「『ちがい』を力にする学校」を目指して

　本校では、個々の子どもの違いをよさや可能性と捉えて、目指す学校像を「『ちがい』を力にする学校」としている。また、学校教育目標を「夢をもち、みんなと学ぶ子」とし、「見つけ合う子」「高め合う子」「認め合う子」を重点目標として設定した。これを受け、校内研究では、「子どもの学ぶ力を育む授業づくり」をテーマに取り組んできた。

　実践に当たっては、育成すべき「学ぶ力」を、「基礎学力」としての3R'sの読み(Reading)、書き(wRiting)、算(aRithmetic)と、「人とかかわる力」としてのR(human Relationship)を合わせ、4R'sとした。また、共に学び合い、よりよいものを求めて練り合う姿を願い、発達段階に即した共同体感覚

の育成を重視することにした。

　この 4R's を育成する授業づくりのためには、学校教育全体の国際化が重要だと考えた。そこで、「授業」「教師」「子ども」「環境」「地域」の5つの国際化をキーワードとして実践を展開してきた。具体的な取り組みを、次の表1に示す。

表1　東部小学校の5つの国際化

ア.授業の国際化	イ.教師の国際化	ウ.子どもの国際化	エ.環境の国際化	オ.地域の国際化
・JSLカリキュラムの導入 ・学力調査の実施	・在籍学級でのAUカードの導入 ・放課後学習（習慣、補充、発展）の導入	・縦割り活動による交流 ・国際理解週間の実施 ・総合的な学習の時間の充実	・掲示板等のポルトガル語表示 ・広報物(学校・学年だよりなど)の翻訳	・PTA交流委員会の新設 ・磐田市多文化交流センターとの連携

　表1のアやイの取り組みを通して、教師は子どもたち一人ひとりの「ちがい」をよさとして捉え、その実態に合った分かりやすい授業を追究し、学習させたいポイントや主な日本語表現の明確化を心掛けている。その方法として、AUカードを利用してその学習活動に合った表現を学ばせている。学習指導案にも、活動にあったAUを具体的に示している(資料1、AUについては第3章を参照)。ウ、オの取り組みは、異学年、異文化、異言語の子どもたちが行事や遊び、外国語・文化の紹介などの活動を通して、発達段階に応じた体験を共同で経験する機会となっている。

5.2.2.2 受け入れ体制

　外国人児童数の増加により、1999年度から外国人児童加配教員が配置され、外国人児童適応指導教室（以下、なかよしワールド）で取り出し指導を行っている（2003年からは、外国人児童数の増加に伴い、2名配置）。なかよしワールドには、学校生活に必要な日本語初期指導を行う初期適応指導クラス（1組）と、国語や算数を窓口教科にして、中学年程度の読み、書き、算数の指導を行う学力補充クラス（2組）の2クラスが設置されている。2005年度からは、基本的に、1年生はなかよしワールド1組で、2・3・4年生はなかよしワールド2組で指導するようにした。5年生以上の外国人児童には、各学級において、JSLカリキュラム（第3章参照）を取り入れた指導や、少人数指導をすることとした（学習内容に関しては、後述する）。現在（2006年10月）、なかよしワールドで学ぶ子どもたちは1組が12人、2組が17人である（表2参照）。また、JSLサポーター（5.2.2.4参照）の支援も導入している。

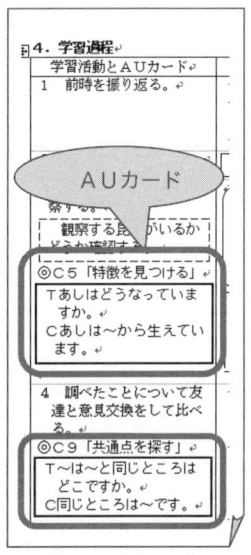

【学習指導案より】

資料1　学習指導案

表2　なかよしワールドで学ぶ児童数

学年	なかよしワールド1組 ブラジル	在籍期間	なかよしワールド2組 ブラジル	在籍期間
1年	10	1年未満 10(人)		
2年			6	1年未満 1(人)、1～2年 5(人)
3年	1	1年未満 1(人)※	5	1年未満 1(人)、1～2年 3(人)、2～3年 1(人)
4年			3	1～2年 1(人)、2～3年 2(人)
5年				
6年	1	1年未満 1(人)※	3	1年未満 1(人)、1～2年 2(人)
合計	12		17	

※1組、2組両クラスで取り出し指導を行った児童

取り出し指導の対象は、本校独自の学力調査(国語・算数)及び静岡県学力定着度調査(国語・算数)の結果と日常の学習状況に鑑み、日本語の定着が不十分だと判断した児童である。原則として、学習期間は3年間としている。なかよしワールドでの学習時間は、一人、週に8時間程度である。

5.2.2.3　なかよしワールドにおける学習の内容(2006年10月現在)
　なかよしワールド1組では、国語科の時間として、日本語初期指導と学校生活への適応を目的とした生活指導を行っている(表3参照)。また、教科志向型JSLカリキュラムを取り入れ、国語科や算数科の基礎的な内容の学習も行っている(表4参照)。さらに、在籍学級に入って毎日2時間程度の学習支援をしている(表4参照)。3年生以上でも、日常会話が不十分な場合はまず、なかよしワールド1組で学習させている。

表3　なかよしワールド1組の年間学習例

		なかよしワールド1組	
	トピック型	国　語	算　数
4月	学校生活への適応	絵カード遊び	数遊び
5月		お話大すき	1から10までの数
6月		ひらがな(表記と読み方)	
7月			たし算
8月			
9月	がんばるよ運動会		ひき算
10月	地域生活への適応	かたかな、かん字(教科書に沿って)	(教科書に沿って)
11月			
12月	冬の遊び		
1月			
2月			
3月	楽しかったよ1年生		

表4　なかよしワールド1組の時間割

なかよしワールド1組(23時間)

	月	火	水	木	金
1	1年国語	1年算数	1年国語	1年国語	1年算数
2	1年算数	1年国語	1年TT	1年算数	1年国語
3	1年TT	1年TT	1年TT	1年TT	1年TT
4	1年TT	1年TT	1年TT	1年TT	1年TT
5	5年TT国語		6年少人数算数	5年少人数算数	

　なかよしワールド2組では、在籍学級の授業に日本語で参加できることを目指し、国語科と算数科で、教科志向型JSLカリキュラムを導入し、学年の年間計画に沿って授業を行っている(表5・表6参照)。また、学校行事がある場合など、関連付けてトピック型カリキュラムに基づく指導も行っている(表5・6参照)。なかよしワールドにおける実践事例は5.2.4.で紹介する。

表5　なかよしワールド2組の年間学習例

	なかよしワールド2組		
4月	トピック型	国　　語	算　　数
5月	はじめましてよろしく(自己紹介)	おおよそ学年と同様の年間計画に沿った学習(読むことに重点をおく。扱わない単元もある。)	学年と同様の年間計画に沿った学習(問題数を減らす。)
6月	春を見つけたよ(春さがしゲーム・おたより)		
7月	夏が来たよ(おたより)		
8月			
9月			
10月	がんばるよ運動会		
11月	秋を見つけたよ(おたより)		
12月			
1月	かぜに負けない体		
2月	冬が来たよ(おたより)		
3月	みんなありがとう		

表6　なかよしワールド2組の時間割

なかよしワールド2組(23時間)

	月	火	水	木	金
1	3・4年国語	2年国語	3年算数	2年国語	3・4年国語
2	4年少人数算数	2年算数	3・4年国語	2年算数	2年算数
3	2年国語	3・4年国語	2年国語	3・4年国語	2年国語
4	2年算数	3年算数	2年算数	3年算数	3年算数
5		4年少人数算数	6年少人数算数	4年少人数算数	

　なかよしワールドでの日々の学習の様子は、「学習カード」に記入し、在籍学級の担任を通して家庭へ渡している(資料2参照)。これは、担任や保護者が子どもの学習の様子を知る1つの手がかりになっている。また、家庭学習についても、在籍学級の宿題が音読や書き取りならば、教材や内容を子どもの力にあったものにするなどして、できるだけ在籍学級の課題に近いものを課している。学級の友達と一緒に学んでいるという所属意識をもたせるためである。

　こうした学習の成果については、在籍学級の通信票に加えて、なかよしワールド独自の通信票を作成して保護者に伝えている(資料3参照)。在籍学級では、国語科・算数科は評価せず、それ以外の教科は、他の日本人と同じ基準で評価しているので、どうしても低い評価になってしまう。なかよしワールドの通信票があることにより、実際に頑張って学習したことを評価してもらえるため、学習意欲の向上につながっている。

第5章 子どもに即した日本語カリキュラムの開発 95

資料2 学習カード

資料3 なかよしワールドの通信票

96　第 2 部　文化間移動をする子どもの学びをつくる

5.2.2.4.　外国人児童生徒相談員、JSL サポーターとの連携

　週 3 回、半日ずつ磐田市外国人児童生徒相談員 1 名が来校し、通知やおたよりの翻訳作業、保護者との懇談及び生徒指導上の内容把握のための通訳を行っている。また、学級担任や外国人児童担当者と情報交換をして実態や直面している問題等を確認したり、家庭との連絡調整をしたりしている。

　また外国人児童の支援を行うために、「磐田市国際交流協会」から JSL サポーターが来校し、外国人児童の学習支援を行っている。JSL サポーターは、毎日 2 〜 3 名ずつ交代で来校し、支援が必要な児童のそばで、学習への取り組み方を見守りながら、教師の説明を補足したり、励ましの声を掛けたりして支援をしている。

5.3.　子どもたちの学びの道筋に即した授業づくりの試み

　5.2 で、現在の本校の外国人児童教育の概要を紹介したが、ここでは特に教育内容や方法について詳しく紹介する。

5.3.1.　これまでのなかよしワールドの取り組み

　なかよしワールドの指導は、外国人児童数の増加やその子どもたちの実態の変化にともない、初期の「個別指導期」、次に「トピック型導入期」、そして現在の「教科志向型導入期 + JSL サポーター支援の試行期」という変遷をたどってきた。

①個別指導期(1999 年〜 2003 年)

　　取り出す学年や教科が異なっていたため、プリントやドリルを活用した個別指導が中心であった。また、個人差が大きく、指導可能な児童数にも限りがあり、十分な指導ができずに試行錯誤の状態であった。また、時間割上、在籍学級の国語、算数の時間全てをなかよしワールドで指導することができなかった。このため、外国人児童は次第に在籍学級の授業の内容が分からなくなり、学習意欲の低下につながったことも否めない。

②トピック型導入期(2004 年〜 2005 年)

　　これまでの課題を解決するために、JSL カリキュラムのトピック型の授業を研究し、取り入れることにした。そのためには、外国人児童教育のあり方を考慮した学校体制づくりが必要となり、取り出し指導が必要な児童をなるべく同じ学級にした。時間割編成時には、その学級の国語・算数の

時間を優先的に決めていった。この方法により、なかよしワールドでも継続した指導が可能になった。
③ 教科志向型導入期＋JSLサポーター支援の試行期（2005年〜）
　トピック型の指導が順調に進められてきたが、日本語がほとんど分からない低学年の外国人児童への対応に追われ、高学年まで対応できないという新たな問題が生じた。そこで、現在の体制（5.2.2.2参照）と方針で授業を行うことにした。

5.3.2. 日本語の指導に関する基本的な考え方
　現在、本校では、外国人児童への日本語の指導については、JSLカリキュラムの特徴を踏まえ、次の4つの事項を基本的な考え方としている。
①外国人児童に身につけさせたい日本語表現を、授業の中で確実に指導する。
　外国人児童が日本語で授業に参加することができるように、まず、授業のねらいを明確にし、学習内容を整理する。次に「AU一覧」を参考に、身につけさせたい適切な日本語表現を選び、授業の中で繰り返し使うように心掛ける。
②単元や題材等に、外国人児童の身近な生活を結び付ける。
　教科書の内容に、外国人児童の生活を結び付ける工夫を試みる。実践例としては、3年の社会科の、「ブラジル人向けスーパーマーケットの見学」等がある。この実践で、外国人児童の学習への興味を高められ、日本人児童には多文化理解のきっかけとなった。
③体験的・活動的な学習を多く取り入れる。
　座学中心の授業は、学習言語としての日本語に不十分さをもつ外国人児童の最も苦手とするところである。そこで、具体物を準備したり、操作活動を取り入れたりして、学習内容の理解を深めるよう工夫する。実践例としては、1・2年「でんわでしらせます」がある。携帯電話を実際に使わせたことで、電話連絡をするときの電話のかけ方や基本的な日本語表現を学ばせることができた。
④外国人児童が理解しやすい平易な表現を心掛ける。
　学習内容や学習言語を理解させるために、絵や図に表したり、身体表現をしたり、漢字にルビをふったりして支援する。気づきを問う場合でも、個の実態に応じて、「大きいですか、それとも小さいですか。」のように、

答えやすい AU カードを準備することを心掛ける（資料 4）。

資料4　ＡＵカードの提示の様子

5.3.3. なかよしワールドと在籍学級の学習の連携

　子どもたちの学びの道筋に即した教育を行うには、なかよしワールドと在籍学級との連携が重要である。2つの教室で学んだ内容が結びつくことは、子どもにとって大きな成就感につながる。そのため、なかよしワールドでも同じ教科書を使用し、単元を絞って集中的に学習している。取り出しの時数の関係上、在籍学級で国語や算数を学習する時間も出てくる。そのような場合、学習したことがある内容であれば、目を輝かせながら意欲的に取り組む姿も見られた。また、在籍学級で学習した内容を、なかよしワールドで補充し、理解を促すこともある。

5.4.　授業実践例

　5.3で述べた「子どもの学びの道筋に即した授業づくり」の例として、なかよしワールドにおけるJSLカリキュラムに基づく実践、2年生と5年生の在籍学級での実践を紹介する。

5.4.1. なかよしワールドにおける授業づくり
(1) トピック型JSLカリキュラムの実践

　なかよしワールドで学ぶ児童には、日本での生活経験が少なく、文化の違いや生活習慣の違いのために、日本の学校生活への適応が課題となっている子どもが多い。また、健康面でも体調を崩して欠席したりする場合が多い。こうした課題を解決するために、次の目標を立てて授業を行っている。

〈トピック型の授業の目標〉
- 東部小学校の約束や決まりを知り、仲良く楽しく生活することができる。
- 体験活動を通して、地域のよさに触れ、共に生きようとする。
- 五感を通して体験したことや発見したことを簡単な日本語で発信することができる。

　トピック型JSLカリキュラムの考え方に基づき、学校行事や在籍学年での活動、子どもたちの興味、関心があるものからトピックを決定し、授業を実施した。以下に2005年〜2006年にかけての実践例を紹介する。

① 「がんばるよ、運動会」(3年生)

　前日までの練習に参加しながらも、運動会当日に欠席してしまう外国人児童が多かった。そこで、3年生5人を対象に、「がんばるよ、運動会」と題して、「いつ、どこで、何をするのか」を理解させ、保護者にそれらを伝えることを課題にした授業を行った。各学級で指導された内容を丁寧に繰り返し学習することにより、運動会への関心や内容理解が深まっていった。さらに各学級への所属意識も向上した。

> なかよしワールド実践例①
> 「がんばるよ、運動会」3年生
> ねらい
> 　保護者に招待状を出すことにより、運動会への関心を高め、外国人児童も一緒に楽しめる運動会にする。
> 主な活動
> ・プログラムをもとに日時や参加種目、持ち物などの確認をし、楽しみにしている種目の紹介をする。
> ・保護者への招待状を作る。
> ・自分のめあてをもち、運動会後に振り返る。

　保護者への招待状も功を奏し、当日は、親子でダンスを楽しむ姿も見られた。ポルトガル語による通訳放送も入り、好評な運動会になった。

②「かぜに負けない体」(2, 3, 4年)

冬を迎え、風邪をひかないように健康への関心を高めようと実施した授業である。授業では、実際に保菌検査をしたり、3年の算数科（長さやグラフ）の学習を生かして年間の風邪による欠席者数を棒グラフで表したりした。子どもたちは、冬に風邪が流行し欠席者が増えることや、自分でもできる予防法として「手洗い」「うがい」「窓開け」があることに気づいた。また、グラフなどの資料から気づいたことを簡単な日本語で表現することができた。学習後も関心は維持され、自発的に石けんで手洗いをしたり、休み時間に換気をしたりする姿が見られ、風邪の予防を意識して生活していた。また、例年に比べ、かぜによる欠席者も少なかった。

なかよしワールド実践例②
「かぜに負けない体」2, 3, 4年生
ねらい
　かぜの流行期を前に、健康に関心をもち、その予防法を考え実践する。
主な活動
・石けんでよく洗った手のばい菌検査をする。
・咳やくしゃみ等の飛散距離を測定する。
・年間のかぜ欠席者数を棒グラフに表す。
・かぜに負けない体づくりの各自のめあてを考える。

---

③「すてきだね、のぎわの里」

(4, 5年生)

学区にあるひょうたん池で水遊びをしながら、小魚やザリガニ、オタマジャクシなどの水辺の生き物を捕まえ、生き物の名前を図鑑で調べたり大きさや色を観察したりした。自然環境の異なるブラジルで育ってきた子どもたちにとって、日本の自然や生き物に親しむ機会となった。また、形状や大きさなどの観察、聞き取りの視点をAUカードで提示することによって、活動内容が明確になり、自信をもって人とかかわることができるようになった。こうして実際に体験することによって、地域の特徴やよさに気づくことができた。また、活動内容の振り返りでは、視聴覚機器を用い、動作化を取り入れたことで、見学・体験したことを想起し、簡単な日本語で表現することができた。

なかよしワールド実践例③
「すてきだね、のぎわの里」(4, 5年)
ねらい
　学校周辺を探検し、自然に親しんだり、自分たちの住む地域に関心をもったりする。
主な活動
・学区にある池で、水辺の生き物の観察をする。
・店・公共施設で、人とかかわりながら自分たちの課題を調べる。
・「のぎわの里」の見学を振り返り、地域の特徴を知る。

このほかにも、4・5年生は、学区の駐在さんに仕事の内容や交通標識の意味についてインタビューする学習、自分たちが住んでいる団地を調査して日本人と外国人住民の数を調べる活動、スーパーマーケットで予算内で指定した品物を購入する学習などを行った(資料5)。

資料5　駐在さんにインタビューする様子

(2) 教科志向型JSLカリキュラムの実践

　日常的な会話にはほとんど支障はないものの、授業の内容が理解できない子ども、話せるようになっても、なかよしワールド以外では日本語で話そうとしない子どもが、年々増える傾向にある。そこで、こうした子どもたちに対して、在籍学級で学習している教科内容を取り上げ、JSLカリキュラムの教科志向型に基づいて授業を実践している。そのねらいは次の2点である。
〈教科志向型の授業の目標〉
　　・日本語でたくさん話そうとする。
　　・授業の流れをつかみ、学ぶことの楽しさを知ることができる。
　そのために、具体物を用いたり、教材・教具を工夫したりしてきた。また、体験的な活動や操作的な活動を多く取り入れることで、学習言語の理解を促しながら、丁寧な授業を行うことを心掛けてきた。以下に、国語科の実践例を紹介する。

④「ことばをいれて、ぶんをつくろう」(1年)

身近な物について、実物や絵カードと日本語を対応させる活動を取り入れることにより、日本語に興味をもたせた。絵カードを使った復唱や言い当てゲームなど様々な活動を組み合わせて学習することで定着を図ったが、生活言語としての日本語を使えるようになってきた。さらに、発音や意味の違いを理解させ、毎時間の一斉読みなどを積み重ねることによって自信がつき、日本語を話すことへの抵抗がなくなってきた。

> **なかよしワールド実践例④**
> **国語科「ことばをいれて、ぶんをつくろう」(1年生)**
> ねらい
> 　絵に合うように、文字カードを組み合わせ、声に出して読むことができる。
> 主な活動
> ・復唱や一斉読みなどを繰り返し行い、語いを増やす。
> ・文字カードをつなげて、絵に合った文を作る。

⑤「くわしくする言葉」(3年)

子どもたちにとって、「いつ、どこで、だれと、なにを、どのように」などの状況を表す言葉を順序よく使うことは難しい。そこで、国語の授業の中で、「私は(主語)、食べました(述語)」の文に、修飾することばを付け加えて表現の幅を広げる学習を行った。Aは、友達からの質問に答えながら「わたしは、けさ、大好きなぶどうをたくさん食べました。」という文を作ることができた。

> **なかよしワールド実践例⑤**
> **国語科「くわしくする言葉」(3年生)**
> ねらい
> 　主語・述語・修飾語の関係や働きを知り、表現の幅を広げることによって、自信をもって人とかかわることができるようにする。
> 主な活動
> ・「主語」「述語」「修飾語」の用語と意味を知る。
> ・主述の文に、修飾語を付け加え、分かりやすい文にする。

また、修飾語の仲間分けの活動でも、子どもたちが相談しながら考える姿が見られた(資料6)。「りっぱな」ということばの仲間分けでは意見が分かれたが、前時に学んだ類義語を思い出して、正しく分類することができた。前時の学習経験が次時の学習につながり、学ぶ力が身につきつつある。修飾語を使えるようになり、子どもたちは、話すことを楽しめるようになった。

資料6　修飾語の仲間分けをする様子

(3) 実践を振り返って

　ここ数年、低学年の外国人児童の増加傾向が強まり、取り出し指導を行っていた外国人児童を、早期に在籍学級に戻すことを考えざるを得なくなってきた。そのため、在籍学級での学習に参加できるように、なかよしワールドでも教科指導に重点を置くことになった。日本の生活や学校生活に慣れることが先決であるが、それに並行して、具体物を使用した体験的な活動と結び付いた日本語支援をしながら、教科指導を進めていくことが必要だと考えた。こうした取り組みの結果、なかよしワールドは、のびのびと学習できる「居場所」になってきた。

　2004年度は、JSLカリキュラムに取り組み始め、トピック型JSLカリキュラムを取り入れた。従来のようなプリントに沿って問題を解いていくような学習に終始することなく、子どもたちの生活や関心に着目し、体験活動を中心に授業づくりを行った。多少の母語も織り交ぜながら、異学年で楽しい学習を味わうことができた。2005年度は、教科志向型JSLカリキュラムを取り入れて指導を行った。はっきりと声に出して読んだり、身体表現をして「感じ」をつかんだり、分かったことを発信したりして、五感を通して友達と学ぶ楽しさを追求してきた。在籍学級と大方同じような学習内容に取り組むことは、外国人児童の励みになり、学習意欲をかきたてた。

　5.4.3.で紹介する実践のように、本校では全学級でJSLカリキュラムに取り組んできた。そのため、外国人児童が日本語で学習に参加できるようになりつつある。分かりやすい授業を目指し、JSLカリキュラムの手法を生かし

た本校なりのJSLカリキュラムを実践することが、子どもたちの確かな学力や生きる力をつけることにつながると考える。

5.4.2. 2年生の実践例

2年生の外国人児童教育のねらいは、友達、教師、JSLサポーターの励ましや支援を受け入れて生活習慣や学力の基礎を築き、外国人児童の伸びを学級全体で共感し、活動の意欲化を図ることである。4人の外国人児童が、1年生から2年生にかけての2年間、学級の中でどのように仲間を作り、学習に取り組んできたかを以下に紹介する。

(1) 4人の外国人児童の背景と学習状況

4人の子どもの来日時期や日本語の学習状況などは表7に示す。

表7 2年生4人の外国人児童の状況

	M(女)	L(男)	N(男)	K(男)
国籍	ブラジル			
来日時期	2000年	1999年	日本で生まれる	2004年
家庭の言語	ポルトガル語			
母国就学経験	なし			
教室での様子	作業に時間がかかる。	身の回りのことが自分でできない。なかなか集団に合わせられない。	自分からかかわれない。気は優しいが、集中力がない。	自分からかかわることができない。強い口調で言われると泣き出す。
取り出し時間	週11.5時間			週7.5時間
在籍学級での支援	JSLサポーターによる個別支援			

(2) 4人の成長と学級の仲間とのかかわり

① 「まだひらがなが、かけないんだ？へんなの。」― M のケース

　ア　読み書きの指導

　1年生では、文字や数字の読み書きの学習と一斉の活動への参加を中心に支援を行った。五十音表や数字の一覧表をラミネート加工したものを常備し、いつでもこれらの表を手元に置いて利用できるようにした。また、Mの不得意な平仮名や数字を把握し、意識して支援を行った。

　イ　周囲の子どもの理解

　こうして1学年の12月には、文字や数字の表を使わなくても文章や数字を書けるようになり、一斉指導にも徐々に慣れてきた。JSL サポーターの支援により、安心して授業に参加できるようになってきた。

　成長を見せてきたMであるが、周囲の子どもたちには、Mの学習困難の理由への理解はまだなかった。

> 〈エピソード1：周囲の理解〉
> 　夏休み前のことであった。学級の子どもが「Mちゃん、まだ平仮名書けないんだ。変なの。」と発言する。そこで授業を一時中断して、学活に切り替え、Mがブラジル出身で、両親の仕事の都合で来日していることを伝えた。そして学級の子どもに、ブラジルの小学校でブラジルの子どもと同じように読んだり書いたりできると思うか想像させた。子どもたちからは「Mちゃん、ポルトガル語も日本語もできてすごいなあ」「ぼくは全然ブラジルの言葉を知らないから、学校に行きたくなくなっちゃうよ」という発言があった。私は「よく気がついたね。Mさんは2つの国の言葉をしゃべれるんだよ。先生にもできないことなんだよ」と伝えた。

　このエピソードを通して、周囲の子どもたちはMの立場に自分を置いて考えることができた。その後、国語の時間、本読みに戸惑っているMを、多くの子どもが囲んでは、いっしょに音読する姿がしばしば見られるようになった。子どもたちの意識は「日本語が書けないM」ではなく、「二か国語もしゃべれるM」へと変化していった。

　ウ　仲間に発見を伝えるM

　2年生になり、Mは4人の外国人児童と同じ学級になった。なかよしワールド2組では、国語と算数の授業を受け、平仮名がすらすら読めるようになった。夏には1年で習う漢字も80文字中45文字、読めるようになった。

算数では、たし算やひき算の筆算ができるようになってきた。在籍学級では、だれとでもかかわれるようになり、一緒に活動できるようになった。

生活科の授業で野菜栽培を行ったときにも、こうしたMの様子が見られた。

> 〈エピソード2：野菜の栽培〉
> Mはミニトマトを育てたかったのだが、枝豆を育てることになってしまった。観察時、Mが友達に、その事を話しかけていた。M「わたし、ミニトマトがよかった。でも、枝豆が大きくなってきてよかった。」友達「Mちゃんも毎日ちゃんと水をあげないとだめだよ。」Mの自発的な発言は、枝豆が成長してからもよく聞かれ、毎日のように「先生、もうとっていい？」と尋ねてきた。

在籍学級の子どもたちとかかわることで、生活面でも自分を意識できるようになった。例えば、仲間の4人との学区探検も楽しみにしており、忘れ物もほとんどしなかった。また、机の中の整頓を、同じ班の子どもが協力する姿も見られた。友だちから、「明日○○もって来るんだよ」と声を掛けられると、Mは素直に「うん」と返事をする。学級とのかかわりを通して、Mは学習面でも生活面でも主体的になっていった。

② 「見て見て、できたよ」―LとNのケース

2人は、なかよしワールドで国語・算数の学習をしているが、他の時間は在籍学級で一緒に学習している。なかよしワールドで学んだことを生かしながら学習に参加し、周囲の友達と関係を築けるようにするため、様々な場面で、なかよしワールドでがんばって学習していることや、LとNのよさをみんなに伝えている。また、生活科では、グループ活動を意図的に取り入れ、グループのみんなと相談し合って学習を進めることができるように支援している。LとNがどのようにクラスで学習や活動に参加しているか、以下に紹介する。

〈エピソード3：在籍学級の学習でのLとNのがんばり〉
　なかよしワールド2組で学習をしているLとNは、担当の教師の出張等で、在籍学級で、国語と算数の学習をすることがある。そんなある時、在籍学級での学習が、LとNにとっては、なかよしワールド2組で既習の内容だった。LとNは「ぼく、もうこの問題、ワールドでやったからできるよ」と言って、意欲的に学習に取り組み、自信に満ちた目で挙手し、発表しようとした。また、「見て見て、ワールドで同じ勉強をしたよ」と言って、うれしそうにノートを見せてくれたこともあった。

　LとNが授業でこうした積極性を見せたときが、他の子どもたちになかよしワールドでのがんばりや、よさを伝えるチャンスである。

〈エピソード4：友達とのかかわりの中で〉
　図工は2人が大好きな教科であり、興味をもって取り組んでいる。作品に対する思いや作り方の工夫も見られる。そんな時には、LとNの工夫を、「○○君にも、教えてあげたら」と声を掛けたり、それをみんなに紹介したりして、互いが作品を通して交流できるようにしている。
　紙による制作活動「どんどんできるよ」の学習を行ったときのことである。それぞれ、新聞紙で道を作り、牛乳パックで車を作ったが、LもNも、「今度は、こういうふうに作るんだ」「もっとこうしてみよう」と制作活動に熱心に取り組んでいた。自分の工夫や思いを友達に知ってもらえたことが、意欲の継続につながっているようだった。

　また、1学期に行った「のぎわっこたんけんたいパート1」では、グループのみんなと楽しそうに探検を進め、満足した表情で安久路公園にゴールした。学習面だけではなく、生活面について、二人のよさを多く見つけ、みんなに紹介するように心掛けている。

③「手が汚れるから、粘土はいや！」Kのケース
　物静かなKは、なかよしワールドで国語の学習だけをしている。各教科で具体物を使った体験的な活動を通して、内容の理解を深め、指差しや教師が提示した文章を視写するなどして、順調に学習に参加できるようになってきた。計算の仕方を積み木やタイルの操作を通して理解したり、生活科の野菜栽培でも野菜の世話をし、振り返りカードを書いたりしていた。また、音楽の学習も、一斉の指導でも困難なくリズム打ちや鍵盤ハーモニカの演奏を

行えた。図工の学習でも、フェルトペンやクレパスではのびのびと絵を描いていた。しかし、液体紙粘土の制作時の様子は、いつもと違っていた(資料7)。

> 〈エピソード5：粘土をさわることへの抵抗〉
> 　図工で液体紙粘土を使って制作活動を行ったときのことだった。他の子たちが夢中になって粘土で形を作っている中、Kは、指が汚れることを嫌がって、粘土に手を触れようとしなかった。そこで、いっしょに作品を作ることにした。粘土に触れたらほめ、何か形ができたらほめと、少しでも何かできたらほめるようにした。最終的には、絵のようなのびのびとした表現にはならなかったが、粘土には触ることができるようになった。

　幼児期における遊びの経験不足からこのような表れが見られたと思われる。その後も、学習言語の理解が十分ではないためか、授業に消極的な姿が見られた。そこで、例えば体育で整列や基本運動などができたらほめるなど、初めてのことも少しずつ一緒に体験させ、小さなことでもできたら評価して励ましてきた。Kは、徐々に自信をもって学習に参加するようになった。

資料7　液体紙粘土の制作活動の様子

(3)成果
　外国人児童と共に生活し、学習する中で気づいたことは、日本語の理解が

不十分であるということだけでなく、生活や遊びの中での経験が不足していることや、子ども同士のやり取りが少ないということである。そこで、学級の子どもたちと一緒に繰り返し共通の体験をさせ、不安な気持ちを取り除いてきた。できたことに対してほめ、認め合う場を設定することで、互いに自尊感情が芽生えてきた。これは次の活動への意欲につながり、生活習慣や学力が身につく基礎となった。JSLサポーターのきめ細かい支援も、学力向上に大きく寄与している。このように周りの大人たち、友達と大きくかかわりながら、外国人児童は日々成長している。

5.4.3. 5年生の算数科の授業実践例
(1)外国人児童の実態と指導の仕方

5年生には、7人の外国人児童が在籍している。ブラジル国籍が6人、ペルー国籍が1人である。子どもたちは、学校では日本語を使い、家庭に帰れば母国語で会話をしている。日常会話に必要な日本語のだいたいは理解でき、断片的ながらも、日本語で自分の意思を相手に伝えることもできる。しかし、生育歴や日本での生活の期間に違いがあるために、国語や算数などの学習の場では、個別指導を必要とする子どもが多い。

5年生はなかよしワールドでの取り出し指導をしていないため、算数科では少人数指導を実施している。学年全体の児童を、学級の枠をこえて習熟度別に4グループに分けて学習を進めている。外国人児童は、自分の力にあったグループに入り、学習を進めるようにしている。グループ作りに当っては、新しい単元に入る前に、計算や図形等該当する領域の学習がどのぐらい身に付いているかを調べ、その結果を基に保護者と相談して決めている。単元の途中でも子どもたちの状況に応じて、グループを変更することもある。

「小数のかけ算」では、タンポポ2グループに外国人児童5人が入り、日本人児童7人と共に合計12人で学習した。その他の外国人児童は、タンポポ1グループに1人、コスモスグループに1人入り、学習を進めた。

表8 5年算数科の習熟度グループ

ひまわり	発展
コスモス	標準
タンポポ1	基本(教科書にそって)
タンポポ2	基本(前学年に戻って)

「垂直と平行」「いろいろな四角形」では、7人のうち2人がコスモスグループ、5人がタンポポグループに入って学習を進めた(表8参照)。

(2)「小数のかけ算」の実践

「小数のかけ算」の単元で、タンポポ2グループでは、5年生の学習内容の理解をめざし、かけ算九九の復習や筆算のしかたの練習などを組み込んで授業を行った。

①学習内容を厳選し、再構成して

限りある時間の中で効率よく指導するために、5年生としてどうしても押さえなければならない事項を洗い出し、精選して内容の再構成をした。学習は「かけ算九九」→「整数の筆算」→「小数の筆算」→「小数を使った文章題」の順とし、理解が難しい「かけられる数と積の大小関係」「計算の工夫」を最後に扱った。「計算の工夫」の学習では、交換法則や結合・分配法則のよさに気づけるように工夫したワークシートを活用した。また、単元のテストの前には、類題を行い、分かっていない問題は個別指導をして、自信をもってテストに臨むことができるようにした。

②九九や筆算の練習を繰り返して

小数のかけ算ができるだけ速く正確にできるように、まず、2年生で学習した九九の復習を繰り返した。特に、誤りの多い6・7・8・9の段を中心に、各段を逆から言ったり、ばらばら九九を繰り返したりした。次に、(2位数)×(1位数)や(2位数)×(2位数)などの筆算の計算の仕方が定着するように繰り返し練習を行った。その上で小数点のつけ方を教えてそのスキルを小数の計算に広げるようにした。さらに、日常生活にも生かせるように、簡単な文章題にも挑戦させた。

③意欲を高めるために

子どもたちが互いに励まし合いながら学習を進められるようにと考え、タンポポ2グループの12人で毎回ミニテストを行い、速さと正確さを競い合うことにした。目標を明確にすることで意欲が高まり、さらに友達からも自分の努力が認められて自信をつけ、次もがんばろうという気持ちが高まってきた。

(2)「いろいろな四角形」の実践

①用具の準備—タンポポ(基本)グループで

図形の学習では、三角定規、コンパス、分度器などの用具の準備はとても大切である。用具の名前を正しく覚えることと、自分で意識して用意させるためにチェック表を使って、授業の始めには毎回準備物の点検を行っ

た(資料8)。
②図形への興味をもたせるために―コスモス(標準)グループで
　図形への関心を高め、自分の生活に関連付けられるように、台形、平行四辺形、ひし形、正方形、長方形が、身の回りの物にどのように使われているかを探す活動を行った。

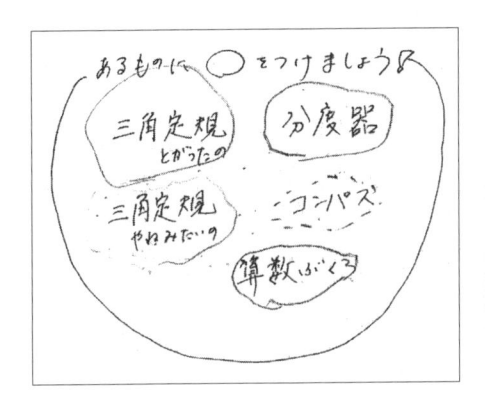

資料8　用具のチェックシート

資料9　台形探しの様子

③体験的な活動を取り入れて―タンポポ・コスモス両グループで
　友達と一緒に、三角定規や分度器、1メートルのものさしを持って辺の長さや角の大きさを測ったり、平行、垂直などを確かめたりしながら、台形を探す活動を行った(資料9)。外国人児童の一人は「プリンを横から見ると台形になっているよ。ひな祭りに飾るひしもちはひし形だよ。非常口の階段の横の板は平行四辺形だ」と次々と形を見つけ出し、他の友達がそれに大きくうなずく場面が見られた。
　図形探しの活動後、作図する活動を行ったが、図が出来上がってから見直しをする場面では、「辺の長さの測り方がちがっていたかな」「角の大きさがおかしかったかな」「ここは平行なはずだけど、そうなってないよ」という発言が聞かれた。形のゆがみに気づき、修正点を自分で見つけ出したり、友達の誤りの原因を指摘したりしているのである。子どもたちは、実体験を通して図形の特徴と名前をつかみ、そこで培ったイメージを作図

活動にも生かしていた。図形探しという体験的な活動を取り入れたことで、意欲が高まった。

図形領域で、基本グループから標準グループに移動した外国人児童の一人が単元終了時に書いた感想が資料10である。

> みのまわりにいろんな四角形があることがわかりました。プリンの形、東京タワーの形さがしているだけで算数の楽しさがわかります。
> 1学きのあいだに知らないこと知りたかったこと考えたことのないことを勉強していろんなことをまなんだ。たんぽぽからコスモスにきてよかったと思う。
> 先生、1学きのあいだありがとうございました。これからも算数の楽しさといろんなことを勉強したいです。

資料10　図形の授業の感想

(3) 算数の少人数グループでの学習の成果

　算数科の少人数グループでの学習は、特に外国人児童にとって、自分が認められ、自信をつける場となっている。また、ミニテストで友達と競い合ったり賞をとったりすることが励みとなり、子どもたちは意欲を高めた。そして、少人数グループから在籍学級に戻ったとき、友達から声を掛けられたり励まされたりしたことが、さらに次も高得点を取ろうと頑張る気持ちや、学習への前向きな姿勢を作っていった。

5.5. 2年間の取り組みの成果と課題
5.5.1. 取り組みの成果
①教師の意識改革

　まず、教師が外国人児童の「ちがいを認めよう」「よさを見つけよう」という意識になったことにより、子どもを見る目が変わってきた。それまでは、「授業時間になっても教室に戻ってこない」としか感じられなかったことが、「探しに行かなくても戻ってくるようになった。ずいぶんよくなったな」という目で見られるようになった。さらには、「時間が分からなかったから戻ってこなかったんだ。始業時刻をきちんと教えてあげたらちゃんと戻ってきた。」と子どもの行動を分析できるようになってきた。

②子どもたちの意欲の向上

　子どもの学習の道筋に沿った授業をと考え、外国人児童に配慮した手立ての工夫や手厚い個別指導をすることで、外国人児童が学習に意欲的になった。子どもたちは、「先生から気に掛けてもらっているんだ」ということを感じながら、学校生活を送れるようになったようである。学習で分からないことがあると、手招きして教師やJSLサポーターを呼び、分かるまで質問をするようにもなった。意欲的に漢字検定に挑戦し、見事に合格する子も出てきた。

　さらに、教師が外国人児童を中心とした学級経営を行うことにより、日本人児童の外国人児童を見る目が変容してきた。「Aさんといっしょにサッカーをやったら、とても上手だったよ」「Bさんはなかよしワールドで頑張って勉強しているね。わたしも頑張らなきゃ」という声が聞かれるようになってきた。

③JSLカリキュラムの導入

　全学級でJSLカリキュラムを取り入れた授業実践を推進することにより、教師が子どもの実態を把握し、教材をより深く研究するようになった。「今までは、分かっていないと感じると、言い方を変えていろいろな言葉で伝えていたが、分からない理由をじっくり考えて、一番簡単な言い方をするようにしたら、よく伝わるようになった」と感じている教師も多い。

AUカードを選ぶ段階では、「Cさんはこの言い方はできそうだが、Dさんにはちょっと難しいな。Dさんには別の場面で出番を作ろう」と、表現を設定するだけではなく、子どもたち一人一人が活躍できる場を考えるようになった。こうした場を作ることによって、外国人児童が積極的に日本語で話そうという気持ちになってきている。

④家庭・地域との連携
　PTA交流部の新設などにより、学校職員だけではなく、学区全体に外国人を受け入れていこうという前向きな意識が高まっている。外国人保護者も、気軽に学校に足を運ぶようになった。週3日ほど来校してくれる外国人児童生徒相談員のお陰で、保護者との連携が取りやすくなった。学校からも連絡を取りやすいが、保護者からも通訳の方のところに、たくさん相談が寄せられている。外国人保護者からは、「毎日が楽しいと言って学校に通っているのが、何よりもうれしいことです」「もっともっと交流を深め、日本人も外国人も一緒になって学び、互いのよさが生きるような学校になってほしいです」といった声も聞こえてきている。信頼に応えるためにも、より一層よい関係を築いていかなければならない。

5.5.2. 今後の課題
①取り組みの継続
　全職員でJSLカリキュラムの研究・開発を進めてきたが、毎年、年度末には職員の異動がある。今までの研修の流れや本校独自の考え方・進め方に対して、共通理解を図るための努力を続けることが必要である。また、外国人児童数、児童一人一人の日本語の理解度の違いにより、学年や教科間で具体的な授業の進め方は大きく異なる。JSLカリキュラムを参考にしつつも、本校ならではのカリキュラムを確立し、職員だれもが指導できるようにしていくことが求められる。
②JSLサポーターとの連携
　職員のほかに、JSLサポーターが外国人児童の支援に当たってくれているが、担任との間で具体的な支援の仕方が共通理解されていないこともある。じっくり相談する時間をとることもできず、サポーターに任せてしまう部分も多い。より効果的な支援ができるように、さらなる連携を深めていかなければならない。

③生活しやすい学校づくり

　最後に、現在本校では、予想を上回る外国人児童の増加により、きめ細やかな指導が難しくなってきている。特に1年生では、生活言語や基本的な生活習慣が身に付いていない子どもがたくさん入学してきている。外国人保護者にも不安は残っている。子どもたちが学校生活に適応できるように指導していくとともに、日本人児童も含め、多様な背景をもつ子どもたちが生活しやすい学校づくりを進めていかなければならないと考えている。

共同研究者(2004～2006年度)
　　校長　　鈴木　亨司(すずき・きょうじ)
　　教諭　　高橋　恵子(たかはし・けいこ)
　　　　　　矢島　一彦(やじま・かずひこ)
　　　　　　鈴木　光男(すずき・みつお)
　　　　　　寺井　啓高(てらい・ひろたか)
　　　　　　鈴木　隆雄(すずき・たかお)
　　　　　　阿兒紀世美(あこ・きよみ)
　　　　　　渡邊　敬子(わたなべ・けいこ)
　　　　　　兼子美千子(かねこ・みちこ)※
　　　　　　鈴木あやの(すずき・あやの)※
　　　　　　乗松　繁好(のりまつ・しげよし)※
　　　　　　青島　藤子(あおしま・ふじこ)
　　　　　　鈴木由紀子(すずき・ゆきこ)※
　　　　　　平野　敏彦(ひらの・としひこ)※
　　　　　　※は本章の執筆にかかわった者。

章題下の所属名は、執筆当時のものである。

所感

　本校が目指している「『ちがい』を力にする学校」とは、国籍や年齢等の様々な違いを差(マイナス)と考えるのではなく、個人のもつよさや可能性ととらえて、互いに認め合い、共に学び合おうとする力に生かすことができる学校のことです。
　外国人児童数が年々増加し、全校児童数の1割近くを占めるようになった現在、教師側の意識の変革が何よりも大切だと考え、実践を積み重ねてきました。
　まず、なかよしワールドでの指導が、個別中心の取出し指導から共に学ぶ楽しさを目指した集団学習指導へと変容しました。日本語の理解が不十分な外国人児童には、分かりやすい日本語で、繰り返し丁寧に指導することが大切です。そこで、簡単な日本語で友達と話したり、理解したことを伝え合ったりする場を設けることで、学習内容と日本語の習得の一体化を目指してきました。
　また、各学級においては、在籍する外国人児童を大事な学級の一員として受け止め、温かな学級づくりに努めてきました。外国人児童が生活のきまりや学習内容を正しく理解するためには、教師や日本人児童のサポートが不可欠です。生活や学習の実態を踏まえ、生き生きと活動できる授業の工夫や身につけさせたい日本語表現の明確化等、学年体制で指導法改善に取り組んできました。
　その結果、外国人児童に配慮した手立ての工夫(ゆっくり話す、具体物や体験的な活動を多く取り入れる、板書の文字にルビをふる、AUカードを活用する等)が、外国人児童のみならず、日本人児童の学ぶ力の向上にもつながることを再認識しました。

学びをつくるしかけ２──全学級でことばをコントロールする

　磐田市立東部小学校では、1998年を境に外国人児童が増え、2006年には、全児童数の10%に当たる80名程度を占めるようになった。その多くが、校区にある県営団地に住む日系南米人家庭の子どもたちである。その他、ペルーやフィリピン、中国の子どもたちも学んでいる。東部小学校では、こうした子どもたちへの学習支援に、全校をあげて取り組んできた。その実践の様子を、適応指導教室の担当、在籍学級の担任、研究主任らが語る。
　東部小学校では、「『ちがい』を力にする学校」を目標に、子どもたちがもつ文化的な差異を認め合い高め合える子どもたちの育成を目指している。その実現のために、学校全体で外国人の子どもたちの教育に取り組んできた。その具体的な取り組みの１つとして、適応指導教室のみならず、全ての学級で外国人児童の日本語の理解や表現を支援するための具体的な対応が行われている。
　東部小学校では、来日まもなく日本語が全くできない子どもたちや日本語での日常の生活が困難な子どもたちは適応指導教室に取り出して、学校生活に関する学習と日本語初期指導を中心に授業を行っている。日常的な会話ができる子どもたちに対しては、教科の基礎的内容の学習と学校の行事等に関連づけた学習活動を中心にカリキュラムを構成している。また、発達段階を考慮し、日常生活では日本語に不自由がなくなった高学年の子どもに対して、取り出しの授業を行うかわりに、在籍学級に学習支援者（市国際交流協会派遣のJSLサポーター）を配置して、子どもたちが学習参加できるように支援を行っている。
　外国人児童への教科指導には、適応指導教室でも在籍学級でも、文部科学省が開発したJSLカリキュラムのAUの考え方を導入している。AUとは、１時間の授業で行う学習活動を単位化したものである。その１つ１つの活動単位にどのような表現で参加するのかを明示する。教師は、自分の発問を子どもたちにとってわかりやすい表現になっているかどうかを検討し、それをカード化して示す。子どもたちは、そのカードの発問を手がかりに活動に参加したり、内容を理解したり、分かったことを表現したりすることができる。こうした取り組みは、教師が自身の授業構想や、授業中の発問を問い直すきっかけになっている。教師が教室内での言語をコントロールしながら、子どもたちの理解の状況を把握し、学習参加のための言

語レパートリーを提示することは、子どもたちの活動への参加を促す。この章の報告の中では、5年生が実施した少人数クラスによる算数科の授業の事例が紹介されているが、そこでは、外国人児童の理解状況や学習経験に考慮して、授業展開や課題の設定を行っている。練習問題にも、下学年の学習内容を含みこむなどの工夫がされている。2年生の事例では、学習面のみならず、学級内での日本人児童と外国人児童のかかわりにも変化が生まれていることが報告されている。

　東部小学校の取り組みは、私たちに、外国人児童教育に学校ぐるみで取り組むことによって、適応指導教室のみならず、在籍学級で、そして学校生活の全ての場面で、子どもたちは学習の機会が得られるということを示している。こうした学習環境づくりに果たす「教師」の役割は大きい。教師の姿勢は日本人児童の外国人児童観にも変容をもたらす。その中で、両者が関わり合いながら、学校を「共に学び合う空間」へと変えていくのではないだろうか。

（齋藤ひろみ）

第6章　子どもたちの母語・母文化の教育
―小学校における中国語（母語）教室の取り組み

高知市立横浜新町小学校　折田正子

　筆者は、高知市立潮江南小学校の教員として、「ことばのとびら教室（日本語教室）」が開設された1994年から2004年までの11年間、日本語教室を担当していた。この章では、潮江南小学校が、「ことばのとびら教室」を中核において取り組んできた、中国帰国児童教育や国際理解教育について、母語・母文化の教育に焦点を当てて紹介する。

6.1. 高知市の外国人児童生徒教育の現状

6.1.1　中国帰国児童生徒の増加
　1972年の日中国交正常化以降、中国残留孤児・残留婦人の肉親調査と帰国施策が本格化した。それによって、1979年9月から高知市教育研究所でも中国残留孤児や残留婦人の三世・四世を受け入れるようになった（図1）。
　中国帰国児童生徒（以下「帰国児童」という）が市内に点在して住むようになり、教育研究所では、日本語指導担当教員[1]が日本の学校に適応するための指導を行うようになった。この体制は1993年度まで続いた。その指導は、第1段階は3〜6ヶ月かけて日本語および生活適応のための「通所指導」、第2段階は在籍校への登校準備のための「慣らし登校」、第3段階は登校し始めてからのアフターケアとしての「訪問指導（学校または家庭）」と、3つの段階で進められた。

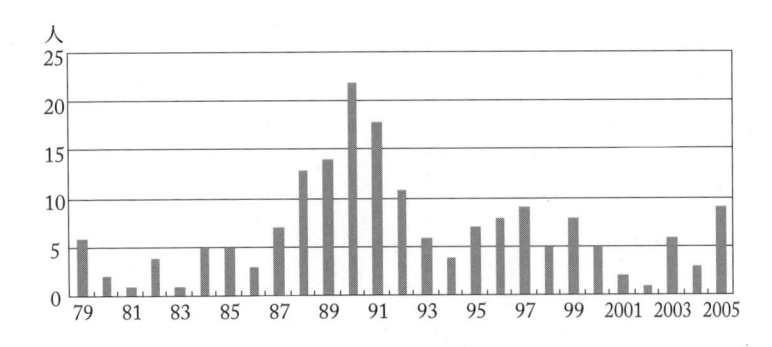

図1　高知市年度別受け入れ帰国・外国人児童生徒数

6.1.2　日本語教室の開設

　1990年ごろから、高知市の各学校に点在していた帰国児童が、潮江南小学校に多く在籍するようになってきた(図2)。これは、教育研究所が潮江地区に移転したことで、中国帰国者も同地区に多く居住するようになり[2]、この地区を校区とする潮江南小学校に、子どもたちが集中して在籍するようになったものと考えられる。

　帰国児童生徒は、教育研究所で基礎的な日本語の力をつけて潮江南小学校に編入してきたが、学年相当の学習についていけるだけの力をつけているわけではなかった。そのため、学級の学習に参加するのはかなり困難な状態で、帰国児童も学級担任も大変な苦労をしていた。このような状況を打開するため、潮江南小学校では、1994年度に文部省(現文部科学省)「帰国子女教育研究協力校」の指定を受けた。それと同時に市内ではじめて、学校内に日本語教室(ことばのとびら教室)が開設され、帰国当初から帰国児童を受け入れて日本語および生活適応指導が行なわれるようになった。

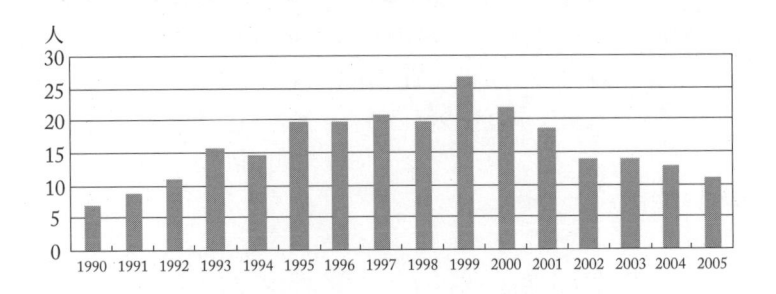

図2　年度別潮江南小学校の中国帰国児童在籍数

現在、高知市内には潮江南小学校の他に小学校3校と中学校1校に日本語教室が開設されており、潮江南小学校・横浜新町小学校・潮江中学校がセンター校としての役割を担っている。

6.1.3. 最近の外国人児童生徒の在籍状況

四国で高知市だけにあった高知県中国帰国者自立研修センターが1999年に閉所されてから、高知市における中国帰国児童生徒の受け入れは減少傾向にあり、それに代わって外国人児童生徒の数が徐々に増加している。この子どもたちは、親の留学や就労、結婚などの理由で入国してきており、国籍も2006年度を例にみると、中国だけでなく大韓民国、フィリピン、アメリカ、イタリア、パキスタン、エクアドル等と多様である(表1)。

また、最近の傾向としていえることは、一校に集中するのではなく、少人数が複数の学校に点在化してきている。日本語教室のない学校に在籍した帰国・外国人児童生徒の支援は、教育研究所の帰国・外国児童生徒支援補助員や巡回相談員が各学校を巡回して指導にあたっている。

表1　高知市の帰国・外国人児童生徒の在籍状況(2006年5月1日現在)

区　分	小学校	中学校	合　計	在籍学校数 小学校	在籍学校数 中学校
中国帰国児童生徒	46	19	65	5	4
海外帰国児童生徒	5	2	7	3	2
外国人児童生徒	18	5	23	8	4
合　計	69	26	95	のべ16校 実質12校	のべ10校 実質　7校

(高知市教育研究所資料提供)

6.2. 高知市立潮江南小学校における外国人児童教育

6.2.1. 外国人児童教育の3つの取り組み

潮江南小学校は高知市の中心部から南へ車で10分くらいの住宅地にある。1990年度から中国帰国児童が在籍し始め、前述したような事情で4年後の1994年度に日本語教室が開設された。これまでに在籍した帰国児童は全て中国からの子どもたちで、そのほとんどが中国残留孤児関係の三世・四世である。中国帰国児童の在籍数(図2)は、1999年の高知県中国帰国者自

立研修センター閉所をピークにして毎年徐々に減っている。最近では、中国残留孤児関係だけでなく親の就労や国際結婚のために中国から編入してくる児童も見られるようになってきた。また、1年生で入学してくる場合は中国残留孤児関係で日本生まれの児童がほとんどである。

潮江南小学校における帰国児童教育の取り組みは、大きく3つの領域からなる。

1つが「ことばのとびら教室」への取り出しと、在籍学級への入り込みで行っている日本語指導と帰国児童の適応指導および家庭との連絡である(次に示す①②④⑤)。2つ目が、一般児童を対象とした「周囲の子どもを育てる」ための教育であり、帰国児童の背景や状況についての理解を深めるための取り組みと、中国語教室の取り組みがある(次に示す⑥)。そして3つ目が、帰国児童に対する母語である中国語の保持教育や中国文化教育の取り組みである(次に示す③)。今回は、2つ目の領域である母語・母文化教育の取り組みを中心に紹介するが、3つ目の取り組みの成果については、2つ目の「周囲の子どもを育てる」取り組みの重要性を抜きには語れない。帰国児童の母語・母文化教育の前に、「周囲の子どもを育てる」教育について、具体的な例を含めて紹介することにする。

その前に「ことばのとびら教室」の取り組みの全体と取り出し指導の内容を簡単に示す。

6.2.2.「ことばのとびら教室」における教育活動

「ことばのとびら教室」は、開設した1994年から10数年をかけて、日本語指導や適応指導について、さまざまな取り組みを重ねてきた。その主な役割は以下のように、大きく6つに分けられる。

①日本語および生活適応指導(取り出し指導、図3参照)
②基礎学力定着のための教科指導(取り出し指導、入り込み指導)
③中国語力の保持伸長のための指導(中国語教室、中国語アナウンスなど)
④精神的な安定を図るためのカウンセリング(帰国児童対象のカウンセリング)
⑤家庭と学級・学校のパイプ役(家庭訪問、中国語文書の配布、通訳付き成績懇談会、餃子作り保護者会など)
⑥中国帰国児童理解のための国際理解教育の推進(交流学習、系統的な国際理解教育など)

6.2.3. 取り出し指導

「ことばのとびら教室」に取り出して日本語指導を行う場合は、次の図3に示したような基本的なプログラムを基にして、子どもの実態に合わせて調整しながら実施している。

領域		指導内容（下段：主に利用している教材）
文字		【ひらがな】─────────→【カタカナ】→【漢字】────────→ 清音・濁音・半濁音・促音・撥音・長音・拗音　　　　　　１年→該当学年まで ・ひらがなワークシート　・ひらがな練習帳　・カタカナ練習帳 ・国語科教科書 ・一年生のにっぽんご（上下）　・こんにちは（応用練習用） ・カタカナワークシート　・漢字ワークシート
話す・聞く	語彙	【名詞】──────────────────────────────→ ・ひらがな学習を中心に身の回りの物の名前から学習 ・ことば遊び絵カード（10巻）　・公文のせいかつ図鑑カード ・これって、なに？
	会話	【あいさつ】────────→【基本的な会話】────────────→ ・あいさつカード　・日本語学級１、２　・日本語をまなぼう ・たのしいこどものにほんご（低学年）　・ひろこさんのたのしいにほんご
読む		【たのしいにほんご・初級用】────→【国語科教科書】──── 　　・低学年、中学年、高学年 　　・録音の活用　・日中辞典の活用　・低学年の国科教科書から順番に
書く		【短文作り】──────→【日記】─────────────→ ・５Ｗ１Ｈの文型 ・公文式文カード　・ことばのきまり　・ひろこさんのたのしいにほんご 　　　　　　　　　　　　　　　　　（文型練習帳）
その他の教科指導		【算数】　　　　【音楽】　　　　　　　【図工】　　　【体育】 ・数字の読み方　・楽譜の読取り（階名等）・色の名称　・ラジオ体操第１ ・単位記号の読み方　・鍵盤ハーモニカの演奏法　・絵の具の使い方 ・基本的な算数用語の置き換え　・リコーダーの演奏法 　　　　　　　　　・校歌、代表的な日本の歌
生活適応指導		・学校のきまり　　　・校内の施設や環境　　・トイレの使い方 ・給食の準備の仕方　・掃除の仕方　　　　・日直の仕事 ・図書室利用の仕方　・買物の仕方（売店、スーパー等） ・学級担任と連携して、仲間作りを中心にした生活適応指導を適宜行う

図３　取り出し指導の内容

6.2.4. 担任との連絡

「ことばのとびら教室」に取り出す場合も、在籍学級に入り込んで子どもに寄り添って支援する場合も、「学習の記録」(資料1参照)を残し、担任に伝えている。記録には、下の例にあるように、その時間の学習内容と子どもの学習の様子を記載する。担任からも、教科の学習や行事などの活動で気づいた子どものようすが伝えられる。この相互の連絡によって、子どもたちを学級担任と日本語教室担当の両方の立場から捉え、それを、次の教育実践に生かしてきた。

資料1　学習の記録

4月　21日　(水)　　4　校時目
【学習内容】 国　たんぽぽ ④⑤ 　　ワークシート 　　新鮮(感豆祭)
【日本語担当から】 ことばを豊かにするために今回は次の訳にこだわってみました。 　しめる — あける (窓・ドア)　　　使う対象の違い 　とじる — ひらく (足・本) 中国語も忘れかけています。「花が枯れる」を中国語でどう言うかたずねると「わすれちゃった！」日中辞典で調べてやると思い出せました。 学習でよく使う「どんな工夫」が分かりません。中国語でもぴったりの単語がないので、説明をするとだいたい分かったみたい？です。　例をあげて
【学級担任から】 社会科でも「公民館はいつあくのか(開館するのか)」という質問をしましたが、日本語はむずかしいですね。 4/26〜5/10 の予定 4/26(月)の3限、英語でガイ 先生にしてもらって…です。 4/28(水)の2〜3　交通安全教室 5/6 (土)の3. 高見公民館へ見学 5/10(月)の4. そうじの班会　　となっている

6.3. 周囲の子どもたちを育てる教育活動

6.3.1. 中国帰国児童と共に学ぶ国際理解教育
(1)中国残留孤児について学ぶ――一般学級における取り組み

　1995年度～2004年度の10年間、潮江南小学校は「中国帰国児童とともに学ぶ国際理解教育」を研究主題として、帰国児童理解のための国際理解教育を推進してきた。言葉や文化の違う国で育った帰国児童には様々な違いがある。まわりがそれを排除することなく、寛容に受け入れて尊重できる子どもを育てること、さらには帰国児童だけでなく、まわりの児童一人ひとりの違いに対しても認め尊重し合える子どもの育成を目指して研究してきた。

　研究内容は、低学年の第1段階では帰国児童の存在を知り、遊びを通して仲良くなること、第2段階では中国の文化や言葉の学習を通して帰国児童や帰国者の方と交流して親しみをもつこと、第3段階では帰国児童の祖父母である中国残留孤児の学習を通して平和の尊さを学ぶこと、というように系統立てられている。

(2)授業の内容と指導目標

　この10年間で学級担任と共に作り上げてきた各学年の国際理解教育の授業を簡単に紹介する。

表2　各学年の「国際理解教育」の授業実践

学年	単元名	指導目標
みなみ学級※	中国めんこで遊ぼう	・仲間といっしょに中国のめんこを楽しむことによって中国の遊びの文化を体感する。みなみの仲間や4年生と活発な時間を共に過ごす。 ・体験したことを表現することを楽しむ。
1年	中国の遊びをしよう	・中国の遊びを体験することで、中国に親しみを持つことができる ・協力して仲よく遊ぶことができる ・異学年の帰国児童の存在を知り、親しみを持つことができる
2年	「ことばのとびら教室」を知ろう	・帰国児童が「ことばのとびら教室」でどのような学習をしてがんばっているのかを知ることができる。 ・仲間としてともに助け合って仲よくしようとする心情を育てることができる。 ・「ことばのとびら教室」に親しみを持つことができる。

126　第 2 部　文化間移動をする子どもの学びをつくる

3年	中国の学校へいってみよう 中国の学校生活を調べよう	（中国の学校模擬体験を通して） ・言葉の分からない帰国児童の戸惑いや不安を感じることができる。 ・帰国児童が自分の良さに気づき自信を持つことができる。 ・中国の学校生活について興味を持って聞く。
4年	中国の餃子を作ろう	・帰国児童や中国から帰国した人たちと楽しく交流できる。 ・中国の食文化を通して、中国に対する興味や関心を持つことができる。
5年	帰国の方たちと仲良くなろう	・帰国した人たちとの交流を通して、親しみを持つことができる。 ・帰国児童を仲間として共に支え合おうとする心情を育てる。 ・中国の文化に興味や関心を持つことができる。
6年	日本に思いを抱いた人々	（中国残留孤児についての学習を通して） ・中国から帰国した人たちの苦労や思いを知ることができる。 ・平和の大切さを考えることができる。

※特別支援学級名

6.3.2.「ことばのとびら教室」との交流学習
(1)交流学習の開始

　1996年度より、取り出し指導を受けている帰国児童のクラスメート全員が日本語教室に来て授業の様子を参観し、交流学習を行うようになった（きっかけは、次のエピソード1参照）。この取り組みは、帰国児童が日本語上達のためにどんな努力をしているのかを実際に見て、理解することをねらいとしている。さらに1997年からは帰国児童の在籍学級だけでなく、全学級と年1回交流学習を行うようになった。

> エピソード1　交流学習のきっかけ
> 　日本語教室ができてから1年くらいたったある日、廊下で6年生の女の子から「あの教室にときどき人が入っていくけど、何しゅうが？（何をしているの？）」と尋ねられた。私は突然のことだったので、簡単な説明しかできなかった。その頃の日本語教室は、南舎の最上階(3階)の一番奥の教室だった。同じ階には音楽室と空き教室しかなく、帰国児童以外はほとんど通らない場所だった。私に質問した6年生は北舎の教室から南舎の廊下が見えるので、教室に入っていく帰国児童の姿を見たのである。この件でこの子だけでなく多くの児童が同じことを思っているのではないかということに気づき、1995(平成7)年5月のテレビ集会で日本語教室での取り出し指導や中国語教室の様子を全校児童に紹介した。そして、翌年より、国際理解教育の学習として、交流学習を実施することになった。

(2) 交流学習の内容

　一般教室と「ことばのとびら教室」の交流の内容について、2004年度の実施状況をいくつかの学年の様子を示しながら紹介する。なお、各学年の目標と学習内容を表3に示す。

交流学習の実際1―2004年の低学年の場合（表3を参照）

　児童にとって、日本語教室で授業を45分間ずっと参観するのは無理なので、15分間くらいの参加型授業にした。児童は参観するだけではなく、帰国児童といっしょに考えたり、日本語の先生役をしたりして参加する。子どもたちは、楽しんで参加していた。

　参観の後は、帰国児童の紹介を行う。いつ日本に帰ってきて、どんな勉強をしてきたかを簡単に説明する。聞いている児童は、帰国児童が短期間でたくさんのことを学習していることを知り、感心する子が多かった。会話が上手になっても「ことばのとびら教室」で取り出し指導を受けていることについて、次のように説明する。

　　「○○さんは、日本に帰ってきて2年です。皆さんは、おぎゃあと生まれてからずっと日本で暮らしているね。皆さんが話している日本語は、赤ちゃんの時からずっと使って上手になったんだよね。こんなに長い時間をかけて日本語が上手になった皆さんの中にも国語が難しいなって、思う人がいるでしょう？作文を書くのが苦手だなって、思う人もいるでしょう？（ここのあたりで必ず数人の児童はうなずいて聞いている）○○さんは日本語を習い始めてまだ2年しかたっていません。皆さんは生まれてから○年間も日本語を使っています。知っている日本語の数は皆さんの方がずっと多いよね。それなのに皆さんといっしょに同じ国語を勉強しても大丈夫だと思う？（必ず首を振って反応する子がいる）そうなんです。○○さんにとってはとても難しいんです。だから、早く皆さんといっしょに勉強できるように、ここで少し易しい勉強からがんばっているんですよ。」

　このような説明を聞いたり学習風景を見たりすることで、日本語教室での学習が決して楽ではないことを知り、まわりの児童には、取り出し指導を受ける帰国児童を応援する気持ちが育っていった。それは、日本語教室に向かう帰国児童に、教室中の子どもたちが、「いってらっしゃい！」といつも明るく声がけする姿に表れていた。

交流学習の実際 2―2004 年　中・高学年の場合

3 年生以上には「どうして中国から帰ってきたのか？」について語って聞かせる。

黒板よりも大きな中国の地図とペープサートを使って、帰国児童のおじいさんやおばあさんが、戦争のために中国で残留しなければならなかったことを説明する。大きな地図は、子どもたちに中国がいかに大きい国であるかを実感させるのに効果的であった。戦後間もない時代の出来事を、歴史の知識のない児童が理解することは大変難しいことである。しかし、この中国残留孤児の説明を、3 年生から毎年聞くことで、学年を追うごとに理解を深める児童が増えた。6 年生には、歴史で第 2 次世界大戦についての学習を行ってから交流学習を実施するようにしたため、ほとんどの児童が理解できていた。

交流学習の実際 3―帰国児童の活躍

交流会の後半には、日本語教室での学習に対する印象を楽しく明るいものにするために、中国の言葉や遊びについて実際に体験できるような活動を行う。こうした活動では、「日本語はまだ上手じゃないけど、中国語はぺらぺらで上手だよ」というように、帰国児童がもつ別の面の力や良さにまわりの児童が気づくことをねらいとして、帰国児童に中国語などの先生役をさせて活躍する場を設ける。1 年生から 6 年生までの全学年で中国について学習ができるのは、中国から帰ってきた仲間がこの学校にいるおかげであり、帰国児童がいて良かったとまわりの子どもたちが思えるようになってほしいと考えている。

表3　2004年度　交流学習の内容

学年	指導目標	主な学習内容
みなみ学級（特別支援学級）	・みなみ学級児童と帰国児童との交流を深める。 ・みなみ学級とことばのとびら教室の活動を知る。 ・日本と中国の伝統行事（お月見）を楽しむ。	・児童の紹介 ・みなみ学級とことばのとびら教室の活動内容の説明 ・日本の月にまつわる絵本の読み聞かせ ・中国の月の模様にまつわる伝承話の語り聞かせ ・月見団子を作る ・月見団子と月餅を食べながら、交流する
1年	・潮江南小学校には、中国から帰ってきた仲間がいることを知る。 ・「ことばのとびら教室」では、帰国児童が日本語上達のために学習していることを知る。 ・中国語のあいさつやじゃんけんゲームを通して中国に興味関心を持つことができる。	・ことばのとびら教室の授業参観 ・児童からことばのとびら教室についての質問 ・ことばのとびら教室の説明 ・中国語のあいさつ ・中国語でじゃんけんゲーム
2年	・本校には中国から帰ってきた友だちがいることを知る。 ・ことばのとびら教室の活動や役割を知る。 ・中国帰国児童が仲間にいることから潮江南小学校独自の学習があることを知り、帰国児童に対してプラス意識をもつことができる。	・ことばのとびら教室の授業参観 ・ことばのとびら教室の学習や活動の説明 ・中国語の文房具の名前（ゲーム化）
3年	・帰国児童が風俗や習慣が違う中国で生活していたことを知る。 ・日本語が早く上達して日本の生活に慣れようと努力していることに気づき、協力する心を育てることができる。 ・中国について興味関心をもつことができる。	・ことばのとびら教室の授業参観 ・帰国児童の紹介と中国から帰ってきた理由の説明 ・ことばのとびら教室の学習や活動の説明 ・北京の話
4年	・帰国児童が日本語の学習に努力していることに気づき、協力する心をそだてることができる。 ・帰国児童がどうして中国から帰ってきたのかを知ることができる。	・ことばのとびら教室の授業参観 ・児童からことばのとびら教室についての質問 ・帰国児童の紹介と中国から帰ってきた理由の説明 ・ことばのとびら教室の学習や活動の説明

学年	指導目標	主な学習内容
5年	・帰国児童が日本語をがんばって勉強していることを知り、応援する気持ちを育てる。 ・帰国児童が中国から帰ってきた理由を知る。	・ことばのとびら教室の授業参観 ・帰国児童の紹介と中国から帰ってきた理由の説明 ・ことばのとびら教室の学習や活動の説明
6年	・中学生になっても、お互いに協力し合っていこうという意識を育てる。	・1年から6年まで学習してきた国際理解教育について思い起こし、本校独自の学習があることを知る。 ・中学校でも仲間として帰国生徒と共に生活していくうえで、自分たちにできることは何かを考える。 ・日本語の話せない外国の人との上手な付き合い方を知る。

(3) 交流学習の成果

　交流学習を通して、まわりの子どもたちの帰国児童の捉え方に変化が見られる。中国語への関心であったり、帰国児童の状況に対する理解であったり、学年によっても一人ひとりの児童によっても異なるが、そこには、中国帰国児童の背景に対する理解と、相互理解への意欲が感じられた。ここで、こうした変化が見られる交流学習の感想を紹介する。

> 交流学習の感想1(2004年度、2年生)
> 　わたしは、はさみとか、えんぴつとか、したじきとか、中国語でいえないかとおもったけど、中国語がいえたから、わたしたちのうしおえみなみ小学校は、とくだな、とおもいました。もっともっとしって、みんなに中国語をおしえてやりたいです。Tさんは、すごいとおもいました。だって、にほんごとちゅうごくごがいえるからです。　　　　　　　　　　　　　　　　　　　　　　T：中国帰国児童

> 交流学習の感想2(2004年度、2年生、中国帰国児童)
> 　ことばのとびら教室で、ぼくは、ハサミとけしゴムとえんぴつを中国語でおしえてあげました。YさんやNくんやSくんやMくんや、それにKくんなんかが、中国語をおぼえて、ぼくみたいに中国語をおしえてあげたいといいました。そして、ほめてくれました。ほめてくれて、ありがとう。　　Y.N.S.M.K：日本人児童

　このように、帰国児童にとっては、中国語を教えるという友達との新しい交流の仕方を経験し、自分に自信を持つ機会になっている。

> 交流学習の感想3(2003年度、2年生)
> ○AくんとBくんは、いっしょうけんめいべん強していました。ぼくは、Aくんがべん強していたところを見たことがないので、一ど見てみたかったです。Aくんは日本語をならっているけど、僕たちは3年生になったら中国語をならうので、たのしみです。
> ○Aくんに、いぬとねことうさぎとぱんだとうまを(中国語で)おしえてもらいました。Aくんは中国語先生みたいです。Aくんはすごいなと思いました。はやくAくんと話がしたいです。　　　　　　　　　　　　　　　A、B：中国帰国児童

(4)交流学習後の子どもたちの様子

　交流学習は、その後の子どもたちの関係に変化をもたらしているようであった。たとえば、交流学習の感想3に登場するA君は、この交流学習の半年ぐらい前に中国から編入してきた帰国児童である。この交流学習の前までは、日本語に自信がないのでクラスでほとんどおしゃべりをしていなかった。A君の同級生が、感想文3で「はやくAくんと話がしたい」と語っているのは、そうした状況があったからである。

　この交流学習の後、学級担任から「Aくんが学級でときどき話をするようになり、明るくなってきた」という報告を聞いた。日本語教室ではよく話す子だったが、交流学習をきっかけに、在籍する学級でも少しずつまわりの子どもたちと話すようになったのである。

6.3.3. 日本人児童の中国語・中国文化教育—周囲の児童に広がる中国語学習

(1)中国語学習(2002年度、3年・4年生)

中国語学習の開始

　2002年度に3年生が国際理解教育の一環として中国語の学習を始めた。指導協力者は、北京出身の高知大学の留学生である。授業時数は年間18時間行った。潮江南小学校では、各学年が系統的に帰国児童理解のための国際理解教育を行っている。その3年生のカリキュラムには、「中国の学校へ行こう」という単元があり、中国の学校の模擬授業を体験するという活動を行う。中国の学校なので、もちろん中国語だけの授業である。そのため、これを機会に中国語に親しませたいと考え、3年生で中国語を学習することにしたのである。3年生という年齢や、初めての中国語学習であることを考慮し、「楽しく学んで中国に親しみをもつ」ことを目標に、学習内容は簡単な

自己紹介ができる程度のものとした。

　翌年、せっかく1年間学習したのだからこれで終わるのは惜しいという声が教職員から上がり、引き続き4年生でも学習することにした。3・4年の2学年に講師を招くには予算の都合もあるため、年間の授業時数を3年生は23時間、4年生は13時間とした。4年生の国際理解教育では、帰国者の方から餃子作りを習うという「人との交流」と「中国の食文化」に関する学習を計画している。そこで、言葉だけでなく文化にも触れることを目標として学習内容を考えた。例えば、7月には、中国の七夕の絵本を読み聞かせて、七夕が中国から伝来した話であるという学習を行った。また、11月の餃子作りに向けて、中国語教室では料理を中心にした学習を行った。

中国語学習の内容

　2003年度に実施した、3、4年生の中国語学習の内容を次の表4に示す。

表4　2003年度 中国語学習内容

No.	3年生の学習内容	4年生の学習内容
1	・先生の自己紹介 ・中国の話 ・あいさつ	・先生の自己紹介 ・北京の話 ・あいさつのことば ・自分の名前を言ってみよう
2	・1～12月の言い方	・「わたしは、～が好き（きらい）です。」 （果物、動物の名前）
3	・13～31の数え方　・～日の言い方 ・～月～日の言い方	・七夕の話（日本語、中国語） ・七夕の由来を知る
4	・曜日の言い方	・王先生の夏休みの話 ・「わたしは～へ行きました。」
5	・～年～月～日の言い方 ・西暦の言い方	・数字の読み方　・西暦の言い方 ・「きょうは、～月～日～曜日」
6	・「あなたの誕生日は、いつですか。」 「わたしの誕生日は、～月～日です。」	・世界の料理について知ろう （西洋料理、中華料理、日本料理）
7	・1学期に学習したことを復習	・中華料理 ・王先生の水餃子作りを紹介してもらおう
8	・七夕の話 ・劉先生とお別れパーティをしよう	・「わたしは、～が好き（きらい）です。」 （果物の名前）

No.	3年生の学習内容	4年生の学習内容
9	・新しい先生の歓迎会をしよう	・教科の名前を知ろう ・自己紹介をしよう
10	・誕生日を友達に話そう	・中国語で年賀状を書こう
11	・天気の言い方 ・歌「鉄腕アトム」(中国語)	・中国のお正月の話 ・自己紹介をしよう
12	・王先生と中国の遊びをしよう （おじゃみを使ったドッジボール）	・自己紹介をしよう
13	・自分の名前を中国語で言ってみよう	・再見、老師！
14	・「あなたの名前は何ですか。」 「わたしの名前は～です。」	
15	・「わたしは、～が好き(きらい)です。」 （料理の名前）	
16	・「わたしは、～が好き(きらい)です。」 （果物の名前）	
17	・教科の名前を知ろう ・自己紹介をしよう	
18	・スポーツの名前を知ろう ・自己紹介をしよう	
19	・家族を紹介しよう	
20	・自己紹介をしよう	
21	・自己紹介をしよう	
22	・絵本の読み聞かせ ・歌「しあわせなら手をたたこう」 （中国語）	
23	・王先生とお別れ会をしよう	

中国語学習の成果

　このように、中国語に親しむことによって3・4年生の子どもたちは、中国語に対する違和感がなくなると同時に外国の人に特別でない接し方ができるようになってきた。さらに学級担任の話では、新しく中国語学習に取り組むことによって、進んで知ろうとする態度が見られるようになり、他の学習に対しても意欲的になったと聞いている。

　また、帰国児童にとってもまわりの児童が中国語に親しみを感じることによって、中国に対する肯定的な空気が広がり、居心地の良い雰囲気になったと思われる。この年の4月に近くの学校から転校してきた3年の帰国児童は、前の学校ではおとなしく目立たなかったという。その子が中国語の授業

で「きれいな発音だね」と先生やみんなに認められることによって、活発になり、クラスのリーダーとして活躍するようになった。

(2) 委員会活動における中国語の使用—月別生活目標を中国語で

　1999年度より、特別活動である生活委員会で、毎月の生活目標を日本語と中国語で発表する取り組みを始めた。生活委員会は、月はじめの全校朝会で、委員会で決定した生活目標を全校児童に呼びかけている。しかし、まだ日本語が分からない帰国児童には、伝わらないし守ってもらえないかもしれない。この問題の解決策として始めたことである。生活委員の児童が、日本語と中国語で生活目標を発表する(資料2)。この呼びかけは、中国帰国児童のみが行うわけではない。また、日本語と中国語で書かれた生活目標を、各教室の廊下に掲示している。

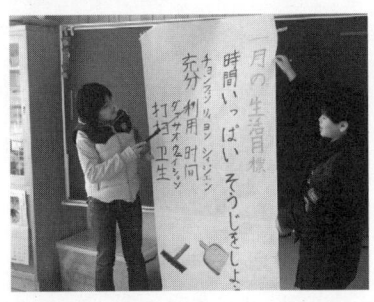

資料2　発表の練習をしている様子

　当初は、日本人児童が日本語の発表をした後、帰国児童が中国語で発表する方法をとっていた。しかし、1年に11回の発表に対し、帰国児童から「どうして、いつもぼくらだけが中国語で言うの？」という不満の声がでた。そこで、生活委員会の子どもたち(日本の子)も挑戦することになったのである。母語にかかわらず、生活委員がみなで協力して、生活目標を日中両言語で発表するという取り組みは、「中国語を使うのは帰国児童だけ」という周囲の特別視をなくす効果があった。そしてそれだけではなく、日本の子どもたちが中国語を話すのを聞いて、自分も頑張ろうという帰国児童の中国語に対する学習への意欲づけにもなった。

資料2　中国語表示の例
　生活目標のほか、校内の施設名も日本語と中国語で表示している。中国は日本の西方にあるので、右下の写真のように、東向きの表示面に中国語を、反対面に日本語を表示してある（西に向かって進むと中国語の面が見える）。中国から来て、日本の学校に編入する帰国児童の親子は、これを嬉しそうに見ている。この表示があれば、トイレの場所も教室名も、人に聞かなくても分かるので安心するようである。言葉が通じないうちは聞きたいこともなかなか聞けないので、その不安を和らげるための配慮の1つである。また、中国語の読み方をカタカナで振ってあるので、日本人児童にも読め、興味をもつ子も多い。

廊下に掲示された生活目標

中国語と日本語（裏面）で書かれた生活目標と教室標示

6.4. 中国帰国児童の母語（中国語）保持教育

　潮江南小学校では、1994年の日本語教室開設当初から、帰国児童の母語保持とより良いアイデンティティ育成のために、中国語を取り入れた様々な取り組みを行っている。

6.4.1. 中国語教室―ことばのとびら学習会
(1)中国語教室の開設とその目的
　帰国児童たちは日本での生活が長くなるにつれ、身につけていた中国語を忘れる傾向にある。特に、最近多くなっている日本生まれや幼少時に帰国した児童は、思うように中国語を話すことができない。こうした帰国児童は、成長とともに親とのコミュニケーションが取りにくくなる。また、中国語を話すことに抵抗を感じる子どもも少なからずいる。そこで、これらの状況を少しでも緩和しようと、1994年10月より帰国児童を対象にした中国語教室を始めた。

136　第2部　文化間移動をする子どもの学びをつくる

　毎週、金曜日の放課後(6時間目)に、課外活動として中国語教室を開くことにした。母語保持学習の対象は、2～6年生の帰国児童である。この教室への参加については、4月の家庭訪問で保護者に説明し、承諾を得るという手続きを行う。中国語指導は、高知大学などに通う中国からの留学生に協力を依頼している。
　中国語教室の参加については、子どもたちの意志を尊重している。中国語学習に対して関心や動機が低い場合は、途中で辞めたいという申し出をする子もいる。そうした場合は、丁寧に子どもたちにこの教室の意味を伝え、判断を促す(エピソード2─「ぼく、もう辞めたい…」)。また、毎年4月には、家庭訪問で帰国児童全員の保護者に中国語教室に参加させるかどうか確認している。どの保護者も中国を忘れないで欲しいという願いをもっており、喜んで承諾してくれる。

エピソード2─「ぼく、もう辞めたい…」

　私がことばのとびら教室を担当している間に、2人の子どもが、友達と一緒に帰りたいという理由で、中国語教室を辞めたいと言ってきたことがある。私も、それほどいやなら辞めても仕方がないと、覚悟して話し合った。
　私が「あなた達は中国で生まれて、中国語も話せるでしょ。あなた達のような小学生は、この高知にはほとんどいないよ。(こう言うと、表情がよくなった。)でも日本語ばっかり使っていると、どんどん中国語を忘れてしまうでしょう。だから、忘れないように勉強しているんだよ。中学校に行ったら英語も習うし、中国語、日本語、英語の3つの言葉ができたら、すごいね。大人になって仕事をするとき絶対役に立つよ。それでも辞めたいんだったら、お父さんとお母さんには先生から話してあげるから、どうするか、自分でよく考えてごらん」と話し、どうするか考えさせた。
　その後、2人は中国語教室を続けることを選び、再び辞めたいと言うことはなかった。2人はそれまで、中国語学習に動機付けできていなかったのだろう。あの機会に、なぜ中国語を学習するのかについて、ゆっくり話し合えてよかったと思う。

---

(2) 中国語教室の学習内容

　この教室での学習内容を表5に示した。放課後の開催であり、その日の疲れを考慮し、読み書きの学習はほとんどせずに、中国語を使って楽しく活動することを中心にした内容である。例えば、七夕やお月見、お正月など、日本と中国の行事を題材にした学習がある。帰国児童が集まる唯一の時間なので、活動には、仲間作りにつながるように相互に交流したり学び合えるような要素を取り入れてある。その他、地域で問題になっていたゴミの捨て方など、地域住民として求められる公共性に関連する内容も盛り込んだ(エピ

第6章 子どもたちの母語・母文化の教育　137

ソード3―地域住民からの苦情…参照)。

表5　2004年度 ことばのとびら学習会の学習内容

学期	月	内容
1学期	4月	・ことばのとびら教室の説明　・自己紹介　・自己紹介カード作り
	5月	・ふるさとの紹介(中国ふるさとクイズ)
	6月	・修学旅行の思い出(6年生)　・中国めんこ作り ・音当てクイズ(中国語の擬態語、擬声語)　・七夕飾り作り
	7月	・七夕まつり　・お楽しみ会
2学期	9月	・夏休みの話　・運動会アナウンスの担当決め ・運動会アナウンスの練習(高学年) ・運動会招待状作り(低学年)
	10月	・運動会アナウンスの練習(高学年) ・みなみ学級との交流会(お月見行事) ・ゴミの分別学習　・中国の漢字クイズ
	11月	・音楽会アナウンスの練習(高学年) ・音楽会みんなの歌「太湖船」練習　・音楽会の反省
	12月	・中国獅子舞の役割分担　・お楽しみ会の計画　・お楽しみ会
3学期	1月	・冬休みの話　・獅子舞の練習　・中国獅子舞参加(1/30 お餅つき大会)
	2月	・春節の話、中国獅子舞VTR視聴　・凧揚げ大会(中国と日本の凧) ・中国カルタ、福笑い
	3月	・6年生を送る会の計画　・6年生を送る会

> **エピソード3―地域からの苦情を学習内容に**
> 　潮江南小学校に日本語教室が開設された当初、帰国児童の編入が多かったが、地域の方からごみ出しのルールが守られていないという苦情がいくつか寄せられた。この問題を解消するには、仕事で時間的なゆとりのない親に説明して回るより、子どもたちを教育して家庭で広めてもらうことが有効だと考えた。そこで、毎年1回、中国語教室の時間に、ごみの分別学習をしている。学習内容は、教師が収集した様々な家庭ゴミを、児童に実際に分けさせてみる。間違っているものについてはどうしてかを説明し、可燃ごみ、プラスチック類ごみ、資源・不燃物ごみの区別の仕方や、出す曜日、時間帯が決まっていることを伝える。その効果があったのか、最近では苦情を聞くことがなくなった。

(3) 成果―子どもたちや保護者の反応

　中国語教室に集まってくる子ども達の中には在籍学級では見られないような活発な姿を見せる子どもがいる。にぎやか過ぎて困るほどである。みなが

同じ背景をもつ仲間なので、心が開放され、自分を表現できるのであろう。
　中国語教室の成果としては、第1に子ども達が自分や親の故郷である中国に対して親しみをもち、良い感情をもち続けることができたこと、第2に中国語が話せるという自分たちの良さに気づき、自尊感情を育てることができたことがあげられる。

(4) これからの課題
　子どもたちは、帰国時の年齢や、中国で学校教育を受けた経験やその長さが違うため、中国語の能力には個人差が大きい。たとえば、聞き取れるけれども話せない、会話はできるけれども読み書きはできないなど、技能面でも大きく異なる。そのため、中国語の力として、どこに基準をおいて学習内容を組み立てるかが大きな課題になっている。
　また、週1回だけの学習なので、中国語の保持が精一杯で、伸ばすまでには至ってない。これからは、日本生まれの子どもなど、中国語がほとんど話せない児童が増えると思われる。そのため、保持というよりも「中国語の能力を育て伸ばすこと」に重きを置いた学習のあり方を考えていかなければならないだろう。

6.4.2. 中国語のアナウンス
(1) 中国語アナウンスの目的
　潮江南小学校では、1994(平成6)年から、5・6年生の帰国児童が運動会と音楽会の中国語のアナウンスを担当している。先に紹介した中国語教室で中国語アナウンスの準備を行っており、運動会や音楽会は、中国語学習の成果を発揮する場になっている。この取り組みを始めたのは、帰国児童に自信をもって学校生活を送ってほしかったからである。帰国(来日)当初、帰国児童は日本語が話せないことから、自分の能力が下がったようなマイナスイメージをもち、自信を喪失しがちである。そこで、日本語がうまく話せなくても中国語は上手に話せるということをまわりの子ども達に知らせて、「すごいね！」というようなプラスの評価を得ることで、自信をもたせたいと考えた。
　この取り組みによって、帰国児童の保護者はアナウンスが理解できて学校行事に参加しやすくなり、日本語や日本文化だけではなく、子どもたちの背景にある多様な文化を学校が大事にしていることが伝わっている。一方、一

第6章　子どもたちの母語・母文化の教育　139

般の日本人の保護者や地域の人々にとっては、中国帰国者やその子どもたちに対する理解を深めてもらう良い機会になっている。

資料3　中国語アナウンスの様子

(2) 中国語アナウンスが軌道にのるまで

　中国語アナウンスの取り組みは、導入してすぐに成功したわけではない。日本の子どもや周囲の住民の反応、帰国児童の意欲など、いろんな面で困難があった。そうした経緯を、エピソードを通して紹介する。

周囲の反応

　1年目、中国語のアナウンスに対する子どもたちの反応は、辛らつなものであった(エピソード4)。

> **エピソード4―中国語アナウンスに対して(1年目)**
> 　中国語アナウンスは、日本語教室が開設された年の運動会から始めた。その年は、中国語のアナウンスに対する会場からの反応は期待とは大きく異なるものであった。会場に流れる中国語を聞いて笑ったり、真似をしたりする子どもが多かったのである。私は、時期尚早だったのではと反省し、当時の校長にそのことを相談してみた。校長は、「子どもというのは、初めてのことにはそういう反応するものだから、あきらめずにこれからも続けてごらん。」と、なぐさめ、励ましてくれた。
> 　どうなることかと心配しながら、2ヵ月後の音楽会、そして翌年の運動会・音楽会でも中国語のアナウンスを行った。すると、校長の言ったとおりで、笑ったり、真似たりする子はほとんどいなくなった。それから約10年、続けて実施してきたが、今では中国語が流れるのが自然のことのように、子どもたちも周囲の住民の方も受けとめている。

帰国児童にとって「中国語を話すこと」とは

　流暢に中国語を話せる帰国児童であっても、公的な場で、マイクを通して話すことは、思った以上に心的な負荷となっていた（エピソード5）。

> **エピソード5―緊張で中国語が話せない**
> 　1回目のアナウンスのときのことである。5年生の帰国児童Dのことが忘れられない。
> 　この年は、5・6年生の帰国児童が運動会か音楽会のどちらか1回、アナウンスを担当することにした。5年生のDは運動会の担当になった。3年生の時に帰国したDは、学習もスポーツもよくでき、帰国児童とは思えないほどまわりに溶け込んでいた。
> 　日本語アナウンスの放送委員と中国語アナウンスの帰国児童が合同練習することになった。Dは中国語の1番目の担当だった。放送委員の日本語アナウンスに続いて言う番になると、緊張のあまり何も言えなくなった。そのときの何ともいえない重苦しい雰囲気は、今でも忘れられない。いつもと違うDの強ばった表情を見てこれはいけないと判断し、後で言ってもらう事にした。Dは、他の帰国児童の中国語アナウンスのときに誰も笑ったりしなかったので安心したらしく、2回目からはアナウンスすることができた。それまで、学校の中では日本語教室以外で中国語を話したり聞いたりすることはなかった。Dにとっては、帰国児童以外の子どもの前で中国語を話すなんてタブーだったのかもしれない。人前では日本語しか使ってはいけないという意識が知らず知らずの内に働いていたのかもしれない。
> 　本番では、Dは中国語のアナウンスを立派にこなすことができた。

　1回目の運動会のアナウンスをやり遂げたDに、次の機会がやってきた。中国からの歌舞団にお礼のことばを送るという役割である（エピソード6）。

> **エピソード6―堂々たる「お礼のことば」**
> 　それから1ヶ月後、中国のウイグルから歌舞団がやって来た。当日、急遽中国語でもお礼の言葉を言おうということになった。ほとんど練習する時間もなかったので、しっかりしていたDに頼むことにした。運動会の合同練習のこともあり、全校児童の前で、それもたった一人で中国語を言うのは抵抗があるかもしれないと心配だったが、頼んでみると「いいよ！」という応えが返ってきた。簡単な打ち合わせだけで、堂々と中国語でお礼の言葉が言え、歌舞団の方も大変喜んでくれた。
> 　はじめは、放送委員の前でも中国語が言えなかったDだが、このときは、見違えるように自信をもって中国語でお礼のことばを言うことができた。運動会の前の準備と練習、そして本番での成功経験が、Dに自信をもたせ、中国語での発言や活動に対する意欲と積極性を生んだのだろう。

(3) 中国語アナウンスの成果

　毎年アナウンスを続けてきたことによって、帰国児童たちは上級生になったら先輩たちのようにやるものという意識が育ってきた。最近では、幼い頃

に帰国して中国語の読み書きができない子どもが増えている。中には、ほとんど中国語が話せず、「中国語のアナウンス、大丈夫かなあ」と心配されるような子どももいる。そうした子どもたちも、いやと言わず、みな挑戦する。中国語教室や休み時間にアナウンスの練習を重ねても、それだけでは十分ではない。そんな場合は、保護者に、家で練習に協力してほしいと手紙でお願いしている。子ども達には、「お父さんやお母さんたちは中国語がとても上手だから、毎日聞いてもらいなさい。」と話す。日本語の勉強は見てやれない保護者も、中国語のアナウンスの練習には喜んで協力してくれる。子ども達は、家庭で親とともにアナウンスの練習をしながら、親が中国語ができることのすばらしさに気づく。それは、親子の間に新しい関係を築くことにつながっているようである。

6.5. 中国語・中国文化教育の蓄積と広がり

　6.1.で述べたように、最近は、高知市の外国人児童生徒の背景が多様化し、中国帰国児童も日本生まれの子どもが増えてきている。そうした状況の変化に伴って、10年以上にわたる実践を通して潮江南小学校が残してきた成果を元に、高知市の外国人児童生徒教育は新しい展開を見せている。

(1) 特区としての中国語教育
　2004年度より、高知市は「国際理解教育推進特区」の指定を受け、中国帰国者が多く在住する潮江地区の2つの小学校(潮江南小学校と潮江小学校)で、国際理解教育の一環として中国語科教育が行われるようになった。対象は3年生以上の児童で、各学年とも年間35時間の中国語の授業を行う。また、両校の児童が進学する潮江中学校では、選択教科として中国語科が導入された。そのための措置として、小学校2校には、新たに中国語の指導員が1名ずつ配置された。
　筆者は潮江南小の中国語科担当教員として、中国語指導員とカリキュラムや指導案を作成し、各学級担任とともに授業を展開した。小学校における中国語科については日本に例がないため、何から何まで1からのスタートであった。常に「これでいいのか?」という不安の連続であったが、それまでの3、4年生の中国語学習の経験や、帰国児童を対象に実施してきた中国語保持教室の経験を生かしつつ、学習内容の体系化を図りながら進めた。

潮江南小学校での中国語科教育の1年目の成果としては、学校全体が中国に対してさらに友好的になり、帰国児童が伸びやかになっていくのを肌で感じた。それは、特区指定を受ける前に比べ、指導員が配置されカリキュラムが整備され、教材が豊かになったためであろう。また、対象学年が3年以上に広がったことや、「ときどき」から「毎週」へと学習の頻度が高まったことで、中国語学習が教育課程の中で重みをまし、子どもたちにもその重要性や価値が伝わったからだと思われる。

(2)横浜新町小学校における外国人児童教育
　筆者は、2005年4月に、横浜新町小学校に転勤し、日本語教室担当教員として勤務している。この横浜新町小学校にも帰国児童が多数在籍しているが、潮江南小学校とは子どもたちの実態が異なるため、彼らへの教育方針や教育実践も異なる。ここでは、少し、横浜新町小学校の外国人児童教育について紹介する。

横浜新町小学校の外国人児童
　横浜新町小学校は、高知市南部の新興住宅地の中に造られた比較的新しい学校である。全校児童600人弱の中規模校で、帰国児童が23名在籍（2005年度）している。高知市内で最も帰国児童が多い学校である（高知県でも一番多い）。校区には規模の大きい公営住宅があり、中国から引き揚げて来た残留孤児・残留婦人とその家族を多く受け入れている。呼び寄せ家族が多く住んでいる校区にある潮江南小学校とは異なり、中国帰国者定着促進センター（県外の）で日本語や生活適応の支援を受けた後、定住する家庭の子が多い。そのため、潮江南小学校の子どもたちとは実態が異なっている。
　横浜新町小学校の帰国児童は23名中2名は幼い頃に帰国（来日）した子であるが、その他の子どもたちはみな日本生まれである（2006年度には、在籍の21名全員が日本生まれとなった）。そのため、日常生活では日本語に不自由しておらず、地域によく溶け込んでおり、まわりの子どもとの違いはほとんど感じられない。しかし、家庭では親同士が中国語で話し、中国の生活習慣を維持しているため、生育環境は日本人の家庭とはかなり異なる。そのことを帰国児童たちは、どう感じているのかといえば、下級生のほとんどは全くまわりとの違いを感じていないようである。しかし、上級生の中には中国につながっていることをマイナスと捉えて、日本語教室に関わりたがらな

い子もいる。

帰国児童の交流会「希望会」

　横浜新町小学校の場合、先述したような状況であるため、帰国児童で日本語指導や適応指導が必要な子どもは極僅かである。一方、帰国児童が自身の出自や両親の言語や文化を肯定的に捉え、そのことを大事にする気持ちを育む教育が必要となっている。そうした目的で行われている帰国児童の交流会「希望会」について簡単に述べる。

　横浜新町小学校では、長年、「希望会」と呼ばれる帰国児童の交流会を行っている。2週に1回、火曜日の放課後30分間の交流会である（2006年度からは40分間に延長した）。1年生から6年生までの帰国児童全員が対象となっている。会の運営は、日本語担当教員である筆者と中国語指導協力者（中国留学生）、そして各学年の先生方が交代で関わっている。
　「希望会」の活動内容は、中国の言葉や文化を学ぶ活動が中心である。6年生の児童の中には、家庭内で中国語を使用しているため中国語がよくでき、みんなからも一目置かれる存在の児童がいた。子どもたちの中国語の力を評価し、その児童のようになりたいという気持ちを大事にした活動をしたいと考え、中国語と中国文化を中心にした活動内容を選定した。
　しかし、5・6年生の参加者は、8人中のたった2人である。参加しない理由は、「塾」「稽古事」「スポーツクラブの練習」「友達といっしょに遊びたい」など様々である。小学校の高学年ともなれば、思春期の入り口の年齢であり、アイデンティティの意識も芽生える時期である。参加しない子どもたちの表情には、中国帰国児童と特別視されることを恐れているようすが見え隠れしていた。彼らのような、思春期の入り口にいる年齢の児童には、無理に参加させることはマイナスになる可能性もあり、軽く誘うだけで本人の意思に任せることにしている。
　この「希望会」の活動は、帰国児童だけでなく、中国に興味を持っている一般児童にまで対象を広げている。中国に興味関心のある子どもたちの集いにしたのである。2006年現在、帰国児童と日本人児童を合わせて30人程度が参加して中国語の学習などを行っている。帰国児童のほとんどが中国語を話せないので、日本人の子どもと一緒に中国語の学習をしても特に支障はない。少数ではあるが中国語ができる帰国児童には、発音の先生役などをさせ

ている。今では2・3年生を中心に、日本人児童の参加が増えつつある。このように「希望会」は、帰国児童と日本人児童が中国語や中国文化をともに学ぶ場となっている(エピソード7参照)。

> エピソード7―なんで、自分だけ?
> 　4年のCは、とても真面目な子で、毎回、希望会に参加している。しかし、全く無表情で、みんなが笑う場面でもおもしろくないという顔をしていた。「それほど嫌なのか?」と私はずっと気になっていた。
> 　9月の希望会の活動に、Cの学級担任が参加したとき、その様子を心配して、学級の仲のよい友だちに声をかけてくれた。友だちと一緒なら楽しく参加できるかもしれないという配慮からである。
> 　その後、Cは学級の友だちと参加するようになり、表情も和らぎ、徐々に笑顔も見せるようになった。3学期に入ったある日、希望会のことを日記に書いてきた。日記に、希望会が登場したのは、初めてであった。
>
> 〈Cの日記〉
> 　1月24日にきぼう会をしました。きぼう会では、中国のこまをまわしました。中国のこまは日本のこまとぜんぜんちがって、二つのぼうにつけているひもをこまの下にして、ぼうをうまく上下に動かしてまわすというものでした。すごくむずかしかったです。ぼくは最初はぜんぜんできなかったけど、やっているうちにちょっとだけ回せました。X君とYちゃんはすごくうまくできていました。ぼくはZ君とどちらが長く回せるかを勝負しました。ぼくは、4、5秒でおちて、負けました。でも、新記録だったのでうれしかったです。後、ひもがすぐからまってほどくのがむずかしかったです。また、おりた先生が雨の日の20分休みにやっていいと言ってくれたので、またやりたいです。

　横浜新町小学校の帰国児童は、「希望会」以外の場では、帰国者であることが表面化することがない。言葉にも生活にも困ることのなくなった帰国児童は、日本語や適応指導を受けている日本語教室の帰国児童の仲間としては、見られたくないのかもしれない。しかし、祖父母や両親が中国で生まれ育ったということは事実である。自分のルーツをしっかり見つめ、中国につながっていることに誇りをもち、明るい展望を持って未来へ歩んでほしいと願う。「希望会」はそのための場であり、また、学校の全児童が中国に親しみを感じられるような教育を行い、学校全体に友好的で居心地のよい雰囲気を作ることが重要である。

所感

　2006年度の高知市の帰国・外国人児童生徒の人数は95名で、その7割近くが中国帰国者の子どもたちです。最近では、中国から編入してくる子どもは少なくなり、ほとんどが日本生まれの子どもたちになってきました。まわりの人々は、日本生まれだから問題はほとんどないだろうと考えがちです。確かに問題なく学校生活を送っている子も多くいるのですが、その反面、根深い問題を抱えている子もいます。今年、横浜新町小の帰国児童全員を対象に国語と算数の学力テストを分析してみたところ、国語では「読む能力」、算数では「数学的な考え」が弱い傾向にありました。（もちろん、成績の良い子もいるので全員ではありません。）これは、言葉の力の弱さから来ていると考えられます。言葉によって思考力は培われるといいます。その思考力が伸びないと、学力も伸び悩み、さらには中学卒業後の進路にも大きく影響してきます。入り込み指導の中で私たち日本語担当が、一人ひとりの実態に合わせてどのような支援をすればよいのか、毎日試行錯誤しています。日本語が話せない子どもに対する日本語指導は、問題点も見えやすく、伸びる様子もよく分かり、ある意味で指導の道筋が分かりやすかったと思います。今後増えてくる日本生まれの子ども一人ひとりの学力やアイデンティティの問題をどう見極め指導していくかが、私たちのこれからの大きな課題です。

注
1　高知市内の小学校在籍の日本語指導担当教員で、当時は高知市教育研究所内の教室に帰国児童生徒を集めて指導していた。
2　当時、高知市教育研究所では高知県主催の夜間日本語教室（中国帰国者対象）が開かれており、このことも中国帰国者が近くに集まる原因になったと考えられる。現在は、潮江南小学校の生涯学習教室で開かれている。

学びをつくるしかけ 3 ―子どもたちの母語・母文化を教育場面にとり入れる

　高知市立潮江南小学校は、高知市の中国残留孤児の三世・四世の子どもたちへの教育の中心校として教育実践を積み重ねてきた。1994年の「ことばのとびら教室」（日本語教室）開設当初は、中国から編入してくる子どもたちが多く、その日本語指導と適応教育が中心だったという。しかし、1999年に在籍中国人児童数が25名を超えた後、その数は減少傾向（2005年より10名程度で推移）にある。また、文化的背景も、日本生まれ・育ちの子どもの割合が増え、教育課題は子どもたちのアイデンティティの形成や母語・母文化の発達・継承、日本人児童側の理解へとシフトしてきているという。第6章は、こうした教育課題の変化に対応して潮江南小学校が展開してきた実践を、長年「ことばのとびら教室」を担当してきた折田正子氏が語ったものである。

　潮江南小学校のことばのとびら教室は、中国人児童を対象に「日本語・生活適応指導」「教科指導」「中国語保持教育」「カウンセリング」、そして「家庭とのパイプ作り」を行っている。近年は、日本生まれの中国人児童が増えているという状況に対し、「中国語保持」と「中国帰国児童理解」のための教育活動に力を入れている。中国人児童の母語である中国語の保持のために、地域の支援者や地元大学に通う留学生の協力を得て中国語教室を開設している。その成果は、運動会や音楽会において、中国語でアナウンスをすることで発揮させている。また、中国語でのアナウンスを拡張し、委員会活動として生活目標を中国語で発表したり、中国語で掲示したりしている。そこでは、中国人児童のみならず、日本人児童が中国語でアナウンスを試み、両者が協力して中国語のポスターを作成するという姿が見られるという。

　その他、学校全体の国際理解教育の一環として「中国帰国児童理解」の活動を行っている。「ことばのとびら教室」の授業参観、遊びや交流活動、中国語での授業の経験、中国残留孤児の歴史の学習などが組み込まれている。活動内容は「ことばのとびら教室」で学ぶ子どもたちを起点に構成され、体験的な活動や交流が中心となっている。中国の子どもは、この活動を経て、ようやく自身の祖父母や両親がどのような理由で日本に来ることになったのかを知るという。日本の子どもたちも、「ことばのとびら教室」での交流活動を通して、異なる言語・文化的背景をもつ友達の存在や、その友達の生活・学習上の努力を実感できるという。そして、2002年度か

らは 3 年生で、翌年 2003 年には 4 年生で、一般学級の国際理解教育の一環として中国語学習が実施されるようになった。こうした実績をもとに、高知市は「国際理解教育推進特区」の指定を受け、小学校 2 校と中学校 1 校で、中国語教育を実施することにした。

　潮江南小学校の実践では、母語・母文化の重要性を、中国の子どものみならず、日本人の子どもたちも感じているようである。学校の教育活動・学習活動で、日本語以外の言語（中国語）が機能している。言語少数派である文化間移動をする子どもたちの母語・母文化が、学校という公的な場で価値付与されることの意味が伝わってくる。そうして示された言語・文化の等価性により、子どもたちの認識は変化していったのであろう。運動会や音楽会での中国語のアナウンスは、学校の教育理念を、メッセージとして地域にまで広めることになっている。こうした実践から、文化間移動をする子どもたちが自文化に自尊感情を育み、日本の子どもたちには言語・文化的な異質性を積極的に受け止める力を育むための教育のあり方について、多くの示唆が得られる。

（齋藤ひろみ）

第7章　高校への進学と学習機会
　　　―門真なみはや高等学校における学習支援

大阪府立門真なみはや高等学校　大倉安央

　大阪の高等学校で外国人生徒に関する取り組みが開始されたのは1990年前後である。最初に、こうしたニーズが生じた背景と、現在の大阪府の外国人生徒の受け入れ状況について、簡単に紹介する。

7.1. 大阪府の高等学校における外国人生徒教育の状況
7.1.1. 高等学校への中国帰国生徒の入学と対応
　大阪府の高等学校における外国人生徒は、中国にルーツをもつ生徒が多くを占める。文部科学省の「日本語指導が必要な外国人児童生徒」調査(2005年度)によると、大阪府の在籍は1180人で愛知、神奈川、静岡、東京についで4番目であるが、母語別の児童生徒数で中国語を母語とする者は725人で東京都の763人についで2番目に位置している。こうした状況には、次のような歴史的背景がある。
　1980年代に入り、中国残留日本人の帰国が本格的に開始された。国策として旧「満州国」に開拓民として送り込まれ、日本の敗戦時に中国の地に取り残された人々の日本への帰還がようやく始まったのである。中国残留日本人本人とともに、多数の家族が一緒に日本へ渡ってきた。この頃から、その孫に当たる世代が高校へ入ってくるようになった。祖母(又は祖父)が日本人であるとはいえ、孫に当たる中国帰国生たちは、中国で生まれ、中国人としてのアイデンティティをもっていた。そして、日本語も十分には出来なかった。
　この生徒たちの教育保障の取り組みは、学力的に困難を抱える生徒が多く

在籍する府立高校を中心に始まった。日本語の不自由な中国帰国生が入学できる高校は限られており、こうした学校に中国帰国生が集中していたという実態が背景にある。中国帰国生を受け入れていた高校の中でも、それまで人権教育などに積極的であった高校から、取り組みが開始された。当初、中国帰国生はいくつかの高校に点在していたが、生徒自身が他の高校の帰国生の仲間とのつながりを求め、中国の正月にあたる春節に交流会を開くようになった。これが「中国帰国生交流会」であり、現在は「中国帰国生・渡日生交流会」として活動が継続されている（この活動については 7.3.3 で詳しく述べる）。

こうした状況下、生徒の「中国帰国生交流会」をサポートする形で、中国帰国生在籍校の教員たちが「中国帰国生の問題を考える会」を立ち上げた。活動が始まったころには、組織と呼ぶほどきっちりとした体制はとっておらず、メンバーも確定していない緩やかなグループであったが、この会で取り組みを進めていくうちに、府教育委員会の担当者との勉強会[1]をもつことになった。こうして、現場の教師と教育委員会の間で、問題意識が共有されるようになっていった。このことが現在の体制確立を少なからず促進したと言えよう。このように現場と教育委員会の連携が円滑に進んだ背景には、大阪府には長い在日コリアンの民族教育の歴史があり、その経験が教育委員会も含めて府全体の学校関係者に共有されていたことがあると思われる。この経験と認識が、ニューカマー生徒の教育保障を整備する上で力を発揮したことを見落としてはならないだろう。

7.1.2. 外国人生徒の入学者選抜

上記のような現場と教育委員会との連携による取り組みの結果、大阪府では外国にルーツをもつ生徒の高等学校の入学者選抜において、特別措置が設けられている。現在採用されている特別措置として、「配慮事項」、「帰国生選抜」「中国帰国生外国人生徒選抜」の 3 つがある。

「配慮事項」とは、小学校以降に編入したものを対象として、検査時間の延長 (1.3 倍)、辞書の持ち込み (たとえば日中及び中日辞典)、問題文のルビふり、作文・小論文のテーマに関するキーワードの母語訳などを指す。学校現場では「4 点セット」などと称され、この「配慮事項」はすべての学校において実施されている。

「帰国生選抜」は、英語科、国際教養科、国際文化科がある 15 校で実施

されている。その対象は、外国において3年以上在留し帰国後2年以内の者である。名称からもわかるように、この制度は日本人の海外帰国生徒を対象として立案されたものであるが、発足当初より現場からの要求もあり、中国帰国生や外国人生徒にも門戸が開放されている。

3つ目の「中国帰国生徒及び外国人生徒入学者選抜」(以下、特別枠入試)は、府立高校5校(門真なみはや、長吉、八尾北、成美、布施北高校)で実施されている制度である。この入試制度は、2001年度入試から実施されている。対象は、中国残留日本人関係の生徒と、外国にルーツをもつ生徒で、小学校4年以上で日本の学校へ編入した者である(特別の事情がある者は小学校3年編入学でも可)。また、日本の中学校を経由せず外国の中学校卒業でも受検できるので、中学校の内申書は求められない。検査科目は数学、英語、作文であるが、作文は日本語か母語のどちらかで書けばよく、これまでの受検生の多くは母語で書いている。

中国帰国生徒及び外国人生徒入学者選抜	
応募資格	中国から帰国した者又は外国籍を有する者で、原則として小学校第4学年以上の学年に編入学したもの。
募集人員	若干名(各高校の募集人員の5%以内とされている)
検査科目	数学、英語、作文(作文は日本語又は母語を使用)
実施校	門真なみはや高校(普通科総合選択制)、長吉高校(単位制)八尾北高校(総合学科)、成美高校(普通科総合選択制)、布施北高校(普通科)。

この特別枠入試の制度は、門真高等学校(門真なみはや高校の前身)と中学校とが協力しながら要望してきた制度である。門真高校には1996年から中国帰国生が入学するようになり(詳細は後述)、中学校と連携をとりながら学校内の体制を整えてきた。しかし、上記の「配慮事項」を受けても、学力検査を突破できない生徒は少なくなかった。中学の教師は「どうせ高校には行けないのだから」と中学段階でドロップアウトする子どもたちがいる現実を、高校では学校内での体制を整えても入り口段階の入試で子どもたちが脱落していくという現実を前にしていた。中国帰国生にとって、入試の壁は高く、「配慮事項」のみでは乗り越えることが困難だったのである。こうした状況に、中学・高校の両方から、特別枠入試の要望が高まって実現したのが、この「特別枠入試」である。

7.1.3. 外国人生徒のサポート体制

　入学者選抜以外に、サポート体制として、大阪府は大きく3つのサポート事業を行っている。

　1つ目は学校、教育委員会、NPOなどの支援ネットワーク作りを主な目的とする「帰国・渡日児童生徒学校生活サポート事業」である。従来、市町村や地域ごとに個別に活動していた国際交流協会やNPO、市町村教育委員会を結び、地域ブロック単位のネットワークを構築して外国人児童生徒及び保護者のサポートを行おうというものである。主要な事業として、ブロック単位での地域の外国人中学生を対象とした多言語による進路ガイダンスがある。この事業は、大阪府教育委員会が、国際交流・協力団体の連合体である関西国際交流団体協議会に事業委託したもので、2002年度から開始された[2]。

　2つ目は「日本語教育学校支援事業」である。府立高校に在籍する外国人生徒の学習・日本語教育などの支援を行う目的で立ち上げられた事業で、リソースセンターの設置、教育サポーターの派遣、教員研修などの事業を進めている。2005年度から始まった事業で、高校入試に合格した外国人生徒を対象とした入学前オリエンテーションや交流会など、これまでになかったユニークな活動を展開している[3]。

　3つ目は「アジア渡日児童生徒支援者養成事業」で、「教育相談やコーディネートもできる知識・技能の育成を図るため、必要な研修を実施し、学校において一層活躍できる人材を育てることを事業の目的」としている。具体的には教育サポーターの研修などを実施するが、名称の「アジア」にはこだわらず、南米系の言語にも対応している（同事業は2007年度でいったん終了した）。

　こうした一連の外国人生徒に関する取り組み、教育保障のための制度の成果については、その一端を次の数字に見ることができる。表1は、日本語指導が必要な外国人児童生徒（文部科学省調べ、2005年度）の中

表1　2005年都道府県別外国人児童生徒数
　　（中学校在籍数上位6位）

	小学校	中学校	高等学校
愛知県	2,779	765	67
東京都	847	627	169
神奈川県	1,358	575	277
静岡県	1,665	359	7
大阪府	651	313	214
千葉県	569	256	63

文部科学省「日本語指導が必要な外国人児童生徒の受け入れ状況等に関する調査」2005年より作成。

学校在籍数上位6位までの都府県の、校種別の在籍児童生徒数である。

大阪府は中学校の在籍者数では5位であるが、高等学校在籍数は神奈川県に次いで2位である。このことから大阪府の外国人生徒の高校進学率は他都府県に比べ高いと推察される。実際、大阪府教育委員会の調べによると、日本語指導が必要な生徒の高校進学率は2005年度が79%（05年3月卒業生全体は97.1%）であり、翌06年度は84.4%であった（全体では97%）。

大阪府では、外国にルーツをもつ生徒の高校進学については、特別措置の導入などにより成果が上がっている。しかし、この地点で外国人生徒教育の取り組みの足を止めてはいけない。学校現場では、高校に入った外国人生徒の教育をいかに保障するかという次の課題が浮上している。

7.2. 門真なみはや高校の渡日生[4]教育

7.2.1. 門真市の概況

門真市は大阪府の東部にある人口13万人の市である。松下電器の本社が置かれていたところとして知られているが、町全体としては低所得者向けのアパートや文化住宅（長屋型木造アパート）が立ち並ぶ地域である。その門真市にある府営住宅が門真団地である。この門真団地に中国帰国者の方々が入居するようになり、今では町を歩いていると、そこかしこから中国語が聞こえてくるような町になった。門真市全体の外国籍住民は約2900人で、その約40%が中国籍であるといわれ、この団地に住む中国帰国者がその多くを占めている。

この門真団地の前に位置するのが門真なみはや高校である。

7.2.2. 門真なみはや高校における渡日生教育の方針

門真なみはや高校は、2001年4月に、府立の門真高校と門真南高校が統合して開校した高校である。前身の門真高校時代から中国帰国生を受け入れており、その経験を継承して現在の門真なみはや高校における渡日生教育がある。

渡日生教育の方向性を示すものとして「渡日生の教育に関する指針」がある。それは、門真高校時代に策定され、それを引き継いだものである。ここに、渡日生教育に関する基本的な考え方をはじめ、本名の使用、母語教育、日本語教育、自主活動、渡日生の交流などについての方針が記されている。

この指針の冒頭には、「自分が生まれ育った地域・国に誇りと自信をもつ」という記述がある。門真高校時代に、自分のルーツを隠さず、自分と家族が歩んできた歴史を大切にすることの重要性と、そのためにどういう教育の方法(内容)が必要かが議論され、その結果、冒頭の文が指針に盛り込まれたのである[5]。これを、渡日生教育の基本に置いている。渡日生にとって日本語を習得することは、日本に定住し、日本の社会に参加していく上で不可欠である。そして、母語の維持もそれと同等の重要性をもつ。アイデンティティの問題、日本語習得との関係、資源としての言語等の側面から、母語維持が重視され、教育課程にも反映されている。

表2　門真なみはや高校外国人生徒入学者数

	特別選抜　人(国)	一般選抜
2001	12(中国10、フィリピン1、ブラジル1・)	3(中国3)
2002	12(中国9、韓国3)	1(中国1)
2003	11(中国7、ペルー1、フィリピン1、ボリビア1、ブラジル1)	3(中国3)
2004	11(中国9、タイ1、フィリピン1)	2(中国2)
2005	9(中国7、韓国1、フィリピン1)	2(中国2)
2006	12(中国9、ペルー1、韓国1、タイ1)	1(中国1)
2007	12(中国11、フィリピン1)	2(中国2)

　2001年統合により新たにうまれた新校として、門真なみはや高校がスタートすると同時に「中国帰国生徒及び外国人生徒入学者選抜」が実施された。この年の4月には、12名の外国にルーツをもつ生徒が入学してきた(このほか、一般入試による入学者もいる)。特別枠1期生である。その後、6回の特別枠入試が実施され、現在(2006年9月)の、本校の渡日生徒の在籍数は35名である。彼らのルーツとなる言語は中国語のほか、スペイン語、フィリピノ語、タイ語、韓国語など、多岐にわたる(表2参照)。

　門真なみはや高校の渡日生教育カリキュラムは、大きく「日本語教育(国語の時間に実施)」「教科指導」「母語教育」からなる。その他、文化交流活動がクラブ活動として運営されている。こうした教育をしているのが、渡日生教育担当教員(各学年1～2名程度)、日本語教育教員(常勤講師)、母語教育担当教員(中国語は常勤講師、他の言語は非常勤講師)、大阪府の日本語

教育学校支援事業派遣の教育サポーター、そして、取り出しの教科教育を担当する教科担当教員である。渡日生教育に関しては、渡日生プロジェクトというセクションが中心となって決定・実施している（渡日生担当、中国人教員、日本語担当教員ほかで構成）。

　先に示したカリキュラムの中でも特に母語教育に関しては、正規の授業として母語教育が位置づけられ、卒業に必要な単位として認定される。この点は、特筆すべき特徴である。母語の授業は、基本的にそれぞれネイティブの教員が担当しているが、常勤で勤務しているのは中国人教員のみで、他の言語を担当する教員は非常勤である。

　このように、門真なみはや高校は、合併前の1990年代の取り組みをベースに、2001年の新校としてのスタートを機に、特別枠入試、母語授業、中国人教員の専任化を導入し、渡日生教育を実施している。なお、これらの教育体制やシステムが整備されるまでの経緯については、章末で、筆者の所感とともに紹介する。

7.3. 門真なみはや高校の渡日生教育の実際

　2001年の門真なみはや高校の開校から5年が過ぎた。現在、門真なみはや高校の渡日生教育が実際にどのように進められているのかを「日本語・教科教育」「母語教育」「母文化維持・交流活動」について、2006年度の実施状況をもとに紹介する。

7.3.1. 渡日生への日本語教育・教科指導
7.3.1.1. 取り出しの日本語教育・教科教育の対象と指導体制
　特別枠で入学した生徒は、4月の授業開始の時から渡日生徒を対象とした少人数クラスで授業を受ける。いわゆる取り出し授業であるが、大阪では抽出授業と呼んでいる。この取り出しの授業では、日本語教育と教科教育を行っている。

　日本語教育は、国語科の授業として実施している。その対象となるのは、特別枠で入学した生徒であるが、特別枠ではない生徒も日本語の力が弱い場合は日本語の取り出し授業を受けることができる。この生徒達が、日本語の力を初級から中級、上級へと高め、最終的には原学級で国語の学習に参加する力を育むことが、日本語の授業のねらいである。具体的な指標として、日

本語能力試験の1級合格が目標として設定してある。

　対象となる渡日生は、滞日期間も背景となる言語文化も多様である。そのため、日本語力の差に応じて[6]、いくつかにクラス分けをして授業を行っている。1年生の段階では、日本語の力と背景の言語文化に配慮し、3クラスに分けることが多い。2006年度の場合は、初級日本語、中級日本語、上級日本語に分けている。年度によっては、初級(中国語を母語とする生徒)、初級(中国語以外の言語を母語とする生徒)、中級に分けた場合もある。入学する生徒の日本語診断テストを参考にして、例年、生徒の実態に合わせたクラス分けをしている。日本語診断テストは、以前は日本語能力試験などを参考に本校で作成したものを使用していたが、2006年度からは、日本語教育学校支援事業の一環で作成された大阪府の統一テストを利用している。

　日本語の授業の担当者は、中国語を母語とする初級日本語の場合は中国人教員が、中国語以外あるいは多言語の初級・中級日本語の場合は日本語担当教員が担当し、主に『中級へ行こう　日本語の文型と表現59』(スリーエーネットワーク)などの日本語教材を使用して教えている[7]。上級日本語のクラスは、原学級で用いている国語教科書を使用して国語科の教員が受け持つことが多い。

　一方、教科については、生徒の日本語力や学力に応じて取り出しが必要な生徒を対象に、取り出しの授業を行っている。どの生徒を取り出すかは、年度初めの段階で、渡日生担当教員や日本語教員などで構成する渡日生プロジェクトというセクションで、各教科の意見を参考にしながら決定する。年度途中にも、定期的に、取り出しの指導をするのが適当かどうかを検討し、可能な限り原学級へ戻すようにしている。一般には、定期考査(年4回)の度に取り出しの対象について見直しをしている。

　各教科の授業は当該教科の教員が日本語でゆっくりと教えることを基本としている。それぞれの教科の担当教員が、例えば理科の場合は実験や観察などを多く取り入れたり、社会の授業ではグラフや図などを利用したりして、体験的、視覚的に教えるなどの工夫をしている。その他、大阪府教育委員会の日本語教育学校支援事業の教育サポーターが通訳として、授業に入り込む場合もある。

7.3.1.2. 「日本語」科目の実施状況

　ここで、2006年度に実施した取り出しの日本語の授業について、具体的に紹介する。158ページの表3で、実施した授業の一覧を示す。

〈1年生〉

　「国語総合」の4時間を日本語の授業として実施した。1年生は12名であったが、日本語の力に合わせて、初級(2人)・中級(5人)・上級(5人)と3つのクラスに分けて授業を行った。週4時間の授業を、2時間はそれぞれに読み書きや文法を中心にした授業を行い、もう2時間は初級・中級合同で会話の授業を実施した。レベル別に分かれて行う授業では、上級クラスは国語の教科書をゆっくりと教える(国語科教員が担当)。初級クラスは中国語を母語とする生徒2名が対象であり、『みんなの日本語Ⅱ・初級で読めるトピック25』を教材とし、中国人教員が中国語を使用して教えた。生徒の質問もほとんど中国語でなされた。中級クラスは中国語とスペイン語をルーツとする生徒がおり、『中級へ行こう　日本語の文型と表現59』を教材とした。それぞれの国の文化や風習(例えば、日本と中国とペルーの風呂の入り方の違いなど)について生徒たちから意見が出され、楽しく授業が進められていた。

　資料1　日本語の授業風景(1年生)

　また、漢字の学習については、初級・中級クラスを、中国語を母語とする生徒とスペイン語を母語とする生徒に分けて行っていた。

　このように、日本語授業は、基本的には日本語レベルでクラスを分けるが、取り扱う学習内容に応じて、弾力的にクラスを組み換えながら進めた。

〈2年生〉

　「現代文」2時間、「古典」2時間を日本語の授業として実施した。生徒は7名で、中級レベルが3名、上級レベルが4名であった。「現代文」の時間は中級クラスの生徒3人を対象に、『トピックによる日本語総合演習』(スリーエーネットワーク)を使用し、各課で、終了時に生徒による発表を実施し、評価を行った。このテキストは、会話や発表が取り入れられており、内容的に高校生対象に適しており、生徒にも比較的人気のある教材である。

「古典」の時間は、「古典」が必修科目ではないので、「国語表現」という別の科目を履修して日本語を学習するようにさせた。上級の生徒4人は「国語表現」の教科書を利用し、中級の生徒3人は主に日本語能力試験に向けて日本語の学習を行った。

表3　日本語授業一覧（2006年度）

年	原学級	単位	日本語	授業の内容	生徒数
1	国語総合	4	初級	中国語を母語とする生徒に母語を使って教える。4時間のうち2時間は中級クラスと合同で会話授業を実施。	2人
			中級	多言語の生徒に直接法で教える。4時間のうち2時間は初級クラスと合同で会話授業を実施。	5人
			上級	教科書を中心に、原学級の半分ぐらいのスピードで教える。	5人
2	現代文	2	中級	中級後期レベルの日本語テキストを使用。	3人
	古典	2	中級	主に日本語能力試験の対策問題を教材としている。	3人
			上級	「国語表現」の教科書を中心に教える。	4人
3	現代文	3	中級	中級レベルの日本語テキスト及び日本語能力試験問題を使用。	2人
			上級	教科書を中心に教える。	3人
	古典	2	古典	教科書を中心に教える。古典の基礎。	11人
	総合的学習	2	日本語	日本語能力試験対策	9人

※1　原学級の欄はクラスの授業内容。
※2　単位は1単位が週1時間の授業。
※3　日本語の初級・中級・上級という区分は便宜的なもので、通常使われる日本語のレベルを表しているわけではない。
※4　2年の「古典」の時間について、渡日生は「国語表現」を選択し「国語表現」として単位認定している。
※5　総合的学習とあるのは「総合的な学習の時間」のこと。

〈3年生〉

　「現代文」の時間3時間、「古典」の時間2時間、「総合的学習」の時間2時間を日本語の取り出し授業に当てた。日本語のレベルでは、中級2名、上級3名の5名の2クラスである。その他、進路との関連で、2つのクラスを作って取り出しの授業を実施した。1つが「古典」を学習する11名のク

ラス、もう1つが、日本語能力試験を目指す9名のクラスである。

「現代文」の時間には、中級クラス(2人)が日本語を学習していたが、2人の日本語力にかなり差があるため、共通の教材を使うことが出来なかった。そこで、それぞれの力やペースにあわせて、『テーマ別 中級から学ぶ日本語』(研究社)、『ステップアップ問題集・中級』(アルク)、『同・上級』、『パターンで学ぶ日本語能力試験1級文法問題集』(Jリサーチ出版)などの教材を選択して進めた。この2名は、日本語能力検定試験を受験することにしていたが、受験する級が異なるので、各々にあわせた問題を準備して対応した。

日本語授業の教材の選択や進め方などは、日本語担当教員が話し合いながら決定している。毎年入学してくる生徒の日本語力には幅があるので、年度によってクラス分けの方法や(母語別やレベル別など)教材、進め方などを工夫している。

7.3.2. 渡日生対象の母語教育
7.3.2.1 母語教育の指針と教育課程における位置

2001年4月の門真なみはや高校スタートと同時に、母語教育が実現した。母語教育の必要性について、前述した渡日生の教育指針の「母語保障」の項では、次のように示されている。

a. 母語の確立が第2言語としての日本語の学習にも影響を与える。
b. 母語を話せることが生徒の自信につながる。
c. 日本語を話すことの少ない保護者とのコミュニケーションを維持するためにも母語の維持は必要である。

最近は、上記3点に加え、次の2点も強調している。

d. 生徒たちがバイリンガルとして育つ可能性を秘めていること。
e. 国際化する日本社会において、彼らが重要な役割を果たす存在であること。

渡日生徒たちは、日本語ができないという理由で、自信を打ち砕かれ尊厳を奪い取られてきた。しかし、彼ら・彼女らが「自分たちは中国語が(スペイン語が、タイ語が、フィリピノ語が、韓国語が…)でき、この社会で貴重な存在である」ということに気づけば、自信につながる。また、「学校にお

ける母語保障の取り組みが、社会全体の利益につながる」ことを広く主張したいとも考えている。

　母語授業は選択科目として設置され、成績の評価がなされ、卒業に必要な単位数としても数えられる正規の授業である[8]。授業科目名は、中国語の場合は「母語中国語」や「中国語C」とし、中国語以外の言語に関しては「第1言語」という科目名で統一してある[9]。中国語と第1言語は同じ時間帯に開講される。なお、一般生徒対象の「中国語」の科目も開設されている。一般生徒が、「中国語」「理科」「数学」といった科目を履修して認定を受けるのと同じように、母語授業も卒業単位として認定を受けるのである。

開設されている母語関連科目(1単位は週1時間の授業)
1年生　　母語中国語(2単位)、第1言語(2単位)
2年生　　中国語C(3単位)、第1言語(3単位)
3年生　　中国語C(2単位)、中国語購読(2単位)、第1言語(2単位)

　各学年で開設されている科目は、上の枠に示したとおりである。
　現在(2006年度)、第1言語として開講されている言語は、「スペイン語」「タイ語」「フィリピノ語」である。これまで、「韓国語」や「ポルトガル語」を開講した年がある。ただし、これらの言語の授業の場合、生徒が1人ないし2人程度になることが多い。
　授業は、中国語に関しては常勤の中国人教員が担当し、それ以外の言語に関しては、基本的にはその言語のネイティブスピーカーが担当する。授業は週に二日程度で、学校へ来ても1時間か2時間程度しか授業がない。こうした条件の悪さにも関わらず、母語の教員は熱心で、授業以外にも、学校や渡日生担当教員から依頼される家庭訪問や懇談の際の通訳、配布物の翻訳、生徒の学校生活などの相談等も、好意的に行っている。職名としては「特別非常勤講師」であり、音楽科で楽器を教える教員や福祉関係の授業を教える教員と同じ立場である。

7.3.2.2.「中国語」「第1言語」の実施状況
　母語の授業がどのように行われているのかを、教材を中心に、紹介する。
　母語の授業は、時間割の都合上、特定の曜日に設定してある。2006年度の場合は火曜日と木曜日に、母語の授業が開講されていた。こうした日、学

校は右に示したように、他の曜日とは異なる雰囲気がある。

　こうして授業が始まるが、何をどう教えるかは、担当者が用意することになっている。それぞれの言語で、子どもたちの母語の力や年齢に応じて、その国の教科書や書籍などを使いながら工夫している。2006年度には、各授業で次のような教材を利用していた。

> **母語授業がある日の様子**
> 火曜日と木曜日は、職員室がとてもにぎやかになる。母語科目の先生方が勢揃いする日なのだ。授業開始のチャイムが鳴ると、先生方は一斉に職員室を出て、それぞれの教室へ向かう。生徒も、日本人の生徒と分かれ、それぞれの教室へ向かう。スペイン語やタイ語、フィリピノ語の教室を覗くと、生徒が一人で先生を待っている。一方、中国語のクラスでは、10名程度の生徒たちがわいわいと騒ぎながら先生を待っている。

〈中国語の授業〉
１年生(８人)
　１年生に対しては、独自に作成した中国語の教科書『漢語基礎』を利用している(発行は大阪府教育委員会　資料２、３参照)。特別枠入試を実施している府立高校には、本校と同様に中国人教員が配置されているが、この教科書はこの先生方が協力して作成したものである。中国語を母語とする生徒の実状にあわせて、「話す」「聞く」ことよりも「読む」「書く」ことに重点を置いて作られている。

２年生(６人)
　授業は、中国語の読解と翻訳(日本語の中国語訳)の二本立てで進められている。読解は、中国で発行されている『初中語文習題集』(北京四中編集)を使用している。これは高校受験のために作られた学習参考書である。なぜ教科書を使用せずに学習参考書を使っているかといえば、教科書には政治的な内容が多く、面白みにかけるからだと担当の教員(中国人教員)は述べている。他方、翻訳には、日本で発行されている中国語学習誌『中国語ジャーナル』の日本語の文章を利用することが多い。特に現代中国の諸事情を書いた文をよく利用し、中国語を学びながら

資料２　『漢語基礎』の表紙

現代中国の文化や社会事情なども、広く知識として蓄えていくことが望まれている。在籍する中国人生徒の中には、幼少期や小学校の時に来日した生徒も多くいる。そうした生徒たちが現代中国の諸事情を理解できるようにと考えて、このような教材を使っている。

3年生(13人)
　中国の歴史や文学についての知識を獲得し、歴史読み物や文学作品を鑑賞する力を高めることを目指した授業を行っている。中国史に関しては、『中国通史故事』(中国で発行された本)という、主に中国の小学校高学年から中学生を対象とした歴史読み物の本を読んでいる。中国語講読という授業では、中国の現代文学の講読や古典の学習をおこなっている。これまでに、魯迅の『故郷』『吶喊序文』『阿Q正伝』や台湾の現代作家三毛の小説(簡体字版)を読み、その後、古典(『春秋左氏伝』)や唐詩、孔子や老子の文章などの講読に取り組んだ。

```
　　　　目　　録
第1部
序章1　汉语拼音字母表
序章2　声母表
序章3　韵母表
序章4　整体认读音节表
第一课　韵母、声母、声调符号
第二课　复韵母、鼻韵母、拼音、变调
第三课　声母、复韵母、鼻韵母
第四课　声母、复韵母、鼻韵母、
　　　　拼写规则、省写规则、儿化
　综合练习一／综合练习二
第2部
第五课　司马光
第六课　聪明的华佗
第七课　浪花
　诗　赠汪伦／题西林壁
　单元练习一
第八课　达尔文和小松鼠
第九课　秋天
第十课　我是什么
　诗　别董大／凉州词
　单元练习二
第十一课　我要的是葫芦
第十二课　北京
第十三课　坐井观天
　诗　忆江南／望庐山瀑布
　单元练习三
第3部　翻译
第4部　答案
```

資料3　『漢語基礎』の目次

〈フィリピノ語の授業〉1年生1人、2年生1人
　フィリピンで使用されている語学教科書『ALAB NG WIKANG FILIPINO』(タガログ語のきらめき)を使っている。本校生徒のフィリピノ語の力を考えて、1年生にはフィリピンの小学校6年生に相当する学年の、2年生には中学1年生用の教科書を用いている。教科書の構成は読解が中心で、どちらかといえば道徳的な規範や価値観について考えさせる内容が多いようだ。

〈タイ語の授業〉1年生1人、3年生1人

　タイ語を母語とする生徒は3年と1年に在籍している。3年生はタイの大学を受験する予定であるので、本人の希望も入れて、タイの大学受験問題集（タイ語の文法など）を中心に学習している。1年生は、発音や文法の基礎を固める必要があると判断して、タイの高校1年生が使用しているタイ語教科書を軸にしながら、必要に応じて文法や発音に関する教材を用意している。また、この生徒は将来通訳になりたいという希望をもっているので、2007年度は翻訳を中心にした授業にする予定である。

7.3.3. 母文化の維持と交流活動

　門真なみはや高校では、教育課程に位置づけられている「日本語」「中国語／第1言語」科目の他、渡日生教育の柱として、生徒の母文化維持と文化交流を目的とした教育活動を行っている。その中心的な役割を果たしているのが中国文化研究部である。この研究部はクラブ活動として運営されているが、文化祭での民族舞踊等の母国文化を紹介する活動や、学校外の地域の催しや他の高校の渡日生との交流活動に参加する活動を中心に行っている。

　この中国文化研究部は、門真なみはや高校の前身である門真高校時代に発足した活動を、引き継いだものである。その発足のきっかけになったのは、門真高校の文化祭で中国帰国生徒が扇子の舞を発表したことであった（エピソード1、資料4参照）。門真なみはや高校になってからは、中国以外にルーツをもつ渡日生も多く入学する

> **エピソード1**
> **中国帰国生による中国舞踊**
> ―門真高校時代の、文化祭での初の発表
> 　門真高校時代の1998年9月、中国の生徒たちが文化祭で初めて中国舞踊を踊ることになった。生徒たちの表情からは、不安や期待が入り交じった様子が伝わってくる。「受け入れられなかったらどうしよう、いや、そんなことはない…。さあ、舞台へ。」
> 　生徒たちは舞台へ、そして、中国の扇子の舞が始まった。…。
> 　踊りきったその時、会場からは盛大な拍手と「きれいだったね」という言葉が聞こえてきた。

資料4　本校文化祭（2004年9月）中国文化研究部の発表

ようになったため、中国以外の国からの渡日生も中国文化研究部に結集して（クラブの一員としてではないが、活動に参加する生徒もいる）、活動してい

る。ただし、現在もクラブとしては中国文化研究部であり、今後は改組をも視野にいれて活動することが課題となっている。

先にも触れたが、学校内での母文化の維持活動や文化交流活動の他、学校外の様々な交流活動にも生徒たちは積極的に参加している(資料5)。例えば、大阪府の渡日生が集まる交流会である、大阪府立学校在日外国人教育研究会(府立外教)主催の「高校生交流会」や「WaiWaiトーク(母語による弁論大会)」などがある[10]。6月には、新入生歓迎の意味も込めて開催される「高校生交流会」があり、100名を超える渡日生が集まってくる。7月に開催される「WaiWaiトーク」は、渡日生が自分の母語で意見を発表するための場である。渡日生は互いの母語による主張を聞き、自分が生まれ育った地域・国に誇りと自信を取り戻しているようである。こうした彼らの姿は、感動を与えるものである(資料6参照)。

資料5 「門真市民族フェスティバル」(2006年12月)

弁論大会のテーマ
・「外婆(私の祖母)」中国
・「韓国語との出会い」韓国
・「私が選んだ道」タイ
・「暖流」中国
・「日本で感じたこと」ベトナム
・「友達―大切な存在―」中国
・「私には一つの夢がある」中国
・「ボリビアの思い出」ボリビア
・「簡単に諦めるとは言わない」中国
(1年生の発表の一部、国名は出身国)

資料6 2006年「WaiWaiトーク」の弁論テーマ

また、これとは別に、中国からの渡日生を対象とした「中国帰国生・渡日生交流会」という別の交流がある。この「中国帰国生・渡日生交流会」は、今ほど高校に渡日生が多くなかった10数年前に、中国帰国生の有志が始めたものである。現在、中国帰国生が在籍する高校の教員がサポートし、運営している。毎年2月頃には、中国の正月を祝う「春節の会」という合宿形式の交流会を開いている。各高校の趣向を凝らした出し物(踊りやコントなど)あり、クイズあり、ゲームありの交流会で、中国語で進行される。ここにも、中国にルーツをもつ生徒が、100名近く集まってくる。

門真なみはや高校の渡日生も、これらの交流会に積極的に参加しており、自ら運営に携わる生徒もいる。こうした活動が、渡日生たちの母語・母文化・母国に対する意識に大きな影響を

与えていることは確かである。門真なみはや高校のような渡日生が多数在籍する高校だけではなく、渡日生は学校に一人といった学校の生徒も、この交流会では多くの仲間と触れあうことができ、自身の出自や背景にある言語文化を肯定的にとらえ、また、それを資源として再評価し、自信を深めている。

7.4. 高校における渡日生教育の課題

①進路保障に向けて

　特別入試枠の導入などにより、大阪府の高等学校に在籍する渡日生の割合は他の都道府県に比べれば高いと考えられる。中学校から高等学校への進路の保障に関しては、十分とはいえないが制度の改革などにより一定程度課題を解決してきた。このようにして入学した渡日生の多くが、高校卒業後は、大学への進学を希望している。近年は、大学の側でも、中国帰国生徒枠や

資料7　中国帰国生・渡日生交流会主催春節の会（2006年2月）での「小品」（寸劇）

海外帰国生徒枠で、こうした生徒たちを受け入れてくれるところが増えてきている。AO入試で、外国語（生徒にとっては母語）ができるということで大学に進学する生徒もいる。しかし、大学入試において、日本語では本来の力を発揮できずに進学をあきらめる生徒も多い。2004年3月に、特別枠入試実施後、最初の卒業生を出したわけであるが、それから2006年3月までの3ヵ年で、大学への進学者は51%である。その内約65%が中国帰国生・海外帰国生徒枠、自己推薦などを利用しており、その他の進学者は、一般入試（公募制推薦を含む）、指定校、母国の大学進学などである。2007年3月に卒業した渡日生は13名であるが、そのうち4年制大学へ進学した生徒は9名で、中国帰国生徒枠、AO入試、海外帰国生徒枠（一部の大学ではこの枠で外国人生徒を受け入れている）などを利用した。語学系や国際関係などの学部を選択する生徒が多いのが特徴で、大学でさらに自分の母語に磨きをかけ、さらに自分のルーツとなる文化を深く研究するという志向が強い。また、母国の大学への進学を希望する生徒も1名いた。そのほか専門学校に進んだものが2名であった。

就職に関しては、2003年度からの3年間で、7名が就職し、2007年3月の卒業生で就職したものは1名であった。就職する生徒であるが、高校からの就職の場合、職業安定所と高校が関わるので、外国籍であることをもって不採用とする(不採用の理由とする)企業はさすがに存在しない。外国籍生徒が受験する場合、事前に受験先企業を訪問して公正な選考をおこなうよう要望するが、これまでの卒業生で学校斡旋で就職した渡日生には差別選考と考えられるケースは見られない(といっても、卒業生で就職した生徒は数名に過ぎないが)。ただ、就職した生徒が選んだ就職先は地元の中小企業の現業職が多く、大手のメーカーや銀行などを希望するには、学力や日本語力が大学入試以上に現実的な問題として生徒に突きつけられることもある。生徒たちがもつバイリンガルとしての資質を十分に生かせるような就職先を探そうとするが、高卒での就職の場合はなかなか見つからない。門真高校時代に卒業した中国帰国生で、大学進学後、就職している者がいる。例えば、中国に工場を持つ大手のコンピューター会社や、中小企業ではあるが同じく中国に最近工場を建てた企業へ就職した卒業生がいる。大学へ進学することが渡日生の資質を生かした進路を切り開くことになるとも考えられる。高校卒業でユニークな道を歩んでいるものも一人いる。門真なみはや高校1期生で、いったんは学校で斡旋した企業に就職したが(現業職)、のち通訳派遣会社を立ち上げて活躍している。

　子どもたちの進路の課題を解決するためには、特別枠の設置も含め大学側が渡日生徒をより多く受け入れる体制を整備することと(特に中国帰国生徒以外の外国人生徒の特別枠はまだ少なく、その枠の拡大が望まれる)、渡日生たちのバイリンガルとしての資質を活用できる就職先の開拓が必要であろう。日本社会全体が外国人とどのように共生するのかという課題とも結びつく問題である。

　この子どもたちの両親の多くは低賃金や臨時雇用などの不安定な職にしか就けなかった。いやむしろ、そうした不安定な職でも、仕事があるだけましであるという悲惨な状況の家庭も少なくない。その子どもたちが大学へ進学し、あるいは安定した職を確保するということは、日本に定住する外国人全体の社会的地位を向上させることにもつながるはずである。

　このような進路を保障するためには、学力と日本語力を十分育成することが重要である。高等学校においては、その解決のために渡日生教育について次に述べるような問題認識と課題の解決が必要である。

②母語・母文化教育の充実に向けて

　学校を含む日本社会は、長い間、渡日生たちを日本語ができないというハンディを負った生徒と捉えてきた。それはそれで間違いないと思われる。しかし、渡日生たちは彼ら／彼女らの母語(中国語やその他の言語)ができるのである。ある時、日本人生徒が、日本語と母語を駆使する渡日生を見て「格好いい」と表現したことがあった。これは、新たな発見というものではなく、渡日生の一部にとってはきわめて当たり前のことである。しかし、捉え方を、「日本語のできない生徒」から「中国語(あるいはその他の言語)ができる生徒」へと変えることによって、その存在自体が別の価値をもつものとして見えることもあるのである。このように見方を変えることによって、教育もこれまでとは違ったアプローチができるのではないだろうか。教育の多様化が語られる今日、子どものもっている特技や特徴を生かすような教育が求められている。渡日生もその例外ではない。渡日生の特徴である彼ら／彼女らの母語(日本人にとっては外国語)を維持し、伸長させることが、生徒の特技や特徴を生かす教育として期待される。門真なみはや高校では、その母語教育に取り組んできた。その成果は生徒たちの交流活動や校外での姿に表れている。しかし、より一歩進めて、社会的な意味をもつ力として、彼らが母語や母文化をいかせる環境を創っていくことが課題である。国際化が進行する日本社会においては、彼ら／彼女らの言語の力が資源として重要な意義をもつということを、高校時代から自他共に実感をもって感じられるような教育活動が必要である。

③学力の伸長に向けて

　学力については、小学校の低学年ぐらいで日本へ来た生徒の伸び悩みが目立つ。最近では、日本生まれの子どもの学力問題も浮上してきている。日本生まれ、小学校低学年で来日した生徒、小学校高学年から中学校で来日した生徒、外国の中学校を卒業してやってきた生徒と、その学力の伸長には違いがある。担当している教師の間では、教育経験を通して「何となく」ではあるが、その違いがわかるようになっている。問題は、そうした一般的な傾向を知った上で、個々の生徒に対して、何を補充し、何を伸ばしていくかについて、個別具体的に考えていくことである。それは、高校だけでできるものではなく、小・中学校との連携の中で可能となるものであろう。外国からやってきて、2つの文化、2つの言葉を「生きる」子どもたちをどう育てて

いくのか。この問題を、小・中・高校の連携の中で解決していくことが、今後の重要な課題である。

所感
門真なみはや高校の渡日生教育はどのようにして実現したか

筆者は、門真なみはや高校で、渡日生教育担当教員として6年間、勤務してきました。その前は、前身である門真高校で、最初の中国帰国生を受け入れた1996年から渡日生教育の体制作りに関わってきました。こうして渡日生教育に長年携わるなかで、高校入試や言語科目の設置、担当教員の配置などの制度面での整備について、行政側に要望してきました。ここでは、現在の門真なみはや高校の渡日生教育がどのようにして実現したのかという経緯を、現場の教員として、紹介したいと思います。こうした経緯を紹介することで、今後、同様の課題や問題に直面する他の学校や地域の関係者の皆さんに役にたてればと思います。

門真なみはや高校の母語授業をはじめとする渡日生教育の体制はどういう経過で実現したのでしょうか。

門真なみはや高校を準備する段階で、私は中国帰国生教育に関心をもつ教員と相談をして、門真高校全体の合意を形成しながら、新高校に向けて3つの要望を出していました。それが、母語授業の実施、特別枠入試、中国人教員の専任化(当時は非常勤であった)でした。新高校のスタートと同時に、これらの要望はほぼ実現しましたが[11]、そこに至るには門真高校時代からの長い取り組みの歴史がありました。

(1) 渡日生教育の始まり―門真高校時代1

それは、1996年、一人の中国帰国生が門真高校へ入学してきたことから始まりました。当時、門真高校では人権推進委員会が中心となって中国帰国生の教育に取り組もうとしていましたが、府営門真団地に中国帰国者が急増しているという状況を全く知りませんでした。この生徒が入ってきて、中国語を忘れかけているという生徒のことをどう扱えばいいのかとあたふたしていた頃、渡日生に関するある会合で門真市外教[12]の方と偶然会って、その時に初めて門真に中国帰国者が急増していることを知らされたのでした。「これからもどんどん門真高校に中国の子どもたちが入っていくからよろしくね」というのが、その門真市外教の方の言葉でした。その言葉通り、翌97年には4名、98年に7名と中国帰国生の入学者が増加していきました。それというのも、この頃、門真市の中学校では地元の高校を集中的に受検する運動を進めており、門真団地を校区とする門真市立第4中学校の卒業生のほとんどが門真高校を受検するようになっていたからです。

(2) 教育体制づくり―門真高校時代2

それからは、門真市外教、それに市外教を通じて中学校との交流が始まり、少しずつですが体制を整えていきました。まず、放課後の母語授業を準備し、3年目からは日本語の取り出し授業を開始し、中国文化研究部をスタートさせ、中国帰国生・渡日生交流会に関わり…といった具合に、それは、頭で考えるよりも先に、どんど

んと体が先に動いていくような感じでした。
　こうした5年間の活動が、新高校へ受け継がれ結実したのだと思います。門真高校時代の中国の生徒たちは、学力的には困難を抱える生徒が少なくありませんでしたが、自分たちなりに前向きに取り組んでいました。そういう姿が教員に好印象を与え、この生徒たちのためだったら特別枠で受け入れよう、母語授業も実施しようということになったのです。

(3) 母語授業の実施、特別枠入試、中国人教師の専任化―門真なみはや高校開校
　1999年、大阪府教育委員会は「全日制府立高等学校の特色づくり・再編整備計画」の一環として、門真南高校と門真高校を統合して普通科総合選択制の新高校を設立すると発表しました。こうして、2001年4月開校へ向けて新高校の準備が始まるわけですが、これまで門真高校で中国帰国生の教育に主体的に関わってきた私たちは、これを好機として、新高校に中国帰国生教育の体制を整えるために、上記の3つの要望(母語授業の実施、特別枠入試、中国人教員の専任化)を提出したのです。これらの要望は、ほぼ実現しました("ほぼ"というのは、後述のように専任化問題でまだ満足できない点も残っているという意味です)。
　母語授業は、私たちが考えるとおり正規の授業(選択科目)として設置されることになりました。学習指導要領では、学校独自の科目として「学校設定科目」が認められており、母語関係の授業はこの学校設定科目として設置されています。

(4) 母語教師の今後の活躍のために―大阪府の今後の課題
　中国人教員の専任化についてはまだ課題が残るところです。もともとこの問題は、従来から非常勤講師として勤務していた中国人教員の方の状況を改善することの要求から始まりました。中国人教員の方々は、非常勤でありながら(つまり限られた時間の授業を担当するという契約でありながら)家庭訪問や生徒の生活上の問題、文書の翻訳など多方面で仕事を引き受けざるを得ないという状況だったからです。これ以外にも、外国にルーツをもつ子どもたちを育てるためには、生徒と同じ文化的背景をもつ教員がぜひとも必要であるということも、その要求を提出した理由の1つでした。この要望については、常勤講師として採用するということで、とりあえずは「実現」できました。これまで非常勤であった教員が、常勤で(フルタイムで)配置されるというのは大きな前進でした。しかし、講師という職はきわめて不安定な職種です。形式的ではあれ3月末に、いったん「解雇」され、改めて4月に採用されるという手続きを踏まなければなりませんし、雇用は安定していません。そのため、現在も私たちは、正規職員として雇用することを要求しています。また、中国語以外の言語の指導者は、今なお非常勤のままです。これらの人たちについても大阪府として雇用するよう求めています。

注
1　この勉強会は「非公式」なもので、委員会担当者と考える会教員が同じ課題に関して学習するという形で進められた。これ以外にも教職員組合や外国人教育の研究団体も大きな役割を果たしている。

2　帰国・渡日児童生徒学校生活サポート事業については、同サポート事業事務局（関西国際交流団体協議会）発行の事業報告書（2005年発行）を参照（2008年度から教育委員会が直接運営）。

3　この事業も関西国際交流団体協議会に事業委託して実施されている（2008年9月から、事業委託先を大阪YWCAに変更）。府立高校に在籍する渡日生徒の学習支援ならびに日本語教育支援を中心に学校生活をサポートするため、同事業の一環として「大阪府日本語教育支援センター」が設置された。http://pianihongo.org

4　渡日生という用語は大阪独自の言い方で、他府県では外国人生徒と言われることが多い。国籍で区別するのではなく、外国にルーツをもち、近年になって外国から日本へやってきた生徒を指す。ニューカマー生徒のこと。

5　渡日生教育に関する指針は、本校のホームページで見ることができる。門真なみはや高校＞渡日生のコーナー＞資料コーナー
http://www.osaka-c.ed.jp/kadomanamihaya/

6　特別枠で入学する生徒には、小学校3、4年生頃に日本へ来た生徒から、外国の中学校を卒業して直接、本校へ入学する生徒など、日本語力に関しては天と地ほどの差がある。

7　中国人教員と日本語担当教員は常勤講師として配置されている。高校の教職員定数は決まっているが、この2名分は加配、つまり＋2として配置されている。本校の中国人教員は長く大阪府の渡日生教育に関わってきた方でネイティブの中国人。日本語担当教員は日本語教育を学んでこられた方。

8　母語授業は、学習指導要領で定められた「学校設定科目」として設置されている。卒業単位数のうち20単位までは学校設定科目が認められる。

9　もともと、門真高校時代から中国語を母語とする生徒が多かったので、中国からの渡日生は毎年入学してくると考え、授業としても中国語は言語名を科目名に用いた。しかし、中国語以外の言語に関しては、どういう言語の生徒が入学してくるか予測がつかなかったため、「第1言語」という科目名を付すことにしたのである。

10　府立外教とは、大阪府立高校や支援学校が参加する研究会。ほぼ全学校から研究部員が参加し、研究活動のほか、高校に在籍する渡日生たちの交流会などを運営している。

11　要求のうち、中国人教員の専任化は、非常勤講師であった方の常勤講師としての採用として「実現」した。しかし、今なお1年ごとに期限が更新される「講師」であり、職はきわめて不安定である。現在は、この先生方を正規の府職員として雇用することを要望している。また、新たに、日本語担当教員や母語授業を担当される方々の正職員としての採用も要望している。

12　門真市在日外国人教育推進協議会のこと。大阪府には市町村ごとに在日外国人教育の研究会があり、それを束ねるものとして大阪府在日外国人教育研究協議会（府外教）がある。学校単位で加盟している。

学びをつくるしかけ4 ―学習保障をめぐって対話を重ねる

　大阪府立門真なみはや高等学校には、2006年9月現在、中国、ペルー、フィリピン、タイ、韓国などをルーツにもつ35名の外国人生徒(本文では、渡日生徒と呼ぶ)が在籍している。2001年に、門真高校と門真南高校が「門真なみはや高校」として統合され、「中国帰国生徒及び外国人生徒入学者選抜」という特別選抜制度が導入された。この制度を利用して、毎年10名前後の外国人生徒が入学している。門真なみはや高等学校の外国人生徒教育の体制は、1990年前後から進められてきた「中国帰国生の問題を考える会」と委員会による教育保障の取り組みと、この特別選抜制度の導入によって整備された。こうした歴史的経緯と、門真なみはや高等学校における外国人生徒教育の取り組みについて、6年にわたり渡日生教育を担当してきた大倉安央氏が語る。

　門真なみはや高校では、外国人生徒の教育を、3つの柱「日本語教育・教科指導」「母語教育」「母文化の維持・交流活動」から構成している。日本語教育・教科指導は、取り出し(抽出と呼ぶ)で、日本語のレベル別の少人数クラスを編成して実施している。在籍学級の「国語総合」「現代文」「古典」等の時間に取り出し、日本語能力試験1級合格を目指している。初級レベルでは、母語の理解できる教員を配置するなどの配慮も行われる。また、教科については、定期考査の結果をもとに対象を決定し、教科担当教員が、易しい日本語でゆっくりと教えることを基本とする。

　「母語教育」は、正規の選択科目として設置され、卒業単位として認められている。2006年現在、中国語、スペイン語、タイ語、フィリピノ語の科目が開かれている、過去には、韓国語やポルトガル語を開設した年もあった。授業の内容は、履修する生徒の数や母語の力に合わせ、担当教員が工夫を凝らして実施している。例えば、ある中国語のクラスでは、大阪府教育委員会発行の教科書を利用して読み書きに重点を置いた授業が行われている。一方、タイ語のクラスでは、タイの大学受験を予定している生徒に合わせて大学受験問題集を利用した授業を行っている。今後の課題としては、中国語以外の履修者数が不安定であるために科目の開設や教室の運営の仕方が年によって異なるという状況と、担当する教師の雇用条件の改善があげられる。この「母語教育」のほか、教育課程には「母文化維持と文化交流」を目的とした活動が位置づけられている。クラブ活動として運営されている「中国文化研究部」がその中心となっている。文化祭での民族

舞踊などの文化紹介や、母語による弁論大会（Waiwaiトーク）等の学校外の地域の催し物などにも参加し交流を進めている。

　国内の多くの地域では、義務教育後の外国人生徒への教育支援の未整備が指摘され、その実態の把握も十分とはいえない状況にあるが、大阪府の高等学校における取り組みには、目を見張るものがある。それは、門真なみはや高等学校が具体例として示すように、生徒の教育を保障するという理念と、それに取り組む教師の熱意があることは間違いないであろう。それを、実らせたのは、門真高校・門真南高校時代から継続してきた教師の有志グループと教育委員会の対話と、取り組みの蓄積であろう。増加が見込まれる移民タイプの子どもたちが日本社会に参画し、自己実現するには、高等学校での教育が決定的な意味をもつであろう。だからこそ、入り口である高校入試制度の見直しと、それに連動した教育体制作りが重要となる。その実現に向けて、本事例が示す、学校現場と教育行政の連携、教員間の連携による継続的な実践は、豊かに示唆を与えてくれる。

（齋藤ひろみ）

第 8 章　学習を支えるネットワーク
　　　　—川崎市の実践から

川崎市日本語指導巡回相談員　菅原雅枝

　筆者は、2003 年より川崎市の日本語指導巡回指導員として、外国人児童生徒が在籍する学校を訪問してきた。そこで、国際学級担当の先生や管理職の先生方、日本語指導等協力者の方と情報交換をしながら、子どもたちの実態や日本語指導の方法、不適応児童生徒への対応について、共に検討してきた。その中で、学校生活全体を通して子どもを見ている先生方と、日本語支援の側面で詳細に見ている協力者の方との協力がいかに大切かということを実感している。今回、その両者が「JSL カリキュラムに基づく授業作り」という共通の目的で、プロジェクトチームを作って実践を試みる機会が得られた。また、こうして作り上げた授業では、子どもたちが生き生きと学習に参加する姿が見られた。
　この章では、筆者もメンバーの一人としてかかわった、学校と国際教室担当教員、そして日本語指導等協力者の共同による授業実践について、両者がどのように協力しあいながらプロジェクトを運営したのか、そして両者がそこから何を学べたのかということを中心に報告をする。

8.1.　川崎市の国際化の現状

(1) 多国籍市民との共生を目指す都市「川崎市」
　南北に細長い川崎市は、南部に工業地域を、北部には新興住宅地を抱えている。その中を縦横に走る JR や私鉄が交わる地域を中心に商業地域や繁華街も多い。さらに、大学のキャンパスや研究施設も都心部から移転してきており、大学の町としての一面ももつ。一方で、宿場町、門前町としての歴史

をもつ地区もあり、何代にもわたって住む人たちも少なくない。130万人が暮らす、様々な顔をもつ町、それが川崎である。

　韓国朝鮮を中心として多くの外国籍の人々が暮らす川崎では、早い時期から外国籍市民との共生を目指した取り組みを行ってきた。近年ではいわゆるニューカマーの数も増え、外国籍の市民は2％を超えている。研究者や会社員、工場労働者、日本人の配偶者、さらには地元サッカーチームの選手など、川崎に暮らす外国籍の人々の国籍は112カ国にも達する。こうした状況の中で、川崎市は1996年に「川崎市外国人市民代表者会議」を設置したのを始め、2005年には全国に先駆けて「川崎市多文化共生社会推進指針」を策定した。この「施策推進の基本的方向」として「多文化共生教育の推進」があげられており、「すべての子どもの学習権を保障し、社会における少数の立場の人（マイノリティ）の文化を尊重するとともに、自立と相互理解が図られる教育を推進します」と述べられている。

(2) 川崎市の外国人児童生徒

　川崎市の異文化背景をもつ子どもへの支援は、1970年代に海外帰国児童生徒が増加したことに始まる。2005年度は、海外帰国児童生徒1451人、外国籍児童生徒[1] 761人が在籍している。これら、海外帰国・外国人児童生徒のうち、日本語指導者が派遣された子どもたちは、2004年度124人、2005年度168人である。2004年度に日本語指導が必要な子どもたちが5名以上在籍し、国際学級等の設置のための加配のあった学校は小学校3校、中学校2校の5校であり、川崎では日本語支援を必要とする子どもたちが分散して在籍していると考えられる。川崎では、ある学校に特定の言語背景をもつ子どもたちが集まるという傾向はそれほど強くない。このため、受け入れ数や歴史の割に、学校単位では継続的な支援体制が作りづらいのが現状である。

8.2. 川崎市の外国人児童生徒支援の体制

8.2.1. 外国人児童生徒の受け入れ

　川崎市に入国した児童生徒の受け入れ窓口となっているのは、川崎市総合教育センター海外帰国・外国人児童生徒教育相談室（以下、「センター」とする）である（176ページ図1参照）。学齢の帰国・外国人児童生徒が転居してきた際は、その手続きの時にセンターについての説明がある。学校に直接連

絡があった場合は「児童生徒の状況を正確に把握し、自分の学校で適切な配慮をした指導ができるか検討し、自分の学校で対応できればそのまま編入学させる。しかし、生活面・学習面・書類等、不明なことがある場合や、対処できない場合は、速やかに川崎総合教育センター・海外帰国・外国人児童生徒教育相談室に連絡をとり相談し、適切な対処を考える(川崎市総合教育センター、2006b、p.4)」とされている。

　センターでの教育相談には、担当指導主事と教育相談員が当たる。ここでは、子どもの生育歴、言語使用環境、保護者の不安や要望などを聞き取る。その後、受け入れ校の校長との面談を経て、正式な編入学手続きとなる。特に、日本語力に起因する不安がある場合には、必要に応じて「日本語指導等協力者(以下、「協力者」とする)」が編入先の学校に派遣され、初期指導を担当する。

8.2.2. 川崎市総合教育センターの役割

　帰国・外国人児童生徒支援における総合教育センターは、教育相談、協力者の採用・派遣等に関わる事務の他に、市内小中学校及び、協力者への情報提供や研修といった役割を担っている。その１つとして、センターでは毎年「海外帰国・外国人児童生徒教育指導の手引き」「海外帰国・外国籍児童生徒数調査報告書」を発行している。また、協力者を対象とした「日本語指導等協力者連絡協議会」、市内小中学校の国際担当教員と協力者を対象とした「帰国外国人児童生徒支援連絡協議会」など、海外帰国・外国人児童生徒に関わる者を対象にした研修を企画している。センターは児童生徒への直接的な支援を行う機関ではないが、川崎市の海外帰国・外国人児童生徒支援に関わるすべての人々をつなぐパイプ役となっている。

　また、センターでは、協力者を派遣した児童生徒のフォローアップとして巡回相談を実施している。以前は子どもの学校適応状況を把握することが中心であったため、指導主事や元教員が巡回相談を担当していた。しかし、協力者から「日本語指導に関する助言を得たい」という要望があったため、当時の指導主事の判断により、2003年１月から日本語教育を専門とする者が相談員に加わった。筆者は、この巡回相談員として川崎の支援に関わっている。

　巡回相談では、子どもの学級担任、協力者から学校生活や日本語習得の状況を聞き取り、在籍クラスや取り出しでの学習の様子を参観している。学校

や生活について子どもから直接話を聞くこと、協力者や担任と子どもの日本語の力や生活面・学習面での問題点を共有し情報交換を行うことが巡回相談のおもな目的である。また、協力者派遣終了時期について、協力者や学校側と意見交換し、子どもの様子とともにセンターに報告すること、協力者から日本語指導や支援に関する相談を受け、協力者の不安を取り除くことも巡回相談の大きな役割である。

8.2.3. 川崎市内の小中学校の国際学級

すでに述べたように、川崎市の小中学校に在籍する帰国外国人児童生徒数は少なくないが、日本語指導が必要な子どもが特定の学校に集まることは少ない。したがって、日本語・国際学級(学校により名称は様々であるが、本章では「取り出しその他の方法により日本語、学習、生活面等の指導を行う」ことを目的として設置された学級を、以下、「国際学級」と呼ぶこととする)の数はそれほど多くない。過去5年を見ても、継続して国際学級が設置されていたのは、帰国児童生徒の多い小学校2校、中学校1校の、計3校である[2]。これらの国際学級担当教員は、定期的に連絡会議を行い、各学

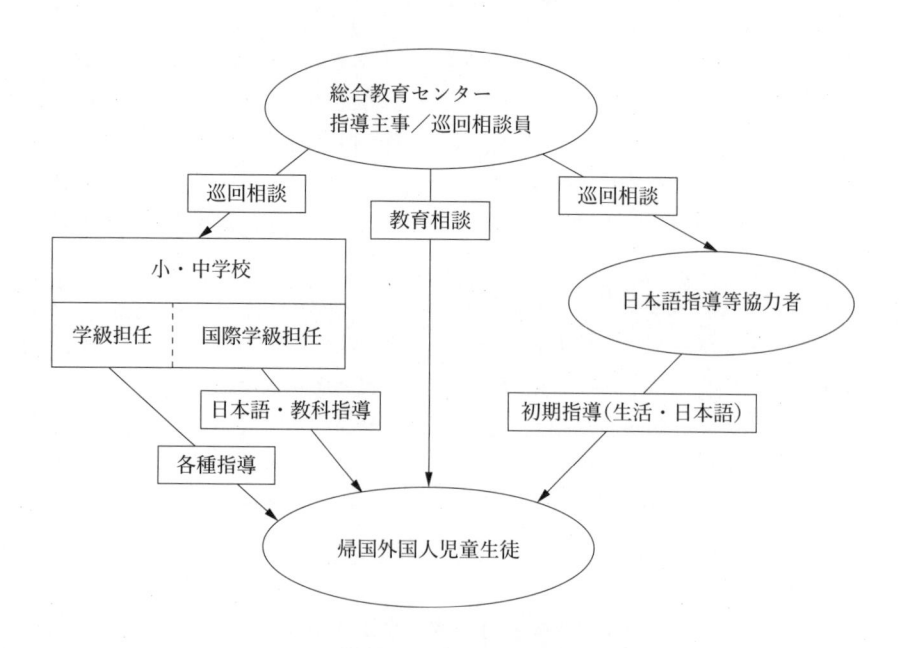

図1　川崎市の帰国外国人児童生徒支援体制

校の抱える問題などについて話し合っている。

　日本語指導が必要な帰国外国人児童生徒が国際学級をもつ学校に編入した場合には、国際学級担当者と協力者の両方から支援を受けることになる。国際学級担当教員による支援は、取り出し／入り込み、日本語／教科補習などを組み合わせて行われる。川崎では、現在、他校の国際学級への通級は行われていないため、国際学級が設置されていない学校では、当該児童生徒のクラス担任を中心として対応がなされている。この場合、担任や管理職のこうした子どもたちに対する指導の経験や知識によって対応に大きな差があることは否めない。

8.2.4. 日本語指導等協力者の役割

　子どもたちの支援や日本語指導に直接当たる支援者を、川崎では「日本語指導等協力者」と呼ぶ。協力者の派遣は、1987年、海外からの帰国児童生徒の日本語指導を目的に開始された。その後、外国人児童生徒の急増に伴い、支援対象が外国人中心へと変化してきた。現在は60–70名の協力者が活動している。

　川崎では、子どもの母語を使って支援するため、協力者の要件は日本語以外の言語ができることである。採用に際し日本語教育に関する知識や教職経験を条件とはしていない。これは、2つのことばと2つの文化を結ぶ役割を担う協力者には、「子どものことを考えられる人」「周囲とうまくコミュニケーションがとれる人」であることが、資格以上に大切であるとの考えによる。しかし、「日本語指導」を任されることに不安を感じる協力者も少なからず存在する。そうした協力者への支援として、各種の研修や巡回相談などの場が用意されている。

　協力者の派遣期間は特に定められておらず、終了時期は子どもの生活の様子や日本語の力の伸びなどを考慮して決められる。2005年度の平均派遣期間は10ヶ月、2004年度は11ヶ月であった。常に100人程度の子どもたちが支援を受けている状態である。指導形態は取り出しによる個別支援が中心で、週2回、1回2時間を基本としている。

　川崎市では、協力者との取り出し指導を、日本語指導だけでなく、「子どもたちがいいたいことが言える場」「ほっとできる場」として捉えており、協力者にはそうしたことが子どもの母語でできる力が求められている。このため、多くの日本語非母語話者が協力者として活躍している。異文化での生

活や日本語学習などの困難を乗り越えて活躍しているこれらの協力者は、子どもたちのロールモデルとしての役割も果たしている。日本人協力者も、ことばだけではなく、日本と子どもの母国の文化の橋渡し役として、学校・家庭の信頼は厚い。

協力者の仕事は、「学校生活に困らない程度の日本語を習得させること」が第一である。しかし、実際には、様々な場面で通訳や翻訳を頼まれたり、保護者の相談に乗ったりすることが多く、大半の協力者が「『日本語指導等協力者』の『等』の部分が一番たいへんだ」と感じているようである。一方で、在籍学級の授業内容の説明や補習を依頼される場面もある。対象となる子どもの状況によって様々な役割を果たすことが期待されているのが協力者である。

8.3. 川崎市の外国人児童生徒教育の新たな試み
―プロジェクトチームの発足

(1) 日本語支援の新たな課題「教科学習に参加するための日本語の力の育成」

川崎市では、これまで「外国から市内小中学校に編入し、日本語が話せない子どもたち」を支援の対象として想定してきた。したがって、派遣される協力者の仕事も、先述の通り、母語を使って文化間・言語間の移動による子どものストレスを軽減し、日本での学校生活に早くなじめるようにする「心のケア」と、学校生活に最低限必要な日本語を指導する「初期日本語指導」の2つが柱となっていた。しかし、近年では、国内の他地域から移動してきたり、日本と外国を行き来したりする外国人児童生徒が増加し、「編入してきた児童生徒＝初期日本語指導が必要」とは限らないケースが多くなってきている。また、日本生まれや日本の幼稚園、保育園を卒園したという理由で、小学校に入学する時点では日本語に問題がないとされ、センターでの教育相談を受けない外国人児童も増えている。ここ数年、市内の小学校からセンターに寄せられる相談の中では、このような「日本人のような日本語を話す」子どもたちに対し、学習内容の理解が十分でないと思われるので協力者の派遣をお願いしたい、というものの増加が目立っていた。このように、日常会話は流暢であるが学習についていけない外国人児童生徒に対する支援の問題は、年少者への日本語指導に関する調査研究において、全国的に報告されている。センターとしても、滞在が長期化し、日本で中等、高等教育を受

ける可能性をもつ外国人児童の将来を考えると、教科学習に参加するための日本語支援を考えていくことは重要な課題と捉えていた。

(2) 日本語指導等協力者と教師の相互研修の必要性

このような「学習に参加できない外国人児童生徒」への支援要請は今後も続くと予想されたが、その支援には協力者が当たることになる。これは、協力者が「初期日本語指導」を越えた「学習内容に関わる」支援を行うことを意味し、センターとしては、それができる人材を確保する必要があった。「日本語で勉強していくための指導の必要性」は、それまでにも協力者の連絡協議会などで指摘されており、こうしたテーマに沿った研修なども行っていた。その中に「日常会話レベルに達している子どもたちに、学習に参加するための日本語を身につけさせる」ことを目的として開発された「JSL カリキュラム[3]」の研修があった。何度か行われた JSL カリキュラムの研修会を通して、「日本語で学ぶ力を育てる」という JSL の考え方には多くの参加者が賛同していた。しかし、実際に授業を行うには至っておらず、具体的な授業作りに関する研修の場が求められていた。センターは、JSL カリキュラムの授業づくりのプロジェクトを通して、新たな支援対象児童への支援の方法を探ろうと考えた。

さらに、学習参加を目指す日本語支援を考えるとき不可欠なものとして、学校の教員と日本語支援に当たる協力者との連携が挙げられた。これまでも、学校・担任と協力者の連携の重要性は繰り返し指摘されていた。しかし、実際には、両者間の個人の関係性に依存しており、日本語指導に関しては協力者に一任されるケースもあった。また、多くの場合、「連携」の実状は「連絡ノート」による授業報告や情報交換であった。在籍学級での学習に参加できない子どもたちへの支援を考えるには、「教師の視点」を理解することに重要な意味があると推測され、協力者と教員が率直に意見を交換しながら支援のあり方を探っていく場が必要であった。両者による授業づくりの活動を通して、互いの考えを知ること、特に、学校側が協力者の仕事の内容やその専門性を理解することは、川崎市の外国人児童生徒支援システムをより有効に機能させるために非常に大きな意味をもつと考えられた。

(3)「JSL カリキュラム」プロジェクトチームの発足

センターのこのような問題意識と方針の下、2004 年夏、「教員、セン

ター、協力者がJSLカリキュラムを使った授業を実践してみるためのグループ(以下、「プロジェクトチーム」と呼ぶ)」が作られた。第一回研究会には、川崎市でも早い時期から帰国児童の受け入れ推進校として研究を行ってきたA小学校の国際学級担当教員(以下「教員」とする)と、巡回相談員(以下「相談員」)、協力者9名が集まった。しかし、その後も参加の呼びかけを続け、他校の国際学級担当教員、大学院生を含む多様なメンバーが集まるものとなった。

プロジェクトの目的の第一は、今後派遣要請が増えるであろう「日常会話はできるが、学習についていけない子どもたち」への指導に、JSLカリキュラムの考えを生かしていくため、その授業作りを体験することである。第二は、教員と協力者が1つの授業を協働で作り上げることを通して、互いに理解を深めることとした。

8.4. 授業「メダカを飼おう」

プロジェクトチームが取り組んだJSLカリキュラムに基づく授業が「メダカを飼おう」である。授業「メダカを飼おう」は、2004年10月12日、11月9日、11月17日の3回にわたって行われた。ここでは、この授業について紹介する。

8.4.1. 指導計画

授業「メダカを飼おう」はA小学校の国際学級に通級する2年生5名を対象に、3時間構成の授業として計画が立てられた。子どもたちは帰国児童と外国人児童が混在しており、言語文化的背景も異なっていた。しかし、調べて得た情報や自分の考えを日本語で伝えることがまだできない子どもたちであるという点で共通していた。そこで、体験することを目標に設定し、JSLカリキュラムの「トピック型」の考え方に基づき、授業を計画した。

【対象】川崎市立A小学校　国際学級通級中の2年生5名
　　　　外国籍児童3名　女子2名、男子1名
　　　　　　　　　　　出身・滞在国：韓国1名、フィリピン1名、アメリカ・韓国1名
　　　　帰国児童2名　　男子2名

滞在国：アメリカ 2 名

【目的】日本語で得た情報や自分の考えを、口頭や文章で友だちに伝える体験をする。
日本語でグループでの学習活動を行い、それに参加する体験をする。

【授業計画】

授業	活　　動	中心となる活動	支　　援 (○教員の支援、●協力者の支援)
1 (体験・探求)	国際学級のメダカについて考える。メダカが死んでいたときの気持ちを話し、なぜ死んでしまうのか、その理由を考える。長生きさせるための方法を知る手段を探る。インタビューの準備を始める。	●原因を考える。 ●情報を得る方法を考える。	○子どもたちが自発的に発話できるよう配慮する。 ○個々の発話を全員で共有できるようにする。 ●子どもの発話に柔軟に対応し、どのような点に興味を抱いているか知る。
2 (探求)	質問を考える。ペットショップに行き、分担した内容について店員にインタビューする。メダカを買って学校に戻り、得た情報に沿って水槽に移す。カードに答えを記入する。	●インタビューによって情報を得る。 ●わかったことをメモする。	●子どもと店の人の会話が成り立つよう、必要に応じて言い換えを行う。 ●得た情報を整理する際、適切な語彙を与えるなどの支援をする。 ○子どもの積極的な発話を促す。
3 (発信)	それぞれのインタビュー結果を口頭で発表する。同じ内容を「ほかの人に教えてあげる」形式にして文章化する。ポスターを仕上げる。	●結果を口頭、文章でまとめる。 ●発表し、質問を受ける。	●必要な語句、内容理解の確認をする。 ●書く前に口頭で確認する。 ○互いの情報を全員で共有できるよう、適宜言い換えなどを行う。

8.4.2. 授業中の子どもたちの様子

授業1(10月12日)

　課題「メダカを上手に飼うコツを調べる」を確認し、メダカを飼った経験について話し合った。そこで、教室のメダカが死んだことが話題になる。教師が、メダカが3匹死んでしまった訳を尋ねると、子どもたちは口々に思い浮かぶことを話して

> **会話①(授業1)**
> T：みんな、一生懸命お世話したのにね。どうしてメダカは死んじゃったんだろうね？
> S：冷たいから
> S：この緑の(水草のこと)で引っかかっちゃって死んじゃう
> S：熱い水、入れれば？

いた(会話①)。子どもたちは、「次はメダカを死なせないぞ」という気持ちで、メダカの飼い方を調べることへの動機が高まった。

　何を調べるか(水草、石、えさなど)が決まると、子どもたちは一生懸命に質問を考えていた。

授業2(11月9日)

　質問を書き入れた「インタビューカード」をもって、駅前のペットショップで店の人にインタビューをした。ペットショップで刺激を受けたのか、予定外の質問をした子もいた。そんな時は、協力者にどう聞けばいいか教えてもらいながら、質問していた。また、うまく質問できないときや店員さんの説明がわからない時には、協力者に易しく言い換えてもらったりして、全員が分担された内容について調べることができた。

> **しつもんカード例(授業2)**
> (児童の表記のまま)
> Q：めだかのえさわなんですか
> A：ちちゃいこな　めだかのくちはちちゃいから　かわにいるときのえさわみじんこ、かのあかちゃん、くさ、もです
> Q：金魚とちがう魚はいっしょに水そうの中に入れてけんかはしないんですか。
> A：なかよしの魚はいっしょにいれもけんかはしません。
> Q：ごうえん(注：公園)の石でもあげでもいいですか？
> A：ごめ(注：米)みたいにあらいます。ざる。

　学校への帰り道では、みな大きな声でメダカや自分の調査結果について話し続けていた。教室に戻ってメダカを水槽に移すときには、口々に教えてもらったことをしゃべりながら、お店の人に聞いたとおりにやろうとしていた。

　しつもんカードには、お店の人に教えてもらったことが、びっしり書いてあった。(しつもんカード例参照)

授業3(11月17日):公開授業として実施
　インタビューで調べたことを発表し合った。不正確なところやスムーズではないところもあったが、子どもたちはペットショップで聞いたことをよく覚えていて、自信をもって発表していた。その後、友達に教えるために「メダカの飼い方」を、指導者とやり取りしながら書いた。

　一人ずつ「メダカの飼い方」を発表すると、互いに「なんで〜?」「〜でもいいんじゃない」等、理由の質問や意見の発言があった。それに対し、自分の考えを加えて答えたり、他の子が自分が調べたことをもとに応答したりして、活発な話し合いになった(会話②参照)。

　最後に、各々の「メダカの飼い方」を、水槽の絵が描かれた模造紙に貼り付けて、全員でポスターを完成させた(「ポスターの一部」参照)。子どもたちは、とても満足気だった。

会話②(授業3)
S1：すいすいランド(校庭にある池、コイがいる)の水はあげません。魚が病気になるからです。
S2：どうして病気になりますか。
S1：メダカに病気が入っています(注:「コイの病気がうつる」と教えてもらった)。
S3：なんでメダカは病気になりますか。
T：池のコイは病気じゃないのにね。
S1：メダカとコイは違いますから。

児童が書いたポスター(一部)(授業3)
「メダカの飼い方―石」
　かざりの石はていねいにあらってください。きたなくしたらバイキンが水にはいるからきれいにしなさい。ぼくはんせきをいれるといいですよ!ぼくはんせきは、みずをきれいにします。

8.5. 授業づくりの過程—学校/教員、日本語指導等協力者の連携・協力

　帰国・外国人児童生徒の教育にかかわる者同士でも、立場が異なる場合、物理的時間的な問題をはじめ、考え方の違いや、立場の違いによる利害の対立といったことがあるため、一般には共同で教育実践を行うことは難しい。しかし、JSLカリキュラムについての理解という双方の研修をかねて、学校・学校教員と日本語指導等協力者によるプロジェクトチームが結成され、授業作りの取り組みは概ね成功したといえる。そこで、両者がどのように協力しながらプロジェクトを進めてきたのかを、授業づくりの経過にそった形で振り返ってみたい。なお、先に示した日程で、ミーティングと授業の実践を進めた。

プロジェクト開始日と授業実施日
第一回ミーティング　9月6日
授業1　　10月12日
授業2　　11月9日
授業3　　11月17日

8.5.1. プロジェクトの結成―共通の問題認識の形成＝目的の共有化

　第1回ミーティングで川崎市総合教育センターの指導主事からプロジェクトを作るに至った経緯が説明された。それを契機に、その場にいた教員と協力者から、日本語指導上の課題について多くの意見が述べられた。

　協力者からは、「日本語は話せるが授業についていけない外国人児童生徒の増加」が指摘された。そして、教員からは、A小学校の国際学級に通う海外帰国・外国人児童は、日常会話にはほとんど問題がなく、本来は高い力をもっているのに、うまく学級の輪の中に入って友達と一緒に学習することができないケースがあるという報告があった。こうした話し合いを経て、プロジェクトメンバーが次のような共通の課題をもっていることが明らかになった。

　　〇学習面も含めた在籍学級への橋渡しまでを日本語支援と考えたい。
　　〇学校側と協力者とのより細かな連携による支援を行いたい。

　さらに、この取り組みの意義を伝えていくことが必要だという点でも一致し、A小学校が開く授業研究会で市内の教員、協力者に授業を見てもらうことになった。

　参加者は、すでに旧知の間柄であったが、異なる学校で異なる子どもに個別で指導をしているため、1つの授業を共に作るという経験はしていなかった。全員が同じ問題意識をもって授業づくりに取り組む上では、このような語り合う時間が有意義であった。

8.5.2. 実態把握のための情報交換会―対象児童とトピックの決定

対象児童の決定

　協力者による指導もA小学校の国際学級の指導も、通常は1対1の個別指導で行われる。しかし、このプロジェクトでは「子どもたちが学級での学習に参加する」という視点が重要であるため、グループによる授業を行うことにした。その点で、時間割や人数などから、2年生グループを対象とすることになった。この子どもたちの様子を知るため、国際教室の教員から対象となる2年生の様子の報告があった。一方、協力者は、放課後に国際学級で子どもたちとゲームをする機会を設けてもらい、そのときの様子を報告しあった(資料1参照)。

　子どもたちとの交流では、5人の人間関係を見ていたメンバー、ひとりの子どもと長く話して日本語の状況を把握しようとしたメンバーなど、それぞ

れに異なった視点から子どもたちを見ていた。それらの情報と教員の見た「いつもの様子」から子どもたちに必要な支援は何かを話し合った。

資料1　情報交換会の内容

教員の報告： 　A小学校国際学級での2年生の様子	メンバーの報告： 　放課後のゲーム時の子どもたちの様子
現在通級しているのは男子3名、女子2名で、協力者の支援を受けている児童はいない。帰国児童2名は、海外で生まれ、日本での生活は初めてである。能力の高い子どもたちだが、一人はうまくクラスの友達とコミュニケーションがとれず、もう一人はおとなしい性格であまり話さない。外国人児童3名は、もう日常会話にはあまり問題はないが、的はずれな発言や、友だちとのトラブルがある。学習で使われる日本語に困難もあり、クラスでの学習にはあまり参加できていない。国際学級で書く作文や発言などからすると、2名は学年相当の力は持っているものと思われる。残り1名は、数字が苦手なため算数が不得意であり、学年相応の力とはいえない。	どの子も「夏休みの話」「ボーリングゲームのこと」「学校の話」などのトピックでなら、日本語で一定時間会話をすることが可能であった。母語が異なる子ども同士も、日本語で十分に意思の疎通ができていた。ゲームの点数の計算などの様子を見ると、教員から指摘があったように、算数の力については若干の差があるように感じられた。また、友達と一緒に何かをすることが苦手そうな様子を見せる子どももいた。 　協力者の一人が「子どもが興味を持ちそうなもの」として自宅のメダカを国際学級に持ってきた。ボーリングゲームのあと、子どもたちに協力者から贈られたメダカを披露すると、大喜びで水槽に駆け寄り、知っていることなどをあれこれと話し出した。無口だといわれていた子どもも、かつて自分がメダカを飼っていたときのことなどを一生懸命話していた。

　その後、学級担任に国際教室担当教員が対象児童に関してインタビューを行った。生活面での問題点(宿題をしない、家庭との連絡が困難など)、漢字や計算の技能について課題が指摘された。ただし、「学習に参加するためのことば」については、ほとんど言及がなかった。

トピックの決定

　JSLカリキュラムは「子どもの現在の力を把握すること」「子どもの興味関心に沿って授業を組み立てること」が重要であるとする。プロジェクトメンバーは、対象の子どもたちに接していないため、子どもたちの実態を把握するための情報交換は不可欠であった。この話し合いで、子どもたち全員が興味を示した「メダカ」を授業の素材とすることが決まった。

8.5.3. 目標設定のための話し合い──「トピック型」か「教科志向型」か

どんな力を育むか

　素材として「メダカ」を扱うことは決まったが、具体的な授業内容の話となると、それぞれの抱くイメージに違いがあることがわかった。メダカを使って算数を教えられないか、生態について学べば生活科になるのではないか、などの教科に直結する指導を考えるメンバーと、日本語で自分の意見や考えを伝える力などを伸ばすことを考えた方がよいのではないかと考えるメンバーの2つに分かれた。

　「JSLカリキュラム」には、教科に共通した「学ぶ力」の獲得を目指す「トピック型」と、各教科で求められる力の獲得を目標とする「教科志向型」がある。いずれも、日本語で学習する力を伸ばすという視点から開発されたものであり、2つのカリキュラムの間に順序性はないとされている。「教科志向型」に対しては、「算数の勉強では、子どもたちに必要な内容が異なってしまい、グループで学ぶ意味がなくなる」、「トピック型」に対しては「ある程度読み書きもできるのだから、教科に直結した授業の方が子どもたちの利益になるのではないか」等の意見が出された。

　この話し合いを通して、改めて、「在籍学級の学習活動に参加できる」ということの捉え方や、子どもに必要な支援の優先順位の付け方が、それぞれで大きく異なっていることがわかった。参加者はいずれも「両方が必要」という点では異論はなく、通常の長期的な支援ではそのバランスをとりながら行っているのであるが、今回のような短期間の授業づくりでは1つに絞らざるを得ない。

トピック型に決定

　話し合いの結果、今回は5人に共通する課題である「学級集団の中で学習に参加する力をつける」ことを中心に据えることにした。それには、特定の教科に縛られず、自由に活動を組み立てられる「トピック型」がよいだろうという結論に達した。

　「グループの中での日本語使用」「日本語で相手に伝える力」が授業参加に重要である点で共通認識が形成され、これらを目標とすることになった。授業づくりのポイントも、そのための活動作りに絞られた。

8.5.4. 授業計画の具体化

　授業の大枠は決まったものの、授業を実施するための具体的な計画作りの段階に入ると、いくつもの疑問や問題を解決しなければならなかったし、物理的時間的な制約をも考慮しなければならなかった。

(1) 時間の制約

　JSL カリキュラムのメダカの授業に、国際学級ではどのぐらい時間を使えるかが大きな問題であった。「メダカを飼う」ことを考えると、時間的には少なくとも 5、6 時間かけたいという気持ちは、皆にあった。しかし、国際学級の担当教員から、対象の子どもたちが国際学級に通級する時間の全てを JSL カリキュラム向けのグループ授業にすることは難しいという状況が示された。国際学級で個別指導が受けられることを期待して、在籍学級の担任教諭が子どもたちにもたせる課題(作文の完成、漢字の練習、授業の復習など)もあるからである。対象児童は、日常の日本語での生活にはほとんど問題のない児童であり、国際学級の役割としては、個別指導によって教科内容の理解を促すことが優先される。他に、学校の行事などもある。また、実施可能な「現実的な」授業例を示すことが、このプロジェクトにも求められていたため、JSL カリキュラムの「メダカ」の授業は、3 時間構成で実施することになった。

　こうした時間的な条件に合わせるため、計画としては、まず学習内容を絞り込む必要が出てきた。同時に、時間的な制約を補うために、「メダカ」の授業以外の国際学級で行われる通常の授業でも、関連のある学習活動やメダカという話題を徐々に導入することにした。協力者や相談員も、時間がある時に通常の国際学級の授業に参加し、子どもたちの状況を把握し、関係を作ることに努めることにした。

(2) 学習活動の具体化

　具体的に学習活動を考え始めると、協力者からも教員からも「授業のイメージができない」という意見が多く出た。「トピック型」の考えや授業の構造については観念的に理解していても、ゼロから授業を作るとなると、どのような活動がよいのか、具体的なアイディアがなかなか浮かばなかったのである。

　そこで、相談員が、活動案を考え、たたき台として提示することになっ

た。提案された活動は、「観察してメダカを描こう」「メダカはどこにいるの？」「インタビュー：ペットを飼っていますか？」「メダカのご飯」「メダカは何センチ？」などである。提案を受けて、プロジェクトメンバーで話し合いを行った。教員は小学校での学習という視点から、協力者はこれまでの支援の体験から、意見を出し合った。重要な観点が、「小学校2年生の学習にふさわしいか」と「子どもたちの課題にあった言語活動ができるか」であるという共通認識を作りながら、活動を絞り込んでいった。

そんな折、「飼っていたメダカが死ぬ」という事態が起きた。

(3) メダカの調達──「メダカが死ぬ」という非常事態を切り抜ける

話し合いが続く中、国際学級のメダカが続々と死んでいくという非常事態が起きた。

これを受けて、プロジェクトメンバー間で、対応が話し合われた。国際学級担任教員からは、「休み明けに学校に行くたびにメダカが死んでいる。メダカが死んでしまっては、観察もできない。他のトピックの方がよいのではないか」と、トピックの変更が提案された。メンバーの中には「生き物が死んでしまうのも現実なのだから、『メダカの死』から何かを学ばせたい」という者も、「生き物の死」を取り上げて授業をつくることには、慎重になるべきだという者もいた。そうしたやりとりを経て、「どうやったらメダカが死なないかを調べればどうだろう。子どもの関心に即しているし、今回の事態を無駄にせず命の大切さを学ぶ機会にもなるのではないか」という方向で意見がまとまった。

学校が、メダカの死とプロジェクトメンバー間の一連のやりとりを知り、メダカを買う経費を負担してくれることになった。そこで、「メダカを飼う」こと自体を学習活動として位置づけることにした。子どもをペットショップに連れて行き、店の人にメダカの飼い方をインタビューするという活動である。それまでにも、「メダカの生態について図鑑等を使って調べる」活動や「駅前のペットショップでインタビューする」活動も提案されており、学校の援助によって、それを実現できることになった。こうして、「国際学級でもう一度メダカを飼う（メダカの飼い方をペットショップにいって尋ね、メダカが長生きするように大事に飼う）」ことが学習活動となった。

(4)授業の形態――一斉授業かグループ活動か

　授業の形態については、一斉授業にするか、グループ活動にするか、随分迷った。というのは、プロジェクトとしての目的を達成するには一斉授業が、子どもたちの課題にとってはグループ活動が適していたために、どちらにすべきか決めかねたのである。プロジェクトでは、その目的の１つとして、この授業の参観を通して、一般学級の教員に一斉授業でのことばの使い方や声のかけ方への配慮を促すことを挙げていた。授業を受ける子どもたちの課題としては、「グループ内で、意見や情報をもとに話し合って答えを導き出す」力の弱さがあった。この２つのねらいの両方を達成したいと考えたため、なかなか答えが出なかったのである。途中、３回の授業を一斉と個別に分けて行うなどのアイディアもだされたが、最終的には、一斉形式を基本とするが、活動内容によっては、子ども同士が意見交換できるように授業を運営することになった。クラス全体での話し合いに子どもが参加できるように、その前の単独で行う作業などの活動で、協力者が個別に対応をすることになった。

8.5.5. 授業運営の仕方

(1)授業中の役割――メンバーの経験を生かす

一斉指導をする国際学級担当教員

　授業の運営は、それぞれどのような役割で関わるのがいいのかという点でも、話し合いが行われた。

　その結果、一斉指導は、経験もあり最も慣れている教員が行うのがよいということになった。子どもたちの性格、人間関係を把握しているので、子どもたちもより安心して発言でき、子どもたちが積極的に授業に参加するだろうと考えたからである。また、この授業では、在籍学級での学習に参加する力を育てることが目標となっており、「一斉指導での先生の指示や説明」を理解できるようになることも重要であった。この点からも、教室での授業を熟知している者が担当することが適当だということになった。協力者は、普段個別指導を行っているため、集団の一斉指導の経験がほとんどなかったし、学校の教室での授業の様子についてもあまり具体的なイメージがなかった。

190　第2部　文化間移動をする子どもの学びをつくる

子どもたちの日本語の力の把握と個別支援をする日本語指導等協力者
　協力者(7名)は、対応する子どもを決めて支援することにした。通常、協力者は、派遣された学校で、取り出し指導を受ける子どもと、母語を使いながら1対1で対話し、時間をかけて信頼関係を築いていく。しかし、今回の取り組みでは、出会って間もない子に、日本語だけで支援をしなければならない。効果的に支援をするには、子どもの日本語の力を詳しく把握しておくことが必要である。こうした協力者の意見を受けて、第一回目の授業には、協力者が担当する子どもの日本語の力と、メダカや動物の飼育に関する知識や関心を捉えることを重視した。1時間目の授業後、協力者が把握した子どもたちの日本語の力や課題について、情報交換が行われた。例えば、「話はしないけれど、文章は十分にひとりで書ける子どもだ。この子には、話すことに自信を持たせるような支援が必要だ」「この子は、感性豊かな表現をする。それを生かして書き言葉にしていく必要がある」など、支援の方法に関わる具体的な姿が共有され、それが、2時間目、3時間目の授業計画の見直しに生かされた。

授業運営の状況の把握をする相談員
　そして、相談員は、授業全体の状況を把握する役目となり、必要に応じて個別支援や一斉指導時の補佐をすることとなった。

(2)授業中の日本語のコントロール
　協力者から、個別支援の担当者は、支援時の日本語の使い方について共通認識をもったほうがよいという意見があった。それぞれが異なる支援を行うと、一斉授業の場面で子どもたちが活動にうまく参加できないかもしれないからである。話し合いでは、日本語の正しさを重視するか、授業の内容についての理解や作業の遂行などの学習を重視するかという点が論点であった。そこでは、次のような意見がだされた。
　・「不正確な日本語のままでも流れにのって活動するのがよいときと、正確な日本語表現を伝えるべきときとがある」
　・「正確さを要求しすぎると、子どもは活動に参加する意欲をなくす」
　・「『今は、何のために日本語を使っているのか』を常に考えながら、適切な支援をする必要があるだろう」
　こうした話し合いの後、授業の展開を確認しつつ、それぞれの活動場面に

ついて「何のために活動か」「何のために日本語を使うのか」を全員で確認し、その時の支援する側の日本語のコントロールの仕方や、子どもたちが使う日本語にどのぐらい正確さを求めるのかを話し合った。

また、この授業が始まってからも、授業後の反省会で報告される子どもたちの日本語運用の状況をもとに、次の授業での支援の方針が話し合われた。その成果か、授業3の一斉指導による「発表」「質疑応答」では、教員が、問いかけのことばをコントロールしたり、子どもたちが伝えたそうなことばを示したりして、子どもたちが自力では言えなかった話を引き出していた。

(3) ワークシートの作成

学習活動時に利用させるワークシートについての検討も行った。ワークシートには、メダカの飼育に関する学習のプロセスや、内容理解のためのヒントと、子どもたちの日本語の力に合わせるという配慮が必要である。そのための資料として、教員から、子どもがこれまでに書いた作文や小テストなどが提供された。また、それぞれの授業後の反省会で、個別支援を行った協力者から、子どもたちの授業中の様子が報告された。内容は、授業中の子どもたちの行動やつぶやき、必要だった支援の内容、努力していた点や意欲を見せた点などである。教員が蓄積してきた資料と、今回の授業を通して把握された子どもたちの実態をもとに、次の授業で子どもたちが直面すると考えられる困難は何かが話し合われ、それをもとにワークシートの検討が行われた。

8.6. プロジェクトから始まったもの

8.4.から8.5.で述べたように、このプロジェクトでは、多くの人数が関わったにもかかわらず、メンバーが一体となって授業を運営でき、授業そのものもまとまりのある、子どもにとっても満足度の高いものとなった。そこで、このプロジェクトの試みについて、参加したメンバーからの感想をもとに、その意味や今後の発展の可能性について考えてみた。

8.6.1. 本プロジェクトの意味

協力者、教員、授業参観者から3回の授業を終えた後、次のような感想が寄せられた(資料2)。

資料2　プロジェクトメンバーの感想①

学習参加に関して
・内気な子ではじめは発話が少なかったが、協力者との会話から、自然にお店の人にも話しかけ、質問もできるようになった。
・自分の得た知識を友だちに説明するために、絵を描いたり、手で大きさを示したり、子ども自身が工夫をしていた。
・文章を書いてまとめることにより、内容が十分理解できていたので(普段はおとなしくて発言できない子だが)皆の前で発表することができた。
・担当する「自分の仕事(水草、水槽など)」について、自分がグループの第一人者であるという責任を持って学習していたようだ。想定外の質問にも自分の得た知識を総動員して答えようとする姿が見られた。

日本語の学習に関して
・担任が「こんなに彼は話すんですね」と驚いていた。ことばに自信が持てないときは、1対1のほうがよいと思う。
・協力者が個別で支援したから、書きことばがあれだけ広がったのだと思う。ひとりではとても見きれない。
・個別に対応することで、児童の思いを聞き、確認しながら自分にぴったりくる日本語表現を獲得できるので有意義だと思いました。
・他の子どもの日本語の使い方を聞いていて、(協力者がどんなに指導しようとしても直さなかったのに)発表の時には自分で修正をしていた。グループで学ぶ良さだと思われる。

これらの感想から、協力者が、この取り組みを通して学び得たことは、次の2つに整理することができる。

・学校、研究者、協力者が集まり、意見を交換することはとても重要なことだと思う。思いもよらない立場の違いや、環境を理解することにより、子どもにとってよりよい支援を探ることができる。
・(情報交換という形ではなく)支援を必要としている子どもたちを前に、現場の教員の方々と協働できたことはとてもよい刺激になった。

協力者である自分とは異なる立場で外国の子どもたちの教育に関わっている人の視点を理解できたことを挙げ、それが今後につながるという思いを持ったようである。
　一方、国際学級担当教員からは次のような感想が述べられた(資料3)。

資料3　プロジェクトメンバーの感想②

　通級児童の学級担任の要望なども担当者を通して伝えることができ、多少なりとも学級担任の要望を加味した日本語指導についても考える機会ができた。…今回の共同研究を通して、一般の教職員の中で、学校全体での日本語指導等協力者の役割も以前より理解されてきたように思う。

教員も、協力者同様、相互理解や、日本語指導についての検討の機会になったことを評価している。両者とも、引き続きJSLカリキュラムには関心をもっており、それぞれの支援場面でその考え方を参考に授業を進めている。教員にのみ見られる感想に、校内では一部の担当者の課題となり、全体で共有されにくかった国際学級への理解が得られたという点がある。このプロジェクトが、川崎市の総合教育センターという公的機関が関わったものであったことや、学校の公開研究会の中に位置づけられたことなどが、こうした作用をもたらしたと思われる。

協力者も教員も、このプロジェクトについては、違う立場の人間が集まって授業をつくり上げる経緯そのものが有意義であったと感じている。ひとりの子どもを支援する個人個人が、横のつながりをもつことで、子どもたちのために「できること」が広がっていくという感じをもったようである。そのためには、今回の授業づくりの過程に見られたように、支援に関わる者同士が、互いをパートナーとして尊重しあい、協力する関係を作り上げていくことだろう。

8.6.2. 子どもたちを「共に支える」体制の確立に向けて

今回のプロジェクトを通して、学校、協力者、センターの三者が互いにパートナーとして子どもを支えていくことの大切さが改めて感じられた。プロジェクト終了後も、学校と協力者、学校とセンター、センターと協力者の連携は様々な形で強化されている。特に、学校側が協力者やセンターの経験などをリソースとして生かしていこうとする取り組みが積極的になされている。協力者を積極的に教室に迎え、その経験や知識を日本人の子どもへの教育場面でも取り入れていこうとする取り組みが多く見られるようになった。これらの活動は、国際理解教育の一環として位置づけられ、日本人児童生徒に、自分の身近にいる異文化背景をもつ友だちとの関係を改めて考えさせるものとなっている。それが、結果的には、外国人児童生徒を支えることにもつながっている[4]。また、国際学級担当教員の協議会に相談員が参加したり、協力者の勉強会に教員が参加したりするなど、問題を共有し意見を交換する場を広げている。さらに、こうしたネットワークをもとに、川崎市総合教育センターが中心となって、外国人児童生徒への支援・教育の実態(誰が、どんなことをしているのか)と、必要な体制(何が必要なのか)を示そうと考えている。そして、子どもたちを支えるためのパートナーとして、学校

(教員)、日本語指導協力者、総合教育センターの、三者の関係を明確にしていく予定である。

所感

　「JSL」と「協働」という二兎を追ったようなプロジェクトでしたが、「JSL」をネタにして立場の違う三者が一緒に子どものことを考える場をもった、というのが実際のところではないでしょうか。

　これまで、お互いに子どものことを考えているのに、意見がぶつかってしまうとき「立場が違うから」というのが、万能の幕引きの一言になっていました。今回は、「授業をする」というゴールを設定したので、なんとしてもそれを越えていかなければなりませんでした。授業作りの過程で、「なぜわかってくれないんだろう」とイライラする場面が、それぞれにあっただろうと思います。しかし、立場の違いも、信念の違いも、違いは違いとして理解し、どこまでなら皆で納得して行動することができるかを探っていきました。やはり、支援を必要としている子どもが目の前にいること、同じような話題でも繰り返し意見交換を行ったことが、それを可能にしたのだと思います。

　目の前にゴールがなくてもこうした関係を作り、それを維持していける環境を作ることが次のステップとして必要です。うまくいっていることも、失敗したことも、どんどん周りに伝えていき、情報を循環させることが、直接子どもの支援に関わらない巡回相談員である私にできることなのではないかと考えています。

　今回の実践はＡ小学校の協力なしにはできないものでした。研究会の度に議論が白熱し、予定時間を1時間オーバーすることが当たり前になってしまう我々を毎回快く迎えてくださったＡ小学校の皆様に改めてお礼を申し上げます。

　本原稿執筆中に、ともに実践を行った協力者の林恵美子さんが他界されました。訃報を聞いて集まった中には、指導を受けた子どもやその保護者を初め、これまで林さんが指導してきた子どもたちの学校の先生方も多く、常に周囲の人々の必要とすることを熱意を持ってしてこられた林さんのすばらしさを感じました。心よりご冥福をお祈りいたします。

引用・参考文献

秋田喜代美(2000)『子どもをはぐくむ授業づくり　知の創造へ』岩波書店

Chamot, A.U & O'Mally, J. M.(1994) *The CALLA Handbook.*, Addison: Wesley Publishing Company.

Cummins, J & Swain, M(1986) *Bilingualism in Education.*, Longman

川崎市(2005)『川崎市多文化共生社会推進指針—共に生きる地域社会をめざして』

川崎市総合教育センター(2006a)『平成17年度　海外帰国・外国籍児童生徒数調査報告書』

川崎市総合教育センター(2006b)『平成17年度　海外帰国・外国人児童生徒教育指導の手引き』

川崎市立A小学校(2004)『A小学校公開授業研究会　学習活動案』

川崎市立B中学校(2006)『帰国・外国人生徒と共に進める教育の国際化推進地域研究報告会　学習指導案』

文部科学省(2003)『学校教育におけるJSLカリキュラムの開発について(小学校編)最終報告書』

齋藤ひろみ(2001)「『学習』を支える日本語能力の育成に向けて」『世界を開く教育』23

佐藤郡衛・齋藤ひろみ・高木光太郎(2005)『小学校JSLカリキュラム「解説」』スリーエーネットワーク

Snow, M.A. & Brinton, D.M. (1997) *The Content-Based Classroom.*, Longman.

Swain, M. (2000)The output hypothesis and beyond: Mediating acquisition through collaborative dialogue. In Lantolf, J.P. (Ed.) *Sociocultural Theory and Second Language Learning.* Oxford: Oxford University Press.

東京学芸大学国際教育センター(2005)『外国人児童生徒の日本語及び教科学習に関する研究プロジェクト報告書　実践者と研究者の「協働」による実践・研究の試み』

Rogoff, B & Toma, C (1997) Shared Thinking: Community and Institutional Variations, *Discourse Processes vol.23-3.* pp.471–497

Verplaetse, L. (2000) Mr. Wonder-full: Portrait of a Dialogic Teacher. In Hall, K. & Verplaetse, L. (Ed.) *Second and Foreign Language Learning Through Classroom Interaction.* pp221–241., Lawrence Erlbaum Associates.

注

1　川崎市では、統計では「外国籍児童生徒」、それ以外の場合は「外国人児童生徒」という表現を使っている。

2　2006年度は、外国人児童生徒の多い小学校2校中学校1校、帰国児童生徒の多い小学校2校に国際語学級が設置されている。

3　本書第3章、および文部科学省「学校教育におけるJSLカリキュラムの開発について(小学校編)」最終報告書(2003年7月)を参照のこと。

4　市内B中学校の複数の外国人生徒が在籍するクラスの学級活動「学級のみんなで考える時間」の一環として、「日本語学級ってなんだろう」という授業が行われた。この授業では、外国人生徒にとって日本語や日本語で受ける授業がどのようなものか、何が難しいのか、協力者を招いて話を聞いている。

学びをつくるしかけ5―学習支援ネットワークをつくる

　川崎市は、外国人の教育に対して行政を中心に一早く取り組んできた。1986年に「在日外国人教育基本方針」を制定し、98年には「多文化共生」という視点から改訂を行い、子どもの学習支援も積極的に行っている。川崎市の取り組みの特徴は、行政が地域の特性を上手に取り込んでいる点にある。川崎市は、在日韓国・朝鮮人や、海外から帰国した子どもの教育などに早くから取り組んでおり、その成果をふまえることが可能であった。特に、在日外国人の支援グループ、海外から帰国した母親のボランティアグループ、語学ボランティア等々、多様なボランティアが川崎市の学校教育と関わり、自主的な活動を展開し、こうした取り組みが学校の活動を活性化させている。また、川崎市の取り組みで忘れてはならないのは、川崎市総合教育センターの指導主事の役割である。帰国児童生徒教育や外国人児童生徒教育を担当する指導主事が、行政の上意下達式の系ではなく、多様なボランティアとのリンクを図ろうとしてきたのである。担当の指導主事が、行政とボランティアとをつなぐコーディネーターとしての役割を担っている。

　ここで報告している実践は、こうした指導主事がコーディネーターをつとめ、教員、日本語巡回指導員、日本語指導等協力者などの協働の取り組みである。特に、「日常的な会話が大丈夫でも、教科の学習についていけない子どもたちを対するJSLカリキュラムの実践」の報告である。ここで注目したいのは、教員、日本語巡回指導員、日本語指導等協力者が目の前の子どもの実態から、話し合いを通して課題を明確にして、実践を展開する姿である。しかも、指導主事がそうした場を上手に設定している。これまでも、学習支援のボランティアは多くみられるが、教員とボランティアの役割を固定し、教員ができない部分を補完することがボランティアの仕事であったように思う。菅原雅枝氏が報告している取り組みは、共同作業の場と対話であり、共通の課題解決に向けた不断の相互の関わりである。

　最後に、菅原氏は「立場の違いも、信念の違いも、違いは違いとして理解し、どこまでなら皆で納得して行動できるかを探った」と感想を述べている。学習支援は、こうした人間関係を構築していくことで、初めて機能するように思える。ボランティアが学校と関わっていくことにより、それまでの学校の固定的な枠組みが揺らぎ、開かれた関係をつくることを可能にしている。私たちは、教室内にとどまらずにこうした支援のネットワー

クをどのようにつくりあげるかについてここから学ぶことができる。

(佐藤郡衛)

第9章　日本語習得と人材育成の場として
　　　　――大泉国際教育技術普及センターの親子日本語教室

神田外語大学　拝野寿美子

　群馬県大泉町は、全国一の外国人住民の集住率で知られている。ここでは、大泉町で行われたNPO大泉国際教育技術普及センター(以下、NPO)の運営による「親子日本語教室」(文化庁委託事業)の実践とその成果を報告する。この教室は、親子二世代の「実用的な日本語の習得」を目標に置くとともに、次世代の教育支援者を育成する場として活用されている点が特徴的である。筆者は、2年度にわたりこの「親子日本語教室」の講師をつとめた。その経験もふまえ、この日本語教室についてみていくことにしたい。

9.1. 外国籍住民比率全国一の大泉町
9.1.1. 大泉町の概況
　大泉町周辺には、自動車メーカー大手1社と家電メーカー大手1社及びその下請け会社が広がる企業城下町である。企業はそれまで労働力不足をアジア系労働者で補ってきたが、1990年6月の改正入管法の施行を機に、就労に制限のない南米日系人(主にブラジル人)を雇用するようになった。彼らは行政と企業経営者で組織された「東毛地区雇用安定促進協議会」によって直接雇用され、住居だけでなく、備え付けの冷蔵庫に1週間分の食料が用意されるほどの厚待遇で迎えられた。ブラジル人は、社会保険が適用される事業所で働いても、契約上は短期雇用のため社会保険に未加入のケースが多い。このため、町は国民健康保険の加入を国に先駆けて推進し、公営住宅への入居も認めた。1991年には町の広報誌のポルトガル語版が作成され、相談窓口や外国人登録窓口にはバイリンガルの職員が配置された。町立の小中

学校では校内標示のポルトガル語併記、保護者への配布物の翻訳、日本語学級の開設など、共生にむけた取り組みがいち早く行われた[1]。企業だけでなく、行政も含め町をあげてブラジル人を歓迎したのである。以降、町内のブラジル人人口は現在も増加傾向にある。図1は大泉町のブラジル人人口の推移を表したものである。

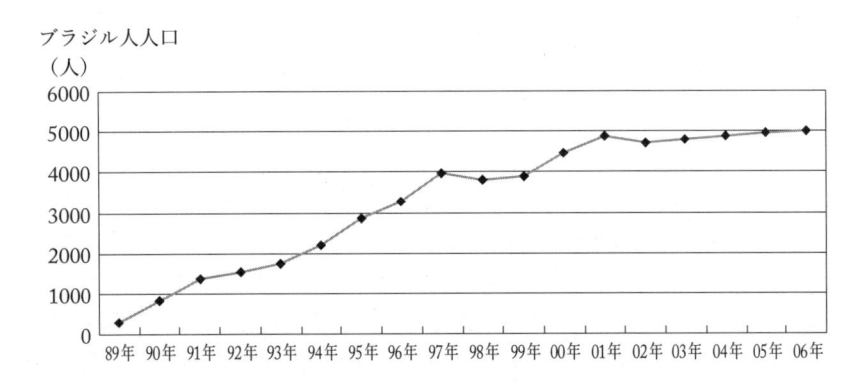

図1　大泉町のブラジル国籍外国人登録者数
出所：大泉町役場提供の資料より作成。2006年のデータは1月末日現在のもの。他は全て各年12月31日現在のデータ。

入管法改正から16年が経過した現在、総人口42,393人の大泉町では人口の16.0%(6,775人)を外国籍住民が占めている。その74%がブラジル人で、全人口の11.8%(4,993人)にあたる(2006年1月現在)。

9.1.2. 共生による町の活性化をめざして

ブラジル人人口の拡大にともない、エスニック・ビジネスも発達し、ブラジル人は日本人と接触しなくても生活できる環境が整っていった。後述する日本語教師の発言「ブラジル人の子どもの日本語習得にかかる時間が長くなった」には、このような背景がある。

また、ブラジル人住民が増加するにつれ、地域住民との摩擦が次第に現れるようになってきた。地域住民は、行政区(町内会)費の不払い、ゴミ出し規則の不徹底や騒音などにより、ブラジル人に対する態度を硬化させていった。

外国籍住民に対するネガティブな住民感情の一方で、ブラジル人集住地と

いう特徴を町の観光の目玉にしようという動きもある。2002年に、スポンサーからの資金不足や警備の難しさから中止された町の祭りでのサンバパレードは、2007年には大泉町商工会議所が主催する祭りで、異なる形で復活した。行政や地域コミュニティが、南米の人たちとの共生の道を再び模索し始めている。

1994年12月から、2006年1月までの町の人口をみると、日本人の住民が約3,000人減少しているのに対し、外国籍住民は3,700人増加している。ゆるやかな過疎化をたどる町を支えているのは、ブラジル人をはじめとする外国籍住民である。そのように考えると、次世代を担う外国籍の子どもたちの教育は、町の重要な課題であるといえよう。

9.2. 大泉町における教育支援の内容

9.2.1. 学校での支援

大泉町では、1990年10月から7つの町立小中学校に「日本語学級」を設置し、日本語とポルトガル語のバイリンガルの指導助手を配置した。また、12月には県教育委員会から日本語担当の加配教員も配置された。1992年には、町の全小中学校に日本語を担当する教員が配属されることになった。この加配教員は2-3年で異動となるが、外国籍の子どもの在籍学級で教科の授業を支援することもある。また、指導助手は日本語学級における教育支援のほか、子どもや保護者と教師間の通訳、保護者への文書の翻訳、家庭の相談相手といった多くの役割を担っている。教員免許の取得は義務付けられていないが、母国の教員免許をもっている者もいる。また、学校では保護者向け配布文書の翻訳例をホームページに掲載して自由にアクセスできるようにするなど、先駆的な取り組みで全国の模範ともなった。現在では在籍学級での母語による教育支援も行っている。2003年4月には外国籍の子どもが多い一部の小学校に、母語や日本語、授業の補習、進路・生活相談を目的とした教育相談室が開設された[2]。

各学校でも、ブラジルをテーマとした国際理解教育が行われてきたほか、子どもの自主的な取り組みもなされている。たとえば、全校生徒280人のうち30人が外国籍であるというA中学校の文化祭(2003年10月)では、30人の日本人生徒が「ブラジル」を演目のテーマに選び、カポエイラ(ブラジル北東部の武術)を披露したり、地域のブラジル人の活動を紹介するビデオ

上映を行ったりした。このグループは、文化祭でブラジル文化を他の生徒や保護者に紹介するため、2ヶ月前からカポエイラやブラジルの楽器の練習に励み、地域のブラジリアンショップに足を運んで情報を収集し、当日を迎えたという[3]。日本人生徒によるこうした自主的な取り組みは、行政や教師による教育支援とは異なる意義があるのではないだろうか。

この他、群馬県と群馬大学が主体となった「多文化共生研究プロジェクト」では、大泉町と隣接市の外国籍児童・生徒と群馬大学の学生との交流、ポルトガル語による日本の高校への進学ガイドブックの作成、ブラジル人学校に通う子どもたちへの無料健康診断などが行われている。

9.2.2. 日本語学級

2003年1月1日現在、小学校4校と中学校3校で合わせて288名の外国籍児童生徒が学んでいる。そのうち日本語学習を必要とする子どもは123名である[4]。小中学校の日本語学級で使用する教材は、独自に開発されている[5]。日本語の授業は4段階に分かれており、教師が子どものレベルに応じてステップアップしていく。日本語が全くわからない子どもには、毎日1回1時間、取り出しで授業を行っている。

インタビューした日本語教室担当教師によると、「1年から2年にわたる取り出し授業で学校生活に必要な日本語はマスターできるが、授業についていくには不十分であり、なかには小学校4、5年生で来日した子どもの取り出し授業が、中学2年生ごろまで続く場合もある。最近、子どもの日本語の習得に以前より時間がかかるようになった」そうである。これは、ポルトガル語だけで生活できる環境が整い、日本語を習得する動機が弱まったためと思われる[6]。このような現状を打ち破るために、教師も様々な工夫を行っている。「授業の終わりには漢字の宿題を毎回出し、次回はその漢字のテストをする。そのテストができてはじめて次に進めるシステムにしたら、みんな宿題をやってくるようになった。授業参観も平日に行っていたときは保護者の参加が少なかったが、土曜日にしたら参加者が増え、中には父母がそろって来てくれることもある」という。いかに授業にひきつけるか、学習進度をあげるかに教師はつねに気を配っている。

また、日本語教室担当教師は外国籍の子どもとの接点が多いため、進路の相談を受けることがあるそうだが、中学校進学時に学校を辞める子どもが多いという[7]。「小学校の卒業生で中学校に行かずアルバイトをしている子や、

近所の子どもの面倒をみて小遣い稼ぎをしている子もいる。大泉町の中学校を卒業して日本の高校に入った子もいるが[8]、日本の大学に行ったという話はまだ聞かない。中卒で就職する場合は地元企業が多い」とのことである。中学校になると教科内容も難しくなるし、制服をそろえるなどの費用がかかるため、中学校入学の年に帰国予定がある子どもに対しては、日本の中学への進学を無理には勧めないこともあるという。普段から子どもやその家族と接触していて家庭の事情がわかっているだけに、そのような対応をとらざるを得ないのだろう。

　実際の日本語学級はどのように展開されているのだろうか。授業はレベル毎に少人数で行われ、会話や漢字、作文の学習に取り組んでいる。日本語では教師の説明が理解できない子どもの横で、指導助手がポルトガル語で説明する。筆者が参観した日、黒板に書かれていたのは「今日、朝ごはんを食べてきましたか」という文章である。「日本語で『朝ごはん』という時は、それが米飯ではなくパンでも『朝ごはん』と言います」との教師の説明を受け、指導助手はそれをポルトガル語で説明する。この授業についていた指導助手は、子どもたちに「『朝ごはん』はポルトガル語の café da manhã（日本語に直訳すると『朝のコーヒー』となる）。「ごはん」とありますがお米でなくてもいいのです。パンでもコーヒー1杯でも『朝ごはん』となります」とポルトガル語で説明した。コーヒーを1杯飲んだだけで「朝ごはんを食べた」というだろうかと疑問には思ったが、このようなちょっとしたニュアンスの違いは、日本人の子どもたちとの学校生活の中で「発見」を繰り返しながら修正していけるのだろう。

9.2.3. 外国籍住民が自由に参加できる日本語講座

　日本語の教育支援は、外国籍の子どもたちを対象に学校で行われているだけではない。大泉国際交流協会では現在、通年コース、定期コースの日本語講座を開いている。通年コースは日曜日の午前中と月曜日の夕方それぞれ1時間30分の授業で、町の公民館で開催され、1回100円で受講できる。定期コースは1サイクル3ヶ月で、年に3回開講される。平日夜間1時間半の講座で、社会福祉会館や図書館で行われる。テキスト代として2,000円を徴収している[9]。このほか、本章で言及するNPO主催の親子日本語教室も重要な日本語の教育支援の場となっている。

9.3. 親子日本語教室

9.3.1. 親子日本語教室の概要

　この教室は、文化庁の日本語教育支援事業である「学校の余裕教室等を活用した親子参加型の日本語教室」である。2004年度と2005年度に、それぞれ30回ずつ実施された。それまでこの制度の主たる対象は地方自治体であったが、2004年度に初めてNPO法人に対しても委嘱の対象範囲が広げられた。この事業を活用し、2004年8月から2005年3月まで第1回親子日本語教室が実施された。

　第1回親子日本語教室は、火曜日の夜と日曜日の午前に各2時間、それぞれ隔週で開催された。親世代の平日の残業や休日出勤、交代勤務などを考えての設定だったが、一定の場所を確保するのが難しく、開催場所が曜日や時期によって異なっていたため、受講者がなかなか定着しなかった。前年度の反省を踏まえ、2005年8月から2006年3月まで行われた第2回親子日本語教室では、毎週火曜日の19時から21時まで町立文化施設で開催した。受講者は近隣に住む在日ブラジル人を中心に50名から60名集まり、その大半がほぼ毎回出席した。

　第2回親子日本語教室では、「実用的な日本語の習得」を目標に掲げ、多様なレベルに分かれて学習が行われた。具体的には、大人の部が「初級者向け」「中級者向け」の2クラス、子どもの部は「幼児」「初級者」「児童・初級者」におおまかに分けられたが、子どもたちの間でも日本語レベルの差が大きいため、「児童・初級者」に関しては、レベルに応じてさらに2つのグループに分けられた。また、受講生の要望を聞き入れる形で日本語能力試験受験グループも新設された。このグループでは、2005年12月4日に実施された日本語能力試験にむけて受験級ごとに講師が配置され、合格をめざした具体的な学習が行われた。

　細かいクラス分けのほか、もう1つの新しい取り組みとしてあげられるのが、10回の授業ごとに行われた小テストである。このテストは、受講者及び講師が学習進度を確認するためのもので、2006年3月の終了までに合計

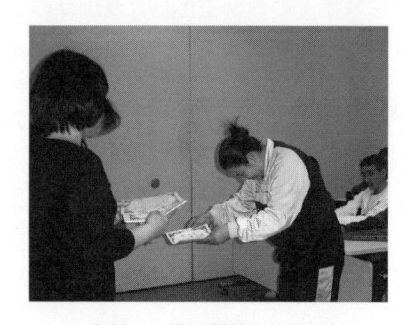

資料1　修了証授与の様子

3回行われた。受講者の大半が受験し、おおむね好評であった。
　また、受講者のモチベーションを高める一助として、最終回までに7割の授業に参加した者を対象に、修了証が交付された(資料1参照)。

9.3.2. 講師陣
　教室の運営は、NPOの活動を支えるMさん(NPOの理事長Sさんの三女)、大泉町にあるブラジル人学校A校の校長Tさん(同長女)のほか、A校で日本語を教えるNさん、A校の事務長Hさんが中心的役割を担っている。Mさんは、A校の運営主体である通訳・翻訳・人材紹介会社に務めており、通訳・翻訳を手がける。Tさん、Mさんはともに日本の国籍を持つが、ブラジル生まれで二人ともブラジルの学校と日本語の教室に同時に通いながら育った。また、Hさんは、1991年に就労目的で来日した当初は日本語が全くわからなかったそうだが、2001年日本語能力試験1級に合格し、現在は日本に帰化している。日本語教師のNさんは、家族が日本人向けの学習塾を経営している関係で地域の学校関係者との交流があり、日本の高校や大学の進学情報などにも精通している。このように、教室運営の中心者は日本語とポルトガル語のバイリンガルが多く、日本の学校制度、受験制度を熟知している者もいる。子どもの受講者とっては、日本の社会の情報提供者であり、時には「助っ人」、時には目標とすべき手本のような存在でもある。
　この他、日本語能力試験の1級をすでに取得しているA校のポルトガル語コースに通うブラジル人の高校生が講師の補助を行っている。他にも、隣接県の日本の中学校教師、A校に見学に来た日本人大学生や研究者など講師陣は多彩である。A校関係者以外の講師は、TさんやSさんと交流を持つ人が大半であり、両者の日本における人的交流によって補われている。大泉国際交流協会の日本語講座担当講師の中には、この教室の講師を兼任している人もいた。

9.3.3. 受講者
　子どもの部には、ブラジル人学校の子どもの他、日本の公立学校に通いながら日本語の能力試験を受験する目的で学習に参加する子どももいる。大人の部は、地元企業に勤めるブラジル人が主流だが、中にはコロンビア人もいる。教室では、日本人講師の説明を受けたブラジル人受講者がコロンビア人

受講者にポルトニョール(ポルトガル語とスペイン語のミックス)で伝達するといった場面もみられた。A校のブラジル人教師、就労したばかりの15歳のブラジル人青年、日本に帰化したブラジル出身者など、受講者の年齢層は広く社会的背景も多様であった。

9.3.4. 親子日本語教室受講を奨励するA校

　この教室には、ブラジル人学校A校の全日制に通う子どもが多い。大泉町や隣接する太田市には、ブラジル教育省から認可をうけた5校のブラジル人学校がある。学校によって設置課程は異なるが、就学前から後期中等教育課程まで幅広い年齢層の子どもたちが就学している。この地域のブラジル人学校の中で、特に日本語や日本文化の学習に重点を置いているのがA校である。A校は、1996年、ブラジル人の子どもを対象としたポルトガル語塾として開設された。2002年には本格的なブラジルのカリキュラムに則した授業を展開し始め、2003年、ブラジル教育省より認可を受けた。

　A校は、義務教育で8年制[10]の初等教育課程の他、就学前教育課程、ポルトガル語コースを設置している。また、通常の授業の前後には、就学前及び初等教育課程低学年を対象に、延長保育も行っている。このほか、日曜日には大人向けの日本語コースも開いている。

　2006年3月現在の就学者数は140人(就学前40人、初等教育課程60人、ポルトガル語コース40人)である。初等教育課程のクラスは1年生1クラス、2年生1クラス、3-4年生1クラス、5-8年生1クラスとなっており、後者2クラスは複式学級である。

　教師は先に紹介した校長、事務長、日本語教師のほか、ブラジルの教員免許をもつクラス担任、体育教師(ブラジル人、元プロサッカー選手)、音楽教師、英語教師、カリキュラム編成や教師の研修を行う教育コーディネータがいる。

　ブラジルの教育法規にしたがったカリキュラムが組まれているが、先に紹介したように、日本語の習得と日本文化理解を重視している点が特徴である。就学前クラスは、週4日各1時間、初等教育課程1年生から4年生までの低学年では毎日1時間、5年生から8年生は週4日各1時間の日本語の授業がある。ブラジル人学校の日本語の平均的授業時数が週2時間から3時間であることからも、A校が日本語学習を重視していることがうかがえる。この他、地域の保育園や近隣の農家、隣接県の中学校との交流なども盛

んに行われている。

　就学する子どもたちの多くは、親の都合で帰国、再来日、国内転居、日本の学校との転出入を繰り返している。生活環境、教育環境がなかなか安定しない子どもたちは、自分の将来像を描ききれない。このような現実を踏まえ校長は、日本で就職する際に「資格」となる日本語習得の必要性を強調している。しかし、いくら他のブラジル人学校と比べ授業時数が多くても、子どもたちの日本語力がバラバラであるため、学校の一斉授業ではなかなか効果が上がらない。そこで、校長が中心になって運営することとなった親子日本語教室の受講を、子どもたちに勧めることとなったのである。

9.4. 親子日本語教室の効果と成果

　親子日本語教室は、日本語学習を進める場であると同時に、地域の外国籍住民の教育支援を担う人材育成の場でもあった。教室では講師補助として日本語が堪能なブラジル人青少年を採用した。講師補助となった青少年は、日本語を学ぶブラジル人の子どもたちのモデルという役割も担っている。日本語が上達することで自信を取り戻した子どももいる。さらには、親子で学ぶこと、地域で学ぶことによる効果、ブラジル人学校就学者の職業訓練の場となっているなどの効果もみられた。

9.4.1. 人材育成の場としての効果

　講師補助として採用したブラジル人生徒4名(開講当初3名)はA校のポルトガル語コース受講者で日本の高校に通っており、既に日本語能力試験1級に合格している。いずれも、日本の学校に通いながら親の教育方針でポルトガル語コースを受講し始めた。Tさんは、この4名を採用するにあたって、彼らを次世代を担う教育支援者として、またA校全日制就学者にとっての「モデル」として育成する狙いがあった。講師補助の経験は、彼らに今まで気づかなかった自分の可能性を発見させることにもなった。

　以下、この4人の声を紹介しよう。

— D(16歳、高校1年生、A校では6年生の教科を学習中)
　講師補助としての経験についてDは次のように語っている。
「初めての経験で『自分にできるのかなぁ…』と思ったんですけど、無事終

了して良かったです。人に何かを教えるのって難しいなぁとも思ったけど、覚えてくれた時には、他には味わえない、ちょっとした達成感がありました。生徒たち(受講生の子どもたち：筆者注)とも仲良くなれて、とても良かったです！！次回のプロジェクトに期待してます。」

　Dは、県で有数の進学校に通っている。5歳で来日し、一貫して日本の学校で学んできた。A校に通い始めたのは8歳のときで、最初はポルトガル語を学ぶことに積極的な意味を見出せず、受講を強いる親に反発さえ感じていた。友人は「みんな日本人です」という彼女は、この教室で先生としてブラジル人の子どもたちに日本語を教える中で、自分のポルトガル語習得にも意味があることを自覚するようになった。日本の大学で英米文学や国際コミュニケーションを学びたいという希望をもっている。日本で「話せる言語を活かせる職業に就きたい」、「大使館員に憧れる」とのキャリア志向をもっている。ちなみに、Dの母親は、この教室の大人の部の受講生である。

―E(16歳、高校1年生、A校では7年生の教科を学習中)
　Eは講師補助としての経験について、
「子ども達に日本語を教えるのは思ったよりむずかしくて大変だったけど、良い経験ができたと思います」
と感想を述べている。地元の公立工業高校に通うEは、10歳で来日して以降日本の学校で学び続け、来日と同時にA校にも通い始めている。日本の大学への進学を希望しており、将来は「ポルトガル語と日本語を活かせる職業につく事」が夢だという。

―F(17歳、高校2年生、A校では6年生の教科を学習中)
　Fは10歳で来日して以来、日本の学校に通っている。現在は公立工業高校2年生で、A校には15歳の時に通い始めた。当初は高校を卒業したら地元で就職したいと考えていたが、第1回親子日本語教室で講師補助を任されたことで「先生もいいな」と思うようになり、それまで考えていなかった日本での大学進学を考えるようになった。この日本語教室を通して受験勉強をサポートしてくれる日本人と出会うこともできた。日本語講師としての経験についてFは筆者の質問に次のように答えてくれた。
　　　筆者　「先生としての経験はどうだった？」

F　　「良い機会となった。次回もお手伝いしたい」
　筆者　「でも自分が(大学)受験生になるのだから、それどころじゃないのでは？」
　F　　「大丈夫。やれる」

　自身にとって大学受験という大切な時期を迎えてもなお、次回の日本語教室での手伝いを申し出る言葉には、教師になりたいという目標を与えてくれた教室への強い思い入れが感じられる。

― G (16歳、高校1年生、A校では6年生の教科を学習中)
　Gは12月まで「日本語能力試験1級」の受験を目指す受講者であった。合格してから教室が終わるまでの最後の数回、講師補助として「教わる側」から「教える側」になった。6歳での来日以来一貫して日本の学校に通っており、10歳からA校でポルトガル語を学んでいる。現在私立高校1年生で、将来は日本で大学に進学し、日本語とポルトガル語を活かせる仕事をしたいと思っている。講師補助の経験については、

　　「初めて人に教えて良い経験になったと思います。これからもこういう機会があったらやりたいと思いました」

と感想を述べている。

　自分たちと同じ道をたどってきているブラジル人の年下の子どもたちに、ポルトガル語を使い、文法などを説明するために簡単な日本語を選びながら日本語を「教える」ことが、彼らにとって大きな刺激となっている。家庭ではポルトガル語が中心だが、友人はほとんどが日本人であり、自分を表現するためにはポルトガル語よりも日本語を選び、学習進度や評価も日本語力に左右されている。彼らにとってポルトガル語の学習は「親が行けというから」という消極的動機によるものだった。つまり、後輩たちの「モデル」として期待される彼ら自身は、それまで身につけてきたポルトガル語や日本語を「役に立つもの」とは自覚していなかった。しかし、講師補助としての経験を通し、日本語とポルトガル語を使いこなせることは職業を選択する際の「売り」であり、そうした資質が自分達にとってプラスに働くということに気づくようになったのである。

9.4.2. 日本語習得の効果と成果

　第2回親子日本語教室は、新しい取り組みとして日本語能力試験を受験するためのグループを作った。受験級グループごとに1人のほか、場合によってはグループ内においても学習進度に応じて講師(補助)がつけられた。日本語能力試験の受験は、この教室の「実用的な日本語の学習」という目的に合致するだけでなく、A校の日本語教育の大きな目標の1つともなっている。日本語能力試験は日本で就職する際に履歴書に書ける資格であり、また日本の高校受験に際しても自分をアピールするための道具となり得るからである。

　教室での個別指導体制によって、受講者の「日本語能力試験」受験者は以前より増加した。2005年12月に行われた「日本語能力試験」では、4級受験者5名のうち4名(受験者：A校教師1名、A校全日制就学者4名)、2級受験者2名のうち2名(受験者：1名はA校全日制就学者)、1級受験者2名のうち2名(受験者1名はA校ポルトガル語コース受講者)が合格した。1級に合格したGは、受講生ではなく「講師補助」として教える側に立場を変えた。

　日本の学校に通うA校のポルトガル語コース受講者とは異なり、ポルトガル語で生活を完結させることが可能な子どもたちもいる。ブラジル人学校就学者を中心とするそのような子どもたちには、日本語学習の動機づけをするのは容易ではない。日本語能力試験合格という具体的な目標を設定し、仲間とともに切磋琢磨しながら勉強に励むことが学習の動機付けになったIは、その好例である。A校の初等教育課程を卒業したらすぐにブラジルに帰国し、医学部に進学したいといっていたIは、何度も校長に促され、しぶしぶ日本語教室に通っていた。他の受験者が全員4級に合格する中、Iは残念ながら不合格だった。一時は落ち込んだものの、悔しさをバネにIは「来年は3級にレベルアップして受験する」ことを決意し、早速漢字学習に取り組み始め、日本語教室の再開を校長に直談判するまでになった。

　この日本語教室は、当然、「日本語力」がクラス分けの基準となる。日本の学校に長く就学していた子どもがブラジル人学校に転校した場合、ポルトガル語力で編入する学年が決められるため、年齢より低い学年への編入を余儀なくされる。A校全日制5年生(通常は11歳で履習)のR(15歳)もその1人である。この日本語教室で、RはA校での立場を逆転し、能力の高いグループで学習を進めることになった。小学2年生から中学2年生まで

日本の学校に通った後A校に転入した彼は、日本の学校でもブラジル人学校でも「劣位」に置かれる場面が多かった。日本語教室では日本語力で自分が「優位」に立てることを知り、それがさらなる努力を生み出す結果となった。合格を目指して学習を進める中、彼は「英語も習得して3ヶ国語の通訳になりたい」という夢を語り始めた。日本の学校でダメージを受けた彼はA校に入学した当初は人とろくに口もきかなかったという。しかし、校長をはじめ学校関係者の努力や日本語が武器になるという自信から、A校に国会議員やブラジル大使が訪問した際は日本語で歓迎の挨拶を行い、日本語ができるRとしてその存在をアピールするまでに成長した。

この日本語教室では、親と子どもが一緒に学ぶことによる効果もみられる。数少ない「実の親子」の参加者の中で、親子がともに学ぶことによる効果が目に見えてあらわれたケースもある。先に紹介した日本語能力試験合格者には「親」も1人含まれているが、彼女の息子たちもこの教室に通い、母親と机を並べて日本語学習に取り組んだ。彼女は、日本の学校に通う小学生の息子たちとの間にコミュニケーションギャップが生じないように、また、親の学ぶ姿勢を子どもたちに示すことで、家庭内での教育的効果をあげるという目的で受講し続け、見事に合格した。親が受講者で、娘(D)が子どもたちに講師補助として日本語を教えているという親子もいた。このケースの場合、親は娘が母語を使いながら子どもたちに教える姿に感心して、彼女の日本の大学への進学希望に理解を示すようになった。娘は親が母語の継承に執着する理由を理解し、自身のバイリンガルとしての使命を自覚するなど、双方にとって好ましい状況が生まれた。

地域の関係者の理解を深めるという効果もあった。今回の教室は町立の文化施設を借りて開催したが、教室と同じ時間帯に文化施設を利用していた町民から、外国籍住民が放課後、あるいは仕事の後に日本語の習得を目指して努力している姿に対する好意的な声が寄せられた。また、講師として加わった日本人の教師や大学生、研究者なども受講者ひとりひとりと向き合うことで、外国籍住民が直面している生活上の問題や学校における問題などに対する理解を深め、継続的な教育支援の必要性を認識し、さらなる支援を申し出るようになったのである。

最後に、受講者へのアンケート[11]の結果から彼らにとっての日本語教室の位置づけをみていく。回答を寄せた18名のA校全日制就学者の受講者全員が、日本語の学習を継続したいと答えている。その理由(複数回答可)とし

て「日本で良い仕事を得るため」(12名)、「日本人とのコミュニケーションを良くするため」(10名)、「学校での日本語の科目で良い成績をとりたいため」(3名)があげられた。特に11歳以上の13名のうち12名が「日本で良い仕事を得るため」を選んでいる。この結果から、子どもたちにとってブラジル人学校に通っていることとブラジルに帰国することは直結していないこと、さらに、子どもたちはこの日本語教室を日本語習得という一種の職業訓練の場として位置づけていることがわかる。子どもたちの多くは「日本に住み続けることになるのかもしれない」と思っている。日本に住み続けることは、日本で働くことを意味する。働くならばより良い雇用先を得たい、そのためには日本語の習得が重要であると認識している。ブラジルへの帰国を希望する子どもたちも、もしブラジルで失業したり生活に困ったりしたら「日本に戻る」と語っている(拝野)。治安が良く、職種を選ばなければ収入を得る道が確保されている日本は「安全地帯」になっているのである。ブラジル人学校に通う子どもは、学校での日本語習得には限界があるため、日本における職業選択の幅は限られており、「日本で働くのであれば工場労働である」と自覚している。裏を返せば、その選択肢のなさが子どもたちに「ブラジルでのキャリア」を夢見させているとも考えられる。

　帰国を自分のキャリアアップの前提としていたIは、講師からの度重なる激励により、母語であるポルトガル語に高い日本語力をプラスすることで、日本での将来に可能性が開けるかもしれないと思うようになった。現在では日本に住み続けたいという気持ちのほうが強くなっている。筆者はIに少しいじわるな質問を投げかけてみた。

　　　筆者　「日本に住み続けたいのであれば、日本の学校に通ったほうがいいのでは？」
　　　I　　「それではポルトガル語ができない。まずはポルトガル語が大事。その上で日本語を学ぶことが将来のためになる」
　と答えた。

　Iは自分がブラジル人であり、ポルトガル語を話すことができ、ブラジル人学校でポルトガル語を(で)学び続けるという権利を手放す気はない。Iには、二言語を習得することで自分を周囲と差異化させ、日本でよりよい仕事に就こうという上昇志向が芽生えた。社会的な上昇を目指すIにとって、日本は「安全地帯」以上の意味を持ちつつある。このように、この日本語教室は、A校就学者にとって学校では不十分な日本語教育を補強し、彼らの日

本における将来をより確かなものにするための、実質的な職業訓練の場としても機能している。

　文化庁の支援による親子日本語教室というプログラムは2005年度をもって終了した。NPOは、早速2006年度から開始された文化庁の「地域日本語支援事業『日本語教室設置運営』」助成プログラムに応募し、受理された。この応募は、親子日本語教室受講者からの「もう日本語教室は終わっちゃったの？」との声、日本語学習継続への意欲に後押しされたものである。NPOは、文化庁の支援を受けながら、数年後にこの日本語教室を現在育成中の「モデル」の手によって軌道に乗せることを新たな目標に掲げている[12]。

所感

　ブラジル人は日本に定住する傾向にあるといわれています。また、ブラジルの不安定な治安や高い失業率は回復する兆しを見せていないため、たとえ一度帰国しても再来日する可能性は高いと考えられます。子どもたちの「いざとなったら日本に戻る」という言葉からも、定住化・再来日傾向は今のところ変化しそうにありません。ここで1つ特徴的なのは、この定住化が特定の個人がずっと同じ町に住み続けるということを意味しない点です。定住化はあくまで統計上であって、個々人は入れ替わっているといわれています（梶田他）。入れ替わりの原因は国内転居であったり、帰国と再来日の繰り返しだったりします。2008年秋以降続く経済危機により、職を失い帰国する人も相次いでいる一方で、帰国できる状況にない人もいます。また、一度帰国して経済危機が収束するのを待ち、再度来日を計画するといった声も、エスニックメディアに掲載されています。特定の個人が腰を据えて日本に定住しているのであれば、教育支援が集中的に必要なのはある一時期と考えてもよいのですが、個々人が入れ替わっており帰国と再来日を繰り返している状況にあり、学齢期の在日ブラジル人の子どもたちに不就学・未就学が多いとなると、教育支援を打ち切ることができる時期は当分訪れそうにありません。しかも、大泉町の場合、冒頭でもみたように、過疎化を食い止めているのは外国籍住民の流入・定着です。つまり、外国籍住民に対する教育支援は町のエンパワーメントにダイレクトにつながるのです。そのように考えると、外国籍の子どもたちの日本でのよりよい就業機会につながる日本語学習を支援する取り組みは、大変重要であることがわかります。それと同時に、外国籍の子どもたちにとって手本となる人材の育成、次世代の教育支援を担う若者の育成も同時に進行させる必要があります。持続可能な教育支援は、まさにこのような人材育成にかかっているといっても過言ではないでしょう。親子日本語教室は外国籍住民の日本語習得への寄与もさることながら、地域の人材育成という課題にも向き合い、少なからず貢献しているのではないでしょうか。

引用・参考文献

糸井昌信(2004)「大泉町の外国人市民政策」駒井洋編『移民をめぐる自治体の政策と社会運動』明石書店 pp.69-93

梶田孝道・丹野清人・樋口直人(2005)『顔の見えない定住化―日系ブラジル人と国家・市場・移民ネットワーク』名古屋大学出版会

佐藤郡衛(2001)『国際理解教育―多文化共生社会の学校づくり』明石書店

中西晃・佐藤郡衛編(1995)『外国人児童・生徒教育への取り組み―学校共生の道』教育出版

野崎剛毅(2003)「補章　ブラジル人不就学者の生活と意識」小内透編著『在日ブラジル人の教育と保育―群馬県太田・大泉地区を事例として』明石書店 pp.139-154.

拝野寿美子(2006)「在日ブラジル人青少年の『日本での単純労働』観―ブラジル人学校就学者の事例を中心に」『移民研究年報』第 12 号 pp.109-129

注

1　町の外国籍住民のための具体的な政策については(糸井 2004)を参照のこと。

2　詳細については大泉町ホームページに掲載されている(http://www.town.oizumi.gunma.jp/kyoikuiinkai/tokushoku/fushugakutyousa.pdf)

3　*Jornal Tudo Bem*, de 11 a 17 de novembro de 2003.

4　大泉町教育委員会学校教育課資料より。

5　日本語授業の具体的取組や成果については(中西他 1995)を参照。算数に関しても外国人のための特別プログラムを用意している。詳細は(佐藤 2001: 179-181)を参照。

6　日本語を学ぶモチベーションが薄れているのは大人も同じことだが、日本語能力が雇用につながる現実は変わっていない(*Jornal Tudo Bem*, 13 a 19 de maio de 2003)。

7　後述するブラジル人学校 A 校にも小学校を終えて転校してきた子が複数いる。また、野崎も指摘するように中学進学が不就学の契機にもなっている(野崎 2003: 147)。

8　群馬県大泉町では、平成 16 年度末の公立中学校 3 年生のブラジル人生徒の進学率は 88％にのぼる(32 名中高校への進学者が 28 名(公立 13 名・私立 15 名)、就職 1 名、帰国 3 名。大泉町学校教育課担当者より)。

9　2008 年度は受講者のニーズに合わせ、開催曜日やレベルが更に充実した。テキスト代も 1000 円程度におさえられている。

10　ブラジルの教育改革を受け、在日ブラジル人学校も初等教育課程を現在の 8 年制から 9 年制に移行している(*International Press*, 4 de fevereiro de 2006)。

11　修了証授与式を兼ねた最終回で、「子どもの部」の参加者を対象に行ったアンケート。当日の「子どもの部」参加者は A 校就学者のみだったため、アンケートへの協力も A 校就学者に限られた。

12　NPO は 2007 年度、2008 年度も同支援事業の助成を受けている。08 年度はこれに加えて、文化庁が 2007 年度から設置した「『生活者としての外国人』のための日本語教

育事業」も受託し、文中のD～Gを中心とした日本語指導者養成にも取り組み始めている。これらの日本語教室設置事業などによる地域における多文化共生への取り組みが評価され、NPOは2008年度国際交流基金「地球市民賞」を受賞した。

学びをつくるしかけ6――自分の将来に学習を位置づける

　群馬県大泉町は、日系ブラジル人の集住地域として知られている。ブラジル人のコミュニティができ、日本語を使わなくても生活できるまでになっている。しかし、いざ、日本で職を得ようとすると日本語が必要になり、ブラジル人にとって日本語は、日本で生活していくには大きな壁になる。

　これまで、大泉町では外国人の子どもにさまざまな支援を行ってきたし、大人に対しても日本語講座などを開講してきた。最近では、滞在の長期化が進み、日本語を習得しない限り、勉強も仕事もできなくなる人たちが出てきているという。

　拝野寿美子氏は、自らも関わった「親子日本語教室」の実践を報告している。ここ大泉の「親子日本語教室」の特徴は、NPO法人が実施主体になっている点である。教室の運営にあたる中心人物は、2人ともブラジル生まれで、ブラジルで学校教育を受け、ブラジルで日本語教室に通った経験がある。そのうちの1人はここ大泉でブラジル人学校を経営している。

　ここで注目すべきことは、第10章で紹介される福岡の「よるとも会」の緩やかさとは逆に、「日本語能力試験の受験」というきわめて明確な目標設定をしている点である。これにはそれなりの理由がある。日系ブラジル人の子どもたちが「越境」を繰り返すことで、将来像を描ききれないという問題である。しかも、日本への定住化という傾向を重ね合わせると、日本での就職に「資格」になる日本語習得が必要だと考えたのである。しかも、ブラジル人学校の授業だけでは十分でないためこの「親子日本語教室」への参加も積極的に呼びかけたのである。

　拝野氏は、この教室の取り組みの成果として、日本語が堪能な中高校生を「講師」とすることで自信をつけさせるとともに、子どもたちの成長モデルになったことをあげている。さらに、日本語能力試験の受験という明確な目標設定をすることで、学習の方向性がはっきりし、学習意欲が向上している点も報告している。日本語能力試験の受験という目標が、まさにここ大泉で必要になっており、地域に応じた支援を示す格好の例であろう。

（佐藤郡衛）

第10章　地域で子どもの学習を
―香椎浜小学校親子日本語教室よるとも会

よるとも会スタッフ　垂見直樹

　木曜日の放課後、福岡市東区に位置する香椎浜(かしいはま)小学校の校舎の裏手から校内へ入ると、にぎやかな声に迎えられる。ここは、多様な文化的背景をもつ人々が日本語を学ぶ、親子日本語教室「よるとも会」である。ここ香椎浜小学校では、放課後の空き教室を利用して、毎週木曜日の放課後、午後18時30分から20時30分までの2時間、日本語教室が開かれている。

　教室を見渡すと、日本人スタッフとペアを組み、日本語を学ぶ多様な学習者の姿が見られる。学習者の年齢層はお年寄りから若者まで幅広い。かれらの国籍も非常に多様であり、思い思いに日本語を学習している。

　日本人スタッフも実に多様である。地域住民をはじめ日本語教師、高校生、大学生など様々な人々がここよるとも会のメンバーだ。

　この教室は、2003年の4月に開級し、2008年の現在6年目を迎えている。筆者は、開級の当初から日本人スタッフの一人としてこのよるとも会にかかわってきた。この章では、一人の日本人スタッフとしての視点から、福岡市における「親子日本語教室よるとも会」の取り組みを紹介したい。よるとも会と地域とのかかわり、学習者、日本人スタッフの声などを紹介しながら、文化的背景を異にする人々と、地域の日本人との共同の学びの場がよるとも会でどのようにつくられているのか、福岡からの報告をごらんいただきたい。

10.1. 香椎浜校区を取り巻く多文化化の概要

　よるとも会の取り組みについて紹介する前に、香椎浜小学校の位置する福岡市の多文化化の概況と、香椎浜校区、香椎浜小学校の現状について簡単に見ておきたい。

　表1を見ると、福岡県の外国人登録者数は増加傾向にあることがわかる。そのうち、福岡市の外国人登録者数は2007年9月末には、20,405人となっており、年次別の統計を見ると、漸増を続けている。国籍別の内訳は、中国が最も多く、続いて韓国または朝鮮、フィリピン、アメリカ、インドネシア、英国と続いている（表2）。

　香椎浜小学校の位置している福岡市東区の外国人登録者数は、6,103名となっており、福岡市全体のおよそ3割を占める。この数字は、福岡市7区のうちで最多となっている。その理由はいくつか考えられるが、東区には九州大学など多くの留学生を抱える大学が多数存在していることがその1つであるということができるだろう。

　福岡県あるいは福岡市も、外国人登録者数は増加の途を辿っており、多文化化傾向にあるということができる。このような動態の中、香椎浜校区は大きく多文化化の影響を受けている。留学生会館が近く、校区内に公営住宅を含む香椎浜団地では、中国帰国の人々や、留学生の家族が多く世帯を構えている。よるとも会は、この香椎浜団地で生まれた。日本の多文化化、福岡の多文化化という現象は、香椎浜団地に住む人々に、どのような影響を与えた

表1　福岡県における国籍別外国人登録者数の推移

年次	総数(人)	韓国又は朝鮮	中国	フィリピン	米国	英国	ペルー	ブラジル	その他
2001年	40,434	21,764	10,169	3,129	1,062	412	270	278	3,350
2002年	42,428	21,484	11,767	3,394	1,110	406	277	262	3,728
2003年	44,049	20,980	13,255	3,517	1,134	421	248	312	4,182
2004年	45,065	20,625	13,998	3,917	1,162	414	239	333	4,377
2005年	45,758	20,196	15,095	3,594	1,128	439	239	350	4,717

資料：福岡県庁ホームページをもとに作成
http://www.pref.fukuoka.lg.jp/uploaded/life/21/21260_63374_misc.xls
※表の数字は各年12月31日時点のもの

のだろうか。

表2　2005年〜2007年　福岡市国籍別外国人登録者数

年・月・区	総数	中国	韓国又は朝鮮	フィリピン	米国	インドネシア	英国	ネパール	その他
2005年	19,229	8,423	6,456	933	562	196	226	146	2,287
2006年	19,893	9,150	6,408	779	558	234	229	186	2,349
2007年	20,405	9,678	6,356	841	590	222	222	215	2,281
(7区の内訳)									
東　区	6,370	2,889	2,203	144	75	171	30	19	839
博多区	4,636	2,413	1,552	266	64	7	25	8	301
中央区	3,116	1,580	767	157	129	6	64	48	365
南　区	2,501	1,282	668	107	83	1	31	106	223
城南区	957	435	291	40	54	4	23	6	104
早良区	1,686	626	510	70	126	20	30	26	278
西　区	1,139	453	365	57	59	13	19	2	171

福岡市ホームページをもとに筆者作成
http://www.city.fukuoka.lg.jp/data/open/cnt/3/9793/1/0305.xls
※表の数字は各年9月末日時点のもの

10.2. よるとも会設立の背景

10.2.1. ある保護者の思い

「息子の保育園までは歩いて片道10分なんだけど、毎朝保育園まで送っていくと、それが1時間かかってたんよ。」

これはよるとも会の設立にあたり、その中心となって活動した、香椎浜校区に住むKさんのことばである。よるとも会の設立の背景にあったのは、地域の多文化化という現実にもかかわらず、何の対応もなされていないのではないか、という地域住民の思いだった。

Kさんがお子さんを保育園に送る途中で毎朝出会うのは、地域に住む多文化の人々[1]だった。Kさんはその道すがら出会う多文化住民から、様々な相談を受けていたという。「今日病院に行くからついてきてくれないか」「留学生会館から市営住宅に引っ越すのだけど、その手続きを手伝って欲しい」などの相談を聞き、一人ひとりに対応していると、保育園までの10分の道のりが、いつの間にか1時間になっていたのだそうだ。そしてKさんはそれらの相談に可能な限り個別にこたえていた。

また、香椎浜小学校に通う多文化の子どもの保護者たちが、「学校からのお便りが読めないから翻訳して欲しい」と、自宅で英会話教室を開いていたKさんの自宅を頻繁に訪れていた。数名の保護者が同時に自宅に訪れ、家が混雑するような日が続くこともあったという。

　Kさんが気になっていたのは、そうした多文化住民からの「相談事」の多さだけではない。ゴミ出しの日にルールが守られていないことがあると、「また外国人か」といった発言を日本人住民から聞いたかと思えば、団地内を原付で走っているアジア系の人に対して、「危ないだろうがインド人！」などということばが投げつけられるのを聞いた。このような発言が、日本人住民から多文化住民に対して発せられる場面に多く遭遇したという。

　外国人住民からの相談は後を絶たず、多文化住民と日本人住民との溝も広がりつつあるように感じられる。Kさんは、身の回りで日常的に起こる様々なことが重なって、「これは何とかしなければならないのではないか」と感じ始め、学校に相談するなど行動を始めた。このKさんの行動が、よるとも会の設立のきっかけとなった。

　当時、Kさんの長男を香椎浜小学校で担任していたY先生は、Kさんから相談を受けた。Kさんの相談がきっかけとなって、Y先生も「何とかしなければ」と考えるに至ったという。

　それから、KさんとY先生を中心に、地域の多文化化に対応していくための行動が始まった。しかしこの時点では、「よるとも会」のような夜間の日本語教室をつくるという構想があったわけではなかったという。

10.2.2. よるとも会の設立に向けて

　「外国からの子どもたちも多いので、入学式には通訳が必要だ」「学校からのお便りを翻訳する必要がある」といった声を、Y先生も学校で積極的にあげるようになった。学校側もそのような働きかけに協力的であったという。そして、通訳、翻訳といった活動をKさんが中心となって担う。そのようにして学校をサポートしながら、学校との結びつきを強める一方、Kさんは、「保護者の会をつくろう」と考えるようになっていた。

　その結果として誕生したのが、「フレンズ会」である。フレンズ会は、2002年10月に発足した。学校からのお便りを翻訳するなど、多文化の子どもとその家族を支えることができるように、とつくられた組織である。フレンズ会は後に、PTAの特別委員会と位置づけられ、学校から予算も下りる

ようになった。フレンズ会の会長には、現在まで代々、多文化児童の保護者が就任している。

　フレンズ会で多文化住民を含めた保護者が集まり、様々な活動を行う中で、夜間に交流しながら日本語を学びあう場所があればよいのではないか、というアイデアが生まれた。ここから、よるとも会の発足へ向けた取り組みが始まったのである。2002年の末のことであった。

　その後、2003年に入るとすぐに、市内の「日本語指導教室[2]」にかかわりのある教員や、九州大学で異文化間教育学を専門とする吉谷教授、知人の日本語教師などに声をかけ、よるとも会の準備委員会を発足した。2003年の1月から毎週準備委員会を開くようになり、会を重ねるにつれ、準備委員会に参加するスタッフの人数も徐々に増えてきた。その結果、4月17日の木曜日に、よるとも会を開級することが決定した。

　よるとも会という名称は、昼間、香椎浜小学校で活動するフレンズ会に対して「夜の友」、またみんなで「寄る」という意味を込めて名づけられた。

　3月末からは、地域や近くのスーパーなどに学習者募集のポスターなどを貼り、Kさんを中心に、香椎浜校区には口コミで宣伝した。そしていよいよ4月17日の開級を迎える。スタッフはどれほどの人数が集まるのかという不安の中この日を迎えたが、結果は教室に入りきれないほどの学習者が集まった。それほど多くの人が日本語教室という場を必要としていたのだ、ということが確認された日であった。

　また、保護者の会としての「フレンズ会」の設置という他にも、Kさんは当初から、香椎浜小学校に多文化児童のための「日本語指導教室」を設置したいという希望ももっていた。近隣の小学校に「日本語指導教室」が設置されていることなどを知っていたKさんは、香椎浜小学校でも是非「日本語指導教室」をつくりたいと学校側にも相談していたという。学校側も協力して、2004年には「日本語指導教室」の設置も福岡市から認められ、教員が加配されることが決定した。そして、その最初の担任を、Y先生が勤めることになった。

　よるとも会の設立の経緯を振り返るとき、その設立と前後して、香椎浜小学校に保護者の会である「フレンズ会」が発足し、多文化児童のための「日本語指導教室」が設置されることになったことは記しておかなければならない。よるとも会の設立に至った背景には、多文化化が進む中で地域に生じた課題、学校における子どもたちの抱える課題などが顕在化し、そのような状

態への対応の必要性が地域の住民に感じられるまで高まっていた、という当時の香椎浜校区の現状があった。

　よるとも会の設立は、地域の保護者、そして香椎浜小学校の教員を中心とした多くの人々の協働によって設立された。行政主導ではなく、地域と学校教員とが設立の中心的な担い手となったという点で、特徴的であるといえるだろう。

　こうした経緯で設立したよるとも会は、開級の日から現在まで、メンバーを変えながらも継続している。その取り組み、運営などは設立当初から現在まで、試行錯誤の連続であった。それでは実際に、よるとも会ではどのように学習が行われているのか、教室の中をのぞいてみよう。

10.3.　よるとも会の活動

10.3.1.　教室の概要

　「外国籍・日本籍など国籍にかかわらず、日本語を学びたい方々に、ボランティアスタッフが、学習のお手伝いをしながら、国際理解を推進し、国籍や文化の異なる参加者や住民に、より快適な交流の場を提供できるように努める」

　これは、よるとも会の「方針」として、よるとも会のスタッフ用資料の表紙に書かれている。よるとも会のスタッフは、ボランティアの人々で構成されており、新しいスタッフを随時募集しているため、新しいスタッフが頻繁に訪れる。新しいスタッフが来ると、この「スタッフ資料」が渡され、会の方針、タイムスケジュールや注意事項などを共有できるようにしている。

　よるとも会は、香椎浜小学校の空き教室を利用して、毎週木曜日の午後18:30～20:30までの時間帯に行われている。学習は、3つの教室を利用して行われる。そのうちの2教室が成人学習者の学習室となっており、残りの1教室は「キッズルーム」と名づけられ、学習者やスタッフで子ども連れの人も安心して参加することができるように、「託児所」のような役割を果たしている。キッズルームはまた、子どもたちの交流の場、学習の場としての役割も同時に果たしており、幼児から中学生、高校生までやってくる。

　香椎浜小学校での放課後の空き教室の利用は、福岡市教育委員会が策定した「福岡市教育改革プログラム」の中の、「地域と連携し開かれた学校づくりの推進」を目標とした「空き教室の地域への開放」事業の一環として行わ

れている。よるとも会は、香椎浜小学校の協力体制があって成り立っているということができる。

10.3.2. 多様な学習者とスタッフ

　よるとも会には、実に多様な人々がやってくる。それは国籍、年齢などの点で学習者が多様であるというだけでなく、日本人スタッフも実にバラエティー豊かだ。

　学習者は、大きく分けるとその滞在理由によって2通りに分類することができる。「中国帰国者」関係の人々と、「留学生」関係の人々である。留学生本人が学習者として参加するケースの他に、かれらの家族として、「家族滞在」で日本にいる人々も多く参加している。また、中国帰国者、留学生の他にも就労などの理由で日本に滞在している人もやってきている。短期滞在の人も時折ふらりとよるとも会を訪れることがある。

　学習者の国籍は、中国、韓国が一番多く、全体の7割から8割を占めるが、欧米、東南・南アジア、中東に南米と多様である。

　参加者のうち日本人スタッフに目を移すと、こちらも、学習者と同様多様である。香椎浜校区の住民をはじめとして、主婦、仕事を退職した人、学校の教員（他校の「日本語指導教室」の担当教師や、校区外から来る一般の先生方もいる）、高校生、大学生、大学院生、大学教員、検定に合格した日本語教師など様々な人々がスタッフとしてかかわっている。

　このように、非常に多様な背景をもった学習者と、多様な日本人スタッフとの間で、毎週学習が行われている。よるとも会の会場となっている3教室のうちの2教室、成人学習者の学習室では、基本的に1対1の個別指導方式で学習が行われている。しかし、よるとも会は、ボランティアベースの日本語教室であるために、「先

資料1　学習の様子（個別指導）1

生」であるスタッフも、毎週必ず参加することができるとは限らない。したがって、その日やって来た学習者とスタッフの双方の数などを見ながら、その場で学習者とスタッフのペア（あるいは、スタッフの人数が足りなければグループ）をつくるということから始められる。したがって、学習者は、先

週と同じ「先生」とペアを組み、学習することができるとは限らないということになる。

10.3.3. 学習の工夫

「スタッフが変わると、学習者にとっては前回の学習との接続が難しくなって、よくないのではないか」「どの学習者とペアになるかわからないから、準備したくてもできない」。これは、日本語の指導にあたっているメンバーの悩みである。

このことは、「日本語教室」としてのよるとも会の在り方を考えるときに、非常に大きな問題となっており、設立から4年たった現在でもしばしば問題提起される。

よるとも会は、地域での「生活」の中で現われてくる様々な課題をどうにかしたい、という地域の声から始まった。そのような課題の解決をめざすような「日本語教室」とはどのような場所であればよいのか。この設立時の課題が、よるとも会のあり方に大きく影響している。

資料2　学習の様子（交流）

1つの地域で多様な人々との共存をしていくためには、やはり多様な住民同士の「交流」が必要である。しかし、その交流のためには、ある程度多文化住民にも日本語の力が必要になるのが事実である。学習者によっては、日本人とのつきあいがほとんどない。したがって、日本語が未習得である学習者も多く、そのことが日本社会との接点を少なくするという悪循環が生まれる。この悪循環をどこかで断ち切り、多様な人々が共に同じ地域で共存することをめざさなくてはならない。

学習者の生活に根ざした「日本語学習」を行い、よりよい「交流の場」をつくること。それがよるとも会の目的であり、だからこそ私たちは日本語の学習を大切にしている。ただし、そのときの「学習」とは、必ずしも「日本語能力試験」のように数値化して測られる能力を伸ばすことであるとは限らない。よるとも会で覚えた簡単な日本語が日本人に通じた。そのことが学習者にとっての喜びとなり、日本社会との関係が少しずつ切り拓かれていく。そうして徐々に地域住民の間の交流が実現していく。そのきっかけとなれる

ような場所を、よるとも会は目指しているのである。
　したがって、学習者とスタッフとのペアが毎週変わるということは、それだけ学習者が多くの日本人スタッフと会話をする機会が生まれるということだ。そのことは、よるとも会のめざす「日本語学習」にとっては、「いいこと」であると捉えられている。
　もちろん学習者の中には、「日本語検定の一級を取得したい」といったレベルの「日本語能力の向上」を求めてやってくる人々もいる。そうした人々にとっては、物足りないと感じられることもあるかもしれない。しかしよるとも会では、大学入学のための日本語力をつける「日本語学校」とは違う役割を担いたいと考えている。
　とは言え、高いレベルの日本語能力を求めるような要求でも、可能な限り学習者のニーズに応えたい、という認識はスタッフももち続けている。よるとも会のスタッフは、日本語教育の専門家ではない人がほとんどであるが、専門の日本語教師もスタッフとして参加している。日本語指導に際してとまどうことがあれば、彼らに相談してある程度学習者の多様なニーズには応えることができていると思われる。そのための工夫の1つとして、よるとも会では、学習者一人ひとりのファイルを作成している。
　初めてよるとも会にやってきた学習者に対しては「よるとも会参加者個人票」という用紙に基づいて、スタッフがインタビューを行う。その内容は、学習者の名前、話すことができる言語、連絡先、滞在理由、日本語学習歴、学びたい日本語といったものである。そして、インタビューをしたスタッフが、学習者の日本語能力について大まかな所見を記入するようになっている。この「参加者個人票」は個人ファイルの1ページ目に閉じこまれる。スタッフは、このファイルをもとにその学習者がどのようなニーズをもち、日本語能力が大体どの程度のレベルであるのかを見ることができる。また、毎週の学習の最後には、「学習の記録」をスタッフが記入する。この「学習の記録」には、その日学んだ内容、使用したテキスト、宿題などを記入する。そしてファイルに記録を蓄積するようにしている。
　「参加者個人票」と「学習の記録」を個人のファイルに残し、学習者は毎週、そのファイルをもって学習に臨む。そうすることで、担当の日本人スタッフが代わり、初めてのペアでも、スタッフがある程度その学習者がどのようなニーズをもっているか、前回どのような学習をしたのかがわかるようになっている。そうすることで、特定の学習者を担当するスタッフが固定さ

れていなくても、学習が極端に非連続的にならないように工夫している。

また、毎回の学習が終わると、1つの部屋に学習者とスタッフが集まり、ミーティングを開く。そこでは、その日、新しく来た学習者やスタッフがいればみんなの前で自己紹介をしてもらい、参加者全員に顔を覚えてもらうようにする。その後、その日の学習の様子について数人が報告し、何か気になったこと、意見交換、感想や悩みなどを共有できる時間を設けている。約2時間という限られた時間の中で多くの人々と交流するのはなかなか難しいことなので、学習者も日本人スタッフも、少しでも多くの人の顔と名前を覚えられるようにしている。

10.3.4. そのほかの活動

よるとも会では、毎回の学習に加え、交流の機会として様々なイベントを催している。例えば、毎年夏に行なわれる「夏祭り」。夏祭りの日は、通常の学習は休みにして、ヨーヨーつりや簡単な出店のようなものを校内のプレイホールに準備する。中には浴衣など夏ならではの服装の人も見られ、夏休みに入る前の交流の機会として、とても重要なイベントである。

また、年末には「忘年会」を行っている。忘年会では学習者とスタッフがそれぞれ一品ずつ料理を持ち寄り、みんなで料理を食べながら交流を深める。また、事前に「出し物」を募っておき、出し物の披露が行われる。バラエティー豊かな料理を食べながら、国際色豊かな出し物を見ることができるこのイベントは、一年のうちの大きな楽しみである。

料理をみんなで食べることは、大切な学習の機会である。学習者の中にはムスリムの人々もいるので、料理は「ムスリムの人が食べても大丈夫なもの」とそうでないものとに場所を大きく2つに分けている。日本人や他のスタッフにとっては、ムスリムの人々の生活に触れる良い機会となっている。

またその他にも、定期的にではないがよるとも会の開かれる時間帯以外の時間を利用して、学外で懇親会を開くこともある。時間は限られているが、できるだけよるとも会を「交流の場」にしようと、このような場所と空間づくりを努めて行うようにしている。

第5木曜日がある月は、通常の学習を休みにして、スタッフ会議を行う。通常の教室の時間だけでは、スタッフ同士の交流も限定されるので、スタッフ同士の交流と、「日本語の先生」としてのスタッフの研修を兼ねてこのような機会を設けている。プロの日本語教師に講話をしてもらったり、よると

も会に参加しながら感じている悩みなどをスタッフで共有しあう。そして、よるとも会の考え方や方針などをスタッフ同士で確認しあう。このように、よるとも会がひとつの方針のもとに運営できるような工夫をしている。

10.4. 子どもの学びを支える

10.4.1. よるとも会と学校とのかかわりから

　よるとも会には、地域の多文化住民はもちろん、多くの子どもたちも参加している。地域の多文化児童たちとよるとも会のかかわりでは、香椎浜小学校の「ワールドスタディールーム（以下、WSR）」の存在が重要である。WSR は、いわゆる「日本語指導教室」と呼ばれる教室であり、多文化の子どもの日本語指導、適応指導を行う目的で設置されており、担当教諭が福岡市から加配されている。2008 年 11 月現在、福岡市内で「日本語指導教室」が設置されている学校は、小学校 4 校、中学校 2 校の計 6 校である。

　香椎浜小学校の WSR には現在、約 30 名の児童が在籍している。国籍の内訳も非常に多様である。香椎浜小学校の WSR の活動は、日本語初期指導が必要な子どもの原学級からの取り出し授業や、放課後の交流活動などが、加配された担当教諭の下で行われている。

資料3　学習の様子（キッズルーム）

　よるとも会には、この WSR の担当教諭も参加している。現在は、よるとも会の設立の中心的なメンバーであった Y 先生は転任されたため、WSR の担当の先生は代わってはいるが、新しい担当の先生も現在、スタッフの一人として参加し、施錠など利用教室の管理なども行っている。WSR の担当教諭がよるとも会へ参加するということは、香椎浜小学校に通う多文化児童と、よるとも会とをつなぐという意味をもっている。

　実際、WSR に在籍する多文化児童が、放課後再び学校にやってきてよるとも会にも参加し、キッズルームで勉強している姿をしばしば見かける。そのときは、WSR の担当教諭が学習指導に当たることもあれば、他の日本人スタッフが一緒に学習することもある。また、普段はあまり参加しない

WSR の子どもたちも、先生の呼びかけで夏祭りや忘年会などのイベントの時だけやってくることもある。

　よるとも会に子どもが多く集まった時には、キッズルームでみんなで遊んだり、地域で英会話教室を開いていたスタッフの指導の下で英語をつかった学習をしたりするなど、子どもたち同士の交流の場となっている。またそこには、香椎浜校区の日本人の子どもだけでなく、他校区の大人の学習者と一緒に来る多文化の子どもや日本人の子どもなども加わり、子どもたちの交流も香椎浜校区を越えた拡がりをもっている。

　また、フレンズ会の存在もよるとも会と香椎浜小学校の多文化児童をつなぐ重要な役割を果たしている。よるとも会の発起人のKさんをはじめ、よるとも会にかかわっている保護者の方が数人フレンズ会にも所属している。フレンズ会を媒介として、よるとも会の存在が他の保護者にも広がり、ひいては香椎浜小学校の児童に広がっていく。実際に、香椎浜小学校では、多文化児童だけでなく日本人児童にもよるとも会の存在はよく知られており、WSR に在籍する多文化児童と一緒に、よるとも会に遊びに来ることもある。このようなかたちで、よるとも会は香椎浜小学校の子どもにその存在が広く知られており、どのような子どもに対しても開かれている場所として存在しているのである。

10.4.2. 地域の子どもの学びを支える

　よるとも会に参加する多文化の子どもは、香椎浜小学校の WSR に在籍する子どもたちだけではない。

　現在韓国の語学学校で学ぶ中国帰国者の男子学生 A は、小学 6 年生の時に日本にやってきた、いわゆる「中国残留帰国」の子どもである。中学校、高校と、この香椎浜校区で過ごした。筆者はかれが中学生のときから知っているが、かれの成長を見ていると、かれが高校卒業後に選んだ進路とよるとも会とは、非常に密接にかかわっているのではないかと思う。A 自身、よるとも会で出会った韓国の人々との出会いをきっかけに、韓国への興味をもち始めたという。A は、福岡市内の高等学校を卒業後、韓国の語学学校へと進路を進めている。先々韓国語の力をつけて、韓国の大学へ行くことを目標にしている。よるとも会にきて様々な人々と出会えたことが A にとってプラスになったことは、本人も認めている。よるとも会の参加者の多様性、よるとも会が様々な人々が交流する場所として存在していることが、地域の

子どもたちにとっての「世界」を広げ、進路選択にまで影響を与えたのである。よるとも会は、地域の子どもにとって何らかの意味を持った場所として存在しているということができるのではなかろうか。

　また、校区の中学生や高校生もよるとも会にふらりとやってくる。日本人の生徒たちである。キッズルームで仲間と話したり、小さい子どもがいれば子守りとして活躍してくれることもある。試験前になると、勉強道具を持ってきて、キッズルームで真面目に勉強している姿も見かける。小学生に中学生が勉強を教えたり、中学生に高校生が勉強を教えたりと、子どもたち同士で学びあっている。

　かれらは、いつも実際に教科書とノートを広げて学校の勉強しているとは限らない。それでも、かれらはよるとも会にやってきて、仲間と会い、多くの人々と交流して帰る。かれらにとって、広い意味での「学習の場」としてよるとも会があり、よるとも会がかれらの居場所の1つとなっているのではないかと思う。

10.5.　よるとも会ができてから—地域の日本語教室としての広がり

　「こんなにも変わるものなのか、とびっくりする」と、Kさんはいう。よるとも会ができて、地域が変わったことをひしひしと実感することが多いという。「よるとも会と、参加してくれているスタッフのおかげ」とKさんは感じている。

　地域の人々や子ども会などの意識も変わったように感じるという。よるとも会ができて、どれだけ多くの多文化住民が日本人との交流の場を必要とし、日本語を学ぶ場を求めていたかが地域にもすこしずつ理解されてきた。公民館が、人権学習などを行うときには外国人問題などを取り上げて、フレンズ会やよるとも会と一緒にやりたい、と申し出てくるなど、徐々によるとも会の活動は広がりを見せつつある。「そうすると一緒に勉強しながら準備するから、それもまたいい機会よね」とKさんはこのような地域の変化をとても喜んでいる。

　また、「相談窓口が分散された気がする」とKさんは感じている。以前はひっきりなしにKさんのところへもちかけられていた多文化住民からの相談が、分散されたと実感するらしい。聞けば、わざわざKさんのところに来なくても、隣の人が相談に乗ってくれているという声などが聞こえてくる

らしい。このように、よるとも会に参加していない地域住民の意識も、少しずつ変わってきているのを日々実感するという。

スタッフである地域の人々に話を聞くと、よるとも会で親しくなった多文化住民の家を個人的に訪問し、料理をごちそうになったとか、バス停で会って挨拶するようになったとか、香椎浜校区では日々の生活の中で、日本人住民と多文化住民との「交流」が見えないところで進んでいるようだ。

このような個人の間の交流が地域を少しずつ動かしつつある。その変化は外からは見えにくいが、香椎浜に住む人々には確実に実感され始めている。よるとも会は地域の声から始まった「地域に根ざした」教室であるが、その教室が、ゆっくりと地域を動かし始めている。

よるとも会は学校と地域をつなぎ、地域と地域の外とをつないでいる。そのような関係性のネットワークが、香椎浜校区を中心にできつつあるといえるだろう。それは香椎浜校区で学ぶ子どもたちにとっての学びの環境が変化し、再構成されつつあるということでもある。よるとも会を媒介とした地域の変化が、子どもたちのよりよい「学び」へとつながることを期待してやまない。

所感

　よるとも会にかかわって2008年で6年目になります。様々な人々との出会いがある一方、多くの人々が帰国していきました。しかし、長くよるとも会にかかわっていると、帰国した学習者が、再びひょっこり日本を訪れ、よるとも会に顔を出すことがしばしばあります。また、1年以上も足が遠のいていた学習者が、時間ができたから、と久しぶりにやってきたりもします。そんな時いつも、よるとも会という場所が多くの学習者にとって、ひとつの「居場所」であることを感じます。

　学習者と話していると、かれらがよるとも会という場所とかかわることができたことをとても喜んでいるということをとても強く実感します。よるとも会は、学習者と日本社会との「つながり」をつくり、「居場所」としての役割を果たし、いつでも「帰るべき場所」として開かれています。

　しかしなによりも、私たち日本人スタッフ自身が、多様な人々との交流を大切な時間である、と感じています。日本人スタッフにとっても同様に、よるとも会はひとつの「居場所」なのです。地域の子どもたちも含めて、お互いに学び合う、という心地よさをスタッフと学習者の双方が感じている、ということが、よるとも会が継続していく原動力になっているような気がします。

注

1 一般的には「外国人住民」という言い方などが考えられるが、例えば中国帰国者の人々は「外国人」ではない。香椎浜団地では多くの中国帰国者の人々が生活している。そうした人々も含め、異なる文化的背景を持った人々を「多文化住民」として統一する。また、子どもについても同様に、「多文化児童」「多文化の子ども」と表記する。

2 「日本語指導教室」とは、日本語指導が必要な外国人児童等の日本語指導、適応指導などを行う、学校に設置される学級のことを指す。ここでは、よるとも会を含む「日本語教室」と区別して用いている。

学びをつくるしかけ7──子どもを支える地域の関係を「あむ」

　福岡市の「よるとも会」の取り組みは、地域住民が自ら活動を展開し、それを発展したものとして位置づけられる。地域の中で外国人への支援のネットワークがどのような契機でつくられ、展開していくかを見事に描いている。Kさんの日常生活に端を発する「実感(リアリティ)」、あるいは「問題認識」が出発点になっている。そして、学校の担任への働きかけで、問題や課題を共有し、そこからさらなるネットワークを作り上げている。
　「よるとも会」の戦略も巧みである。自分たちの自主的な活動を行政の施策の枠にあてはめ、小学校の空き教室を利用できるようにしたのである。自主的な活動から出発し、学校が後から「巻き込まれる」形になっている。最初から学校を核にしたものではなく、地域の活動から学校を巻き込むというところに特徴がある。
　垂見直樹氏が報告しているように、この教室の特徴は、構成メンバーの多様性、緩やかで柔軟な組織づくりにある。教室型の学びとは異なった学びが展開している。子どもたちにとっても、この教室が居場所になっていることも読み取れる。また、支援者が学習者とのかかわりを通して変化していく様子も垂見氏は伝えている。
　ボランティアへの参加は、交流を通した「実感(リアリティ)や問題意識」から始まり、そして、個々のネットワークの広がりと深まりをつけるようになる。ここには、多様で多層なネットワークがみられる。学習者のネットワーク、支援する個人のネットワーク、そして学習者同士、学習者と支援者、支援者同士のネットワークなどの相互の結びつきである。しかも、多様な人との「共同作業と対話」を通して、活動の目標・理念を共有していくことにより新しい関係性をつくりあげている。こうした活動が多文化共生の地域づくりにつながっていくのかもしれない。　　　　（佐藤郡衛）

第3部　教育コミュニティの創造に向けて

第11章　文化間移動をする子どもの発達と学校

齋藤ひろみ

　第1部では、文化間移動をする子どもたちのことばや学力の発達、日本社会への適応とアイデンティティ形成、進路等の社会参画の課題について、次の3つの視点から再設定を行った。第1に社会構造やシステムという視点、第2に子どもたち自身の発達・成長という視点、第3に教育（支援）の方法という視点である。第2部では、こうした教育課題を様々な工夫によって解決しようという教育の試みを、7事例紹介した。これらの事例は、学校を舞台にしたものと地域を舞台にしたものとに分けることができるが、両者に共通することとして、次の点を挙げることができる。

　第1に、各事例の実践者グループが、「文化間移動をする子どもたち」を理解し、そこを出発点として支援や教育を設計し、実施しているという点である。第2に、実践者グループや実践空間が多様な関係性をもとに形成されている点である。例えば、第6章の大阪府の高等学校における実践では、外国人生徒（渡日生）教育担当教師、日本語の非常勤講師、母語授業担当講師、学外の教師集団、学外の外国人生徒集団、教育委員会が協力して、生徒の学習環境を創り出している。

　この第3部では、7つの実践事例に共通する上記2点を切り口に、「文化間移動をする子どもたち」の教育について、筆者らの考えを述べる。

　学校は適応教育や日本語教育を実施する中心的な場である。しかしながら、第1部で述べたようにその教育は、学校の区切られた期間や空間において、日本社会・学校への適応や日本語の獲得に焦点化され、日本の学校システムに円滑に参入するための教育の閾を出ていないことが指摘されてきた。子どもが文化間を移動することによって生じる「現地の言語文化につい

ての知識・スキルの未発達」という一時的現象にのみ目が向けられ、それを欠損として捉えた一時的な「補償教育」という機能が中心になっているのである。こうした教育の問題性と、それを子どもたちの成長・発達という視点から見直すことが課題であることは、多くの関係者に共有されている[1]。

　では、学校や日本社会にはこの子どもたちにどのような力を育むことが期待されるのか。学校現場で実際に関わっている教員や、地域の教室の支援者からは、「抽象的な概念を表わすことばを知らない」「テストの問題文が理解できない」「教科書を読んでも意味がわからない」「説明しても、理解できない」「教科用語が覚えられない」「漢字の読み書きで困っている」などが、子どもたちの日本語の発達上の課題として挙げられる。これらは、単なる「日本語」の知識・技能の問題ではない。学校における教科学習という文脈で生じている困難であり、日本語の学習のみを進めても解決は難しい。たとえば、現在学習している教科内容について全く学習経験がなく予備的な知識がないのであれば、いくら説明を受けても理解は困難であろうし、理解できないものは覚えられないものである。日本の学校教育課程とその子どもが受けてきた教育課程の違いから、生じている困難なのである。その他、「勉強しようとしない」「家庭での学習習慣がない」「勉強の仕方をしらない」という声や、「将来像が描けない」「すぐに『国に帰るから』と言う」という報告、「親は子どもの勉強に関心がない」「親子間で共通言語がない」という心配も聞こえてくる。これらは、取り巻く学習環境や社会的状況に関連づけて子どもたちの学習を捉え、支援しなければ解決できない問題であろう。

　本章では、第2部の実践事例における子どもたちの学びを振り返りつつ、こうした課題を抱える子どもたちに、どのような力を、どのような学びの場を通して育むことが期待されるのかについて、学校での教育場面を中心に述べる。

11.1. 文化間移動をする子どもに学校が育む力

　第2部の実践から、文化間移動をしている子どもたちの学びを、次のように7つに整理してみた。それぞれの学びは、どのような力を育むのであろうか。第2部の事例を振り返りながら検討する。

　　・学ぶことの楽しさを知る―動機づけとメタ認知の力を育む。
　　・生活世界を広げる―体験を拡張し、コミュニケーションから学ぶ力を

育む。
- 「調べる」「考える」学びを体験する―探求する力を育む。
- 仲間と行動し、仲間と対話して学ぶ―協働する力を育む。
- 家族と私を考える―母語・母文化を保持・育成し、アイデンティティを形成する。
- 私の「これから」を描く―将来像をもち、その道筋を設計する力を育む。
- ことばを社会的実践につなぐ―リテラシーの力を鍛える。

(1) 学ぶことの楽しさを知る―動機づけとメタ認知の力を育む

　第8章の菅原が紹介している川崎市の日本語指導等協力者グループと小学校における取り組みでは、子どもたちが「メダカ」に関心をもつように、実際にメダカを飼うという活動を中心に据えている。子どもたちが、メダカをペットショップに買いに行き、実際に飼育するために、熱心に「メダカの飼い方を調べる」姿が印象的である。ペットショップでのインタビューも図鑑で調べることも、メダカを飼うために必要な知識を得る活動であるということを、子どもたちは意識しながら学習に参加している。

　稲垣は、学習には「知る喜び、物事が新しくわかる楽しさ、或いは自分が前よりも進歩しているという感じや、そこから派生する、自分が努力すれば何とか成りそうだと言う自信」(p.37)といった内発的動機づけが大切だという[2]。この内発的動機づけは、環境特性についてよく知りたい、首尾一貫した知識体系を作りあげたいという知的好奇心と、環境との相互交渉において自分の有能さを確かめたいという向上心からなる。向上心の強い人間は、自分が努力すれば環境に好ましい変化をもたらすことができるという見通しと自信、つまり「効力感」をもっているという。

　メインストリームである在籍教室から取り出され、別教室で日本語を学んでいる子どもたちにとって、この内発的な動機づけが、学習にとって大きな意味をもつことは自明のことであろう。この菅原らの実践においても、子どもたちは「メダカを飼う」というイベントを、そのための知識を得るという知的な関心に結びつけている。そして、それぞれが分担して情報を収集し飼育を進める過程で、子どもたちは効力感を感じている。授業を計画するに当たり、子どもたちの興味関心を喚起し学習に意欲的にとりくめるようにすることを念頭においていたと菅原らは語る。

この動機づけには、「自分は何を知りたいのか／どんな力をつけたいのか」という課題を明らかにする力と、そして、学習を振り返り、努力が実ったのかどうかを判断する力が関連している。心理学において、メタ認知といわれる力である。メタ認知とは、自分自身の思考・知識の状態について分かることであり[3]、自分が何が分からず、何を分かりたいのか、そのためにはどんな手順や方法で課題に取り組めばいいのか、取り組んだ結果はどうであったのかについての知識や信念である。それを実施するための方略やスキルをメタ認知スキルという。動機づけの構成要素である知的好奇心を喚起するためにも、学習結果に効力感を感じるためにも、このメタ認知の力は重要である。
　菅原らの「メダカの飼育」の授業もそうであるが、第2部のすべての実践報告において、教師や支援者が、そのための場を提供していることが分かる。第4章の山中の「赤ちゃんのふしぎ」では、子どもたちが様々な方法で調べた結果を報告させる活動や、その結果得た情報をもとに判断できるクイズを行うなどの方法で、子どもたちに自分の学習の成果を具体的に評価する機会を提供している。また、授業の枠を超えた教育である第6章の折田の母語教室・母語アナウンスの活動や、第7章の大倉による母文化の維持と交流の活動では、その成果を学校内の行事や地域のイベントなどの場で紹介している。いつもの仲間とは異なる社会集団との交流を通して、子どもたちが自身の学習成果を意味づけ、次なる課題を見つけ、さらに動機づけられるという循環が起きている。このように内発的動機づけにおいては、社会的な環境とつながりをつくることが大きな意味をもつ[4]。日本の公教育の現場である学校以外の空間、例えば、第10章の垂見の報告にある地域の日本語教室「よるとも会」や第9章の拝野が報告する「親子日本語教室」が、子どもたちの学習に果たしている役割の1つが、この点にある。

(2) 生活世界を広げる―体験を拡張し、コミュニケーションから学ぶ力を育む
　子どもたちは家庭を中心にした親しい人との間で4歳前後までに日常生活のことばを身につけ[5]、ことばを、共有された社会的記号システムとして使用しながら、コミュニケーション領域を広げる。このコミュニケーションを通して、生活の具体的体験をことばで表現し、時間的空間的制約を越えた一般性を獲得し、内的空間を充実させていく。学校教育は、子どもたちが就学前にこうした言語活動を経験していることを前提に組織されている。しか

し、外国人児童の場合、家庭内では日本語の接触機会が、家庭外では母語の接触機会が少ないために、両言語においてコミュニケーション経験が乏しくなりがちである。それは、社会的事象についての知識や経験、コミュニケーションによる人間関係の形成に制約をもたらし、生活世界の広がりにも影響を与えることになる。

　第4章の磐田市立東部小学校の日本語教室「なかよしワールド」は、トピック型JSLカリキュラムの取り組みにおいて、トピックとして学校行事などの多様な活動を取り上げる。在籍学級や学校スケジュールを先取りした形で、あるいは並行して、子どもたちに活動を経験させている。子どもたちは、日本語の理解の手がかりを得ながら体験的にその活動に参加し、その行事や活動、生活上のルールの意味を知る。子どもたちは学校空間における活動参加を言語学習とともに意味づけ、自身の意味世界に取り込んでいる。一方、第8章の拝野報告と第9章の垂見報告では、学校外の親子日本語教室の場が、子どもたちが教師以外の大人や自身と同じ背景をもつ高校生に出会う場となっている。そこでのコミュニケーションを通して、子どもたちは新しい情報やものの見方・感じ方に接し、生活世界を拡張していると考えられる。

　学校や日本語教室は、文化間の移動や日本語の不十分さによって生活経験が限られていた子どもたちに、新しい事物についての知識を獲得し、社会的記号システムとしてのことば(日本語)を運用する機会を提供する場なのである。第5章の折田実践、第6章の大倉実践においては、そうしたコミュニケーション活動を母語で経験する機会を提供していると言える。

(3)「調べる」「考える」学びを体験する—探求する力を育む
　第3章の山中実践「赤ちゃんのふしぎ」で、子どもたちは、音(胎児の心音)の正体を想像する、胎児の成長を身長や体重の変化として捉える、インターネットで胎児の成長に関する情報を収集するといった活動を展開している。そこには、課題をもち、調べ、気づき、解釈するという過程がある。自身の経験や既有知識をもとに推論しながら、新たな情報(実際に聞いた胎児の心音やインターネットなどから得た情報)を選択して取り込み、既有の知識・概念の構造を作りかえている。結果として、子どもたちは、胎児の成長過程というという事象についての知識を獲得し、「生命」を家族との関係において捉え直したといえるだろう。ここに、スキーマ(学習者がもってい

る知識構造)と新しい情報とが相互作用し、新しい情報が選択的に取り入れられ、既有スキーマとの不一致を解消するためにスキーマが調整されるという過程、つまり、知識の獲得過程[6]が見られる。

　山中は、具体物を利用して体験的に調べられるように活動を工夫し、調べた結果を表現できるように語彙や表現をコントロールして授業を展開している。こうした具体物や体験による文脈化によって、日本語習得の途中にある子どもたちも探求型の活動に参加して内容を理解し、新しい知識を得ることができている。波多野は、意図的計画的な学校教育の場であれ自然環境における学習の場であれ、知識の獲得には、新しい知識を解釈し意味づける理解活動やその知識を具体的場面へと適用する問題解決の経験を必要とするという[7]。第8章の川崎市内の小学校における実践「メダカの飼育」や、磐田市立東部小学校のなかよしワールドの授業実践においても、問題解決を中心にした探求型の学習が見られる。

　日本語教育の場合、日本語の知識・技能を中心にした授業が中心となりがちであるが、成長・発達の途中にある子どもたちを対象とする場合、その発達の状況に応じて問題解決の活動を織り込むことが求められる。いわゆる学習言語能力も、目標とする言語を使って問題解決を遂行することを通して育まれるといわれる[8]。特に、学校での教育には、年齢に応じた認知的な発達を促し、思考力を育むために、意図的・計画的に知識の獲得過程を日本語学習活動として構成することが期待されるのである。

(4)仲間と行動し、仲間と対話して学ぶ―協働する力を育む
　第5章の磐田市立東部小学校の実践においては、外国人児童を取り出して実施する国際教室「なかよしワールド」での取り組みに加え、子どもたちが在籍する一般学級における学習参加を支援する試みが展開されていた。その取り組みの具体的な方法として、JSLカリキュラムのAU(Activity Unit：活動単位)が利用されている。活動の単位(まとまり)を意識し、その活動に参加するための日本語の表現を設定し、授業時の言語のインプットとアウトプットを教師がコントロールしている。子どもたちの日本語の力に合わせ、教師が使用する日本語の表現を調整し、理解を促すようにして聞かせたり使わせたりするのである。それによって、外国人の児童は授業中の教師の問いの意味を理解し、示された表現を利用して応答したり活動に参加したりできる。

筆者はこの東部小学校の6年生の社会科の授業を参観したことがある。そこで特に印象に残ったことは、グループによる調べ学習において、日本人児童が絵や図を利用しことばを選んで話しながら、外国人児童の理解を促したり発言を促したりする姿であった。また、外国人児童の発言が、クラスの仲間の内容理解を促す場面も見られた。外国人児童の発言（教師が板書）をきっかけに、他の児童が内容理解につながる発言をしたのである。外国人児童本人も、自分の発言が皆に共有されクラス集団の学習に一役買ったことを感じとっているようであった。この外国人児童は、周囲と関わりながら学習に参加し、教室の一員として仲間と共に学ぶことを経験したのである。
　同輩がともに関わりながら課題に取り組むことが、理解を深め知識構築を促すという考え方のもと、初等・中等教育、高等教育の場や日本語教育の場など、多様な教育文脈において協調学習（あるいは協働学習）の試みが展開されている[9]。これまでの研究で、子ども同士の場合も、協働による問題解決過程が認知的側面の発達に促進的な影響を与えることが明らかにされてきた。しかし、協働の過程を教育者がいかにサポートするかは未だ課題のままである[10]。特に、異言語話者を含む集団においては、伝達媒体としての言語に制約があるわけであり、子ども同士が互いの発言に言及するような場を構成するためには、教師の役割がより大きなものとなる。
　ここで紹介した実践においては、教師が使用言語をコントロールしたことや、外国人児童の発言を板書によってクラス全体に伝えたことが有効に機能している。外国人児童の内容理解を促すのみならず、子どもたちの共同による学習構築過程の形成を促したのである。この教師は、この授業に限らず、日々の実践においてこうした支援方法や関わり方を行っているのであろう。それが「学び合い」や「相手の理解状況を考えたコミュニケーション」が行える学級集団を形成しているのだと思われる。このような学習集団の中で、子どもたちは（日本人・外国人児童共に）多様な言語・文化背景をもつ周囲と関係性を築き、その関係性の中で学ぶ力を育んでいくのであろう。

(5) 家族と私を考える——母語・母文化を保持・育成し、アイデンティティを形成する
　文化間移動をする子どもたちは、家庭と学校の間の文化的な差異を飛び越えながら生活をしている。日本の社会や学校への適応が進むことによって、来日前に母国で家庭を中心に育くまれてきたものの見方・考え方も変容す

る。それは、子どもにとっては自然な文化化の過程であるが、両親との間にも言語的文化的な差異を生み出すことになる。特に、幼少期来日の子どもたちや日本生まれの子どもたちは、無意識の内に認知・行動・情動の3側面で日本に同化していく可能性が高く、親との間にも文化的な溝をもつことになる。このような子どもたちの場合、親との関係で自身の存在の意味を確認することが、アイデンティティ形成の大きな要素となる。

　第4章の山中実践「赤ちゃんのふしぎ」において、子どもたちは家庭における自分の位置を確認することができた。ビデオレターの母親のメッセージは「日本語」に訳され、子どもたちに、日常の生活では意識化されない親子の関係を認識する機会を提供した。児童期までの子どもは、基本的には親に依存し、その関係が成長を支える[11]。しかし、この授業に参加した子どもたちは、日本での生活の長期化により、親子の間でコミュニケーション言語に違いが生じ、言語を介した交流が困難になりつつあった。そんな彼ら／彼女らにとって、この学習はアイデンティティ形成に大きな影響を与えたと考えられる。当然、子どもたちの親にとっても貴重な学習の場になったはずである。

　第5章の折田実践、第6章の大倉実践では、外国人の児童生徒が母語・母文化を学ぶ教育実践が報告されている。折田実践は、小学校の児童を対象に中国語を学ぶ機会を設け、学校の教育活動に中国語を位置づけている。児童はその体験と周囲の評価によって「母語・母文化への肯定感」を抱く。周囲の子どもたちの中国語や中国文化、そして中国から来ているクラスメイトに対するイメージや気持ちにも変化がみられるようになった。第6章の門真なみはや高等学校における大倉実践においても、母語・母文化を維持継承するための実践が報告されている。高校生の場合、アイデンティティを客体化して捉え、そこに民族的背景をどう意味づけるかを自身でコントロールすることができる。大倉はそのための機会と場を学校の内外で提供しているのである。生徒たちは、日本への移動に伴う葛藤や対立を、また、自身の民族的背景や家族に対する思いを、様々な表現方法で表わしている。自身を見つめ直し、自己の将来を描き直しているのである。2つの実践とも児童生徒の母語・母文化を学びそれを伝えるという活動であるが、小学生と高校生ではその活動がもつ意味は異なる。小学校の子どもたちは、自身の民族的背景を受け入れるという情動的な側面での作用が見られる。高校生の場合は情動的側面のみならず、自身にとっての意味を問うというように認知的な面でも意味

をもっているようであった。年齢的な発達、空間的社会的な行動の広がり、自己の将来像の現実味、生活環境の変化などの成長過程の節目で、自己の民族的背景を捉え直すための機会と場を提供することが教育には求められる。この2つの実践に共通する重要な要素は、外国人の児童生徒の母語・母文化が、具体の社会的実践の中で価値づけされている点であろう[12]。子どもたち自身が、環境との相互作用において自身の母語・母文化を意味づけられる場を創造することが、母語・母文化教育を実施する上での鍵となる。

(6)私の「これから」を描く—将来像をもち、その道筋を設計する力を育む

　第9章の拝野による大泉の親子日本語教室の報告で、注目される点の1つに、日本語教室の講師補助として活躍するブラジル人青年(高校生)4名の存在がある。学齢期に来日した彼らは「文化間移動をする子ども」自身でもあり、准一世として日本の小中学校で生活し日本語を身につけてきた。彼らの存在は、日本語教室に通う子どもたちにとってはロールモデルとして、親にとっては自身の子どもたちの将来像として映っていたに違いない[13]。一方で、青年4名にとっても、この親子日本語教室の場は、自身の自己実現の在り様を方向づけ、具体化するきっかけともなっている。それは、この教室が、年齢や社会的立場、言語文化的背景、日本語学習のニーズなどの点で、多様な背景と価値観をもつ者が集い、それが交差する場となっているからであろう。こうした雑多な状況であることが、ロールモデルをステレオタイプ化してしまうことを防いでいると考えられる。

　第7章の大倉の外国人生徒(大倉実践においては、渡日生と呼ぶ)への母語教育や母文化教育の実践は、単なる言語や文化についての知識・技能の獲得を目指しているわけではない。まずは「知る」という活動を通して自身の出自や言語文化背景を客体化した上で、そうした背景をもつ「今」の自分に対峙する機会と、結果として身につけた知識・技能を社会的な文脈で伝える場を設けている。同時に、受験という現実的な問題に対し、具体的な教育支援を行っている。それは、「これまで」の自分、「今」の自分、「これから」の自分をライフコースという連続帯として意識させることになっている。文化間移動によって準拠枠の揺らぎを経験する生徒たちにとって、将来像を描き、そのための道筋を設計するという重要な営みである。この営みによって、生徒一人ひとりが、その志向性や特性を発揮しながら日本社会で自己実現するためのユニークなライフコースの設計ができるのではないだろうか。

学校や教室は、こうした場を創り得るのである。

(7) ことばを社会的実践につなぐ——リテラシーの力を鍛える

　第8章の福岡市の「よるとも会」の活動は、地域の支援者と異なる言語文化背景をもつ住民が集う空間を形成している。そこは、日本人児童生徒を中心とした日本の学校教育の場とも、親世代の文化を中心に営まれる家庭とも異なる場である。子どもたちは、言語文化背景も世代も異なる成人と接触する機会を得る。日本語や教科の勉強をしながら、学校とは異なるコミュニケーション様式をもつこの空間で相互作用を重ね、自己を表現し、日本社会の様々な情報を得ている。

　第1部で述べたように、外国人児童生徒教育が一時期、日本の学校への一方向の適応と日本語の知識・技能の習得を目指して展開された時代があった。そこでは、狭義のリテラシー(読み書き能力)に焦点を当てた日本語教育が主流であった。しかし、リテラシーを「二人の対話者間、あるいはテクストとその読者間での表現や意味の解釈や交渉において機能する一連の認識能力であり社会能力」[14]とするならば、言語教育は、ことばの力を事物の認識や社会的実践につなぐための教育として実施されることが望まれる。特に異言語、異文化背景をもつ者同士が参加する「外国人児童生徒教育」や「日本語教育」の文脈においては、その差異性に対する認識を批判的に吟味することが必要である。そして、その違いを前提にした相互理解と課題解決の力を含む異文化間リテラシーの力に関わらせて言語能力を高めていくことが求められる。山岸によれば、異文化間リテラシーは、①今日の複雑な社会のあり方を理解するための知識、②多元的視点をもち、知識を構成する力、③異文化対処能力、④対人スキルからなる[15]。

　「よるとも会」の活動は、制度化された教育の場ではない。そこに集う者が、日本語学習ニーズをもつ学習者とそれを支援する者という立場をもって相互作用を展開している。両者は学習課題を解決するプロセスを共にし、そこで生まれる対話を通して、自己の認識を常に更新している。この活動への参加によって、山岸のいう異文化間リテラシーの力が高められている。学校においても、磐田市立東部小学校の授業で日本人の児童がブラジル人児童に内容の説明をする場面で(本項の(4)で紹介)、第5章(折田報告)の生活委員が中国語でのアナウンスに取り組む活動で、ことばの力は内容理解や内容構成のために活用されている。また、委員会や学校集会という学校内の

公的場面で、運動会といった地域住民との交流の場で、社会的実践として言語を運用する姿があった。それは、他の文化から移動してきた子ども側のみならず、日本語・日本文化を背景にする子どもや教師・支援者にとっても、言語文化背景の異なる者と共に課題を解決する過程となっていた。社会的実践としてことばを運用するための場を意図的・計画的に設計し実施するためには、学校がその活動を営む環境を地域とともに創っていくことが必要である。

11.2. 子どもたちの学びをつくる場

　文化間移動をする子どもたちに、11.1. で述べた力を育むために、学校や地域の教室にはどのように学習環境を整備していくことが求められるのであろうか。ここでは、近年、言語教育分野で注目されているスキャフォールディングの考え方を簡単に紹介し、教師と支援者の教室空間における学習環境づくりについて考える。

(1) 授業づくりにおけるスキャフォールディング

　川上は、日本語指導の観点として、「個別化」「文脈化」「統合化」を挙げる[16]。個別化とは、多様な背景をもつ子どもたち一人ひとりに応じた教育を行うこと、文脈化とは子どもにとって意味のある内容と学習の流れの中でことばの教育を行うこと、統合化とは意味や内容とことばを統合する教育を行うことだとする。この観点は、学習者中心主義の日本語教育や、内容重視型の日本語教育においても主張されてきた点であり、第2章で紹介した文部科学省が開発したJSLカリキュラムにも通底する観点である。では、具体的には教育者・支援者は、授業設計・実施・評価において、どのようにそれを具現化するのであろうか。そのヒントとして、スキャフォールディング(足場かけ)という概念が有効だと考えられている。

　ハモンドは、オーストラリアで英語を第2言語として学ぶ子どもたちへの英語教育(ESL: English as a Second Language)においては、「生徒たちが支援を得ながら、独力ではできなかったと思われる水準で学習するための『知的な支え挙げ』を与えることである」(p.20)とする[17]。また、スキャフォールディングは、一時的な支援であり、生徒の能力が高まれば支援は取り払われ、学習の責任は生徒に譲りわたされるとする。主張されている点は、本来

学習は学習者である児童生徒のものであり、児童生徒一人ひとりの学びの道筋を尊重した支援であることと、その児童生徒の学びの道筋の次の一歩を自力で遂行できるようになるまでの後押し形の支援であることである。既定のゴールとカリキュラムに沿った、引き上げ形の支援ではない。具体の教育活動として、ハモンドはスキャフォールディングを、マクロレベルとミクロレベルから捉える。

　マクロレベルのスキャフォールディングは、予め意図的に計画でき.る要素で、「目標の設定」「学習活動の配列」「学習による参加形態の決定」「多様な表現形式の使用」「メタ言語の活性化」を含む。一方、ミクロレベルのスキャフォールディングは、学習中におきる偶発的で相互作用的な支援である。それは、教師が子どもたちの学習状況を把握し即応して行う支援で、「過去の体験とを結びつける」「新しい体験へ目を向けさせる」「要約する」「子どもの発話を取り入れる」「子どもの発話を言い直す」「発問(Initiation)—応答(Response)—フィードバック(Feedback)の構造で会話を展開する」「ヒントを与えてアイディアを引き出す」「自発的な発話を促す」などである。

　これらの支援の1つ1つは、学校教育の教室において日常的に、時には無意識に行われているものだと思われる。しかし、ここで、改めてその支援が子どもたちの学習にとって、どのような効果を生むのか、あるいは生んだのかを振り返ることが、意図的に学習の場を設計するためには必要である。子ども一人ひとりにとって、その学習の意味は異なる。同じ支援であっても、子どもによって、その支援の必要性も、支援をいつ始めいつ終えるのが適当であるのかも異なるはずである。その子どもたちの学習の次の一歩を後押しする支援としてマクロとミクロの構造を描き、1つ1つの支援の効果を検討して実施することが、文化間を移動する子どもたちの授業づくりにとって必要なことである。

(2) 地域の教室における学習環境づくり

　(1)で述べた、スキャフォールディングは、どのような教育の場であれ、必要な支援の考え方であると思われる。しかしながら、規定の教育課程に基づき、意図的・計画的、組織的に運営される学校の教室と、参加者のニーズや運営側の状況に添わせながら意思決定をして運営していく地域の教室とは、多くの点で違いがある。スキャフォールディングの実際の在り様は一様

ではないはずである。では、地域の教室の特性を活かした支援とはどのようなものなのであろうか。

　すでに、11.1.でも何度か述べてきたことであるが、地域の教室がもつ社会的空間としての特性は、学校空間が提供し得ない多様性をもっていることである。文化間移動をしている子どもたちにとっては、様々な年齢や職業、考えや振る舞い、言語や文化をもつ人が「ごっちゃ」になっている空間は、心地よいものであろう。極端な言い方をすれば、日本の学校社会は均質な成員によって構成されているために、子どもたちの言語文化的な差異性は浮き上がって見えてしまう。しかし、地域の教室ではそうはならない。そこでの多様な経験や知識をもつ参加者とのコミュニケーションを通して、子どもたちは意味世界を広げていくのである。子どもたちが学校とは異なる社会的実践を経験する場になっているという点に、地域の教室の学習環境としての価値がある。

　さらに、地域の教室に期待したいことは、そこでの子どもたちの学びと学校の論理や価値観で育まれる学校での学びをつなぐという役割である。そのためのヒントとして、マクロレベルのスキャフォールディングの考え方が有効であろうと思われる。地域の教室での学習目標の設定や学習活動とその配列を、その子の学校での学習に関連づけることや、学習への参加形態に、個別のみではなくグループでの作業などを取り込むことである。そして、教科学習の様々な表現や伝達の方法を一部導入することなどが考えられる。それによって、その子は学校で学んだことを、地域の教室という異なる場面や状況の中で活用する力を育むことができるのではないだろうか。

　当然、学校の教室においても、学校以外の場での子どもたちの学びを、学校の教室での学習に関連づけるための工夫や努力が必要である。子どもたちは、認知的発達の面でも学習の意味づけの点でも成人学習者とは異なる。一旦身につけた知識も、異なる場や状況で活用したり既有知識に関連づけたりしなければ、断片的なまま、いつの間にか忘れさられてしまうこともある。教授言語である日本語の力が弱い子どもの場合、教師からの働きかけで知識を想起することや、事柄を関連づけるための手がかりを得ることが難しい。それを促すための支援を行うことが、地域の教室にも学校の教室にも期待される。それには、学校と地域の教室が、それぞれのもつ学習支援の場としての特性を活かしつつ、連携・協力して文化間移動をする子どもたちの学びの環境を創っていくことが重要となる。両者の連携のあり方やネットワーク化

については、12章・13章で述べる。

参考文献

東清和(2001)「第9章 学齢期2 思春期・青年期」、田島信元・子安増生・森永良子・前川久男・菅野敦編著『認知発達その支援2』ミネルヴァ書房 pp.125-133

注

1 異文化間教育の分野では本書の編著者である佐藤郡衛(2001、2003 他で)、また日本語教育分野では、川上郁雄・石井恵理子・池上摩希子・齋藤ひろみ・野山広が「年少者日本語教育について考える会」の活動として、日本語教育学会(2004-2007年の春季大会)や各々の著書で提言を行っている(齋藤ひろみ(2005)「「子どもたちのことばを育む」授業作り—教師と研究者による実践研究の取り組み」『日本語教育』126号、川上郁雄編著(2006)『「移動する子どもたち」と日本語教育』明石書店、石井恵理子(2006)「年少者日本語教育の構築に向けて—子どもの成長を支える言語教育として」『日本語教育』128号 他)。また、教育社会学の分野においても、志水宏吉・志水睦美編(2001)『ニューカマーと日本の教育』明石書店、宮島喬・太田晴雄編(2005)『外国人児童生徒の不就学』、東京大学出版会等で指摘されてきた。

2 稲垣佳世子(1988)「第三章 知的好奇心の役割」「第四章 知的好奇心を伸ばす」「第五章 効力間の効用」「第六章 効力感を育成する」波多野誼余夫編『自己学習能力を育てる 学校の新しい役割』東京大学出版会 pp.37-95

3 無藤隆(1988)「第十章 学習者を育てる条件」波多野誼余夫編『自己学習能力を育てる 学校の新しい役割』東京大学出版会 pp.33-95

4 佐藤公治は、学習動機に関して、メタ認知の知識・技能を課題に意欲的に取り組むための必要な力だとした上で、学習によって発達する認知については、今現在生活をしている社会・文化的な環境とのつながりの中で論じることによってこそ、理解可能だと主張する。佐藤公治(1996)「第9章 学習の動機づけ・社会的文脈」波多野誼余夫編『認知心理学5 学習と発達』東京大学出版会 pp.221-252

5 岡本夏木(1985)『ことばと発達』岩波書店

6 久原恵子(1988)「第7章 知識獲得の過程」波多野誼余夫編『自己学習能力を育てる 学校の新しい役割』東京大学出版会 pp.102-120

7 波多野誼余夫(1996)「序章 概観：獲得研究の現在」波多野誼余夫編『認知心理学5 学習と発達』東京大学出版会 pp.1-10

8 中島和子(1998)『バイリンガル教育の方法』アルク
齋藤ひろみ(1999)「教科と日本語の統合教育の可能性—内容重視のアプローチを年少者日本語教育へどのように応用するか—」『中国帰国者定着促進センター紀要』7号、pp.70-91
岡崎眸(2002)「内容重視の日本語教育」細川英雄(編)『ことばと文化を結ぶ日本語教育』凡人社 pp.49-66

9 杉江修治・関田一彦・三宅なほみ(2004)『大学授業と活性化する方法』玉川大学出版部
山住勝広(1997)『教科学習の最近接発達領域　学びのポリフォニー』学文社
池田玲子・舘岡洋子(2007)『ピア・ラーニング入門―創造的な学びのデザインのために』ひつじ書房
10 當眞千賀子(2005)「学習における共同性」波多野誼余夫・稲垣佳世子編『発達と教育の心理学的基盤』放送大学教育振興会 pp.128–139
11 岡田敬司(1998)『コミュニケーションと人間形成―かかわりの教育学Ⅱ』ミネルヴァ書房
12 中島和子は、異言語環境で育つ子どもが両言語に堪能で、両文化に前向きな「加算的」バイリンガルになるには、第一の言語・文化のアイデンティティが必要であり、そのためには、親の第一の文化に対する価値付けと家庭での第一言語の認知的機能の発達が必要だとする。中島和子(2006)「第 4 節　多文化主義・多言語主義・アイデンティティ」縫部義憲監修、町博光編集『講座・日本語教育学　第 2 巻　言語行動と社会・文化』スリーエーネットワーク pp.52–71
13 田房は、インドシナ出身の子どもたちにとっての「モデル」の存在とその意味について、日米における状況を比較し、マイノリティのコミュニティにモデルとして多様な人々が存在することの重要性を指摘する。田房由起子(2005)「第 8 章　子どもたちの教育におけるモデルの不在」宮島喬・大田晴雄編『外国人の子どもと日本の教育　不就学問題と多文化共生の課題』東京大学出版会 pp.155–169
14 クレア・クラムシュ(2005)「文化リテラシーとコミュニケーション能力」『国際研究集会　ことば・文化・社会の言語教育』国際研究集会「ことば・文化・社会の言語教育」実行委員会 p.20
15 山岸みどり(1997)「異文化間リテラシーと異文化間能力」『異文化観教育』11 号、アカデミア出版会 pp.37–51
16 川上郁雄編(2006 前掲)
17 ハモント，J. (2007)「スキャフォールディングの実践とその意味―在籍学級の ESL 生徒の学びとどう支えるか」年少者日本語教育国際研究集会実行委員会編『「移動する子どもたち」の言語教育― ESL と JSL の教育実践から』pp.14–53

第12章　子どもたちのライフコースと学習支援
―主体的な学びを形成するために

齋藤ひろみ

「学び」の連続性を保障することがいかに重要であるかという点については繰り返し述べてきた。この章では、子どもたちの成長に伴う生活世界の拡張という観点から、子どもたちが「学び」をつなぐための支援のあり方について述べる。まず、文化間移動をする子どもたちへの支援を、ライフコースという視点から捉え直す。その上で、社会構造上の差別を、教育の場ではいつどのように対応するべきかを考える。最後に、移動する子どもたちの教育が、現代の教育のあり方に切り結ばれることの重要性について触れる。

12.1. 子どもたちのライフコースと学びの広がり

　子どもたちに、文化間移動によって生じた言語的文化的ギャップを乗り越える力を、今すぐにつけてやりたいというのが、教師や支援者に共通する気持ちであろう。しかし、子どもたちにとって必要な力は「今」だけを見たのでは判断できないはずである。その子どもの人生の流れを、社会や人との関わりといった社会的側面と、自己認識、アイデンティティといった心理的側面からライフコースという視点で捉えることが必要である。
　第2部の7つの事例は、学校の教師や地域の支援者側からの、子どもたちの生活状況や学びのプロセスの記述であった。ここでは立場を変えて、文化間移動をする子ども自身の経験から、彼ら／彼女らのライフコースと学びの広がりを捉えてみることにする。そして、その過程で学校や地域の支援がどのような意味をもっていたのかを改めて考える。支援ネットワークを、空間軸に加え、時間軸によって再考する視点が得られるはずである。それは、

子どもたちの学びに空間的な広がりと時間的な深まりをもたらす環境に求められる要素を探ることでもある。

12.1.1. 学ぶことの意味を見出す
　　　　　―日系ブラジル人の青年2人の経験から

　第5回年少者日本語教育学について考える会研究集会(2006年11月23日、早稲田大学に於いて開催)で、二人の青年が体験談を語ってくれた。学齢期に来日し、その後日本で生活してきた青年である。この研究集会では、「主体的な学び」[1]を中心テーマにすえ、二人の体験談を中心に議論が行われた。ここで、彼らが語ったことを簡単に紹介する(筆者によるメモをもとに再構成した内容)。

①体験談1　日系ブラジル人の高校3年生 I (翌春より専門学校へ進学)

> 　3歳で日本にきて、アニメや特撮のテレビ番組を見ながら自然に日本語が話せるようになった。家ではずっとポルトガル語をしゃべっていた。
> 　小学校に入り、4年生までは取り出しの日本語学習をしていた。丁寧に教えてもらったが、クラスの学習と全く違うので、やめたいと希望してやめた。
> 　中学では、「高校には行っとかないと」と友達にも先生にも親にも言われ、そうかなあと思ってなんとなく勉強した。
> 　高校に入り、友達から誘われて素人のマンガの販売イベントに行くようになった。そこで、自分が描いたマンガを買ってもらえた。将来は絵を描くことを仕事にしたい思うきっかけになった。
> 　高3になって、友達に誘われ、ゲーム開発関係のコースがある専門学校に見学に行った。ゲーム開発にも絵が必要だとわかり、将来は「これがしたい！」と思った。それから、受験のために必死で勉強した。
> 　専門学校に合格し、来年の4月から勉強するのが楽しみだ。受験の勉強だったが、だんだんわかることが面白くなった。

②体験談2　日系ペルー人の20代会社員J(日本人の妻と0歳の子どもをもつ)

> 10歳で来日したが、2年程度でペルーに帰るつもりだったから、同胞と遊びほうけていた。父親に「しばらく日本にいる」と言われ反発した。
> 　小5の途中から、このままじゃまずいと思って同胞との付き合いをやめ、日本語の勉強に励んだ。日本語の取り出しもあったが、特別扱いのようでいやだった。分からないことは、聞いたり辞書で調べたりして勉強した。
> 　中学になって、ほぼ日本人の同級生と同じよう勉強できるようになった。中学の担任の先生は、外国人だって日本人と同じぐらいできるということを見せろと厳しかった。学級委員やスピーチコンテストへの出場など、先生に言われてがんばった。両親のサポートで高校にも行った。
> 　大学では、留学生と違って奨学金がなく、週5日間バイトをしていた。他のことは殆どできなかった。途中から奨学金がもらえるようになったので3年で単位を全て取り、4年の後半は南米の日系社会を旅して歩いた。
> 　英語が好きだったし、開発途上国での活動を考えて商社に入った。
> 　南米の旅で出会った日本人のジャーナリストと結婚した。今、家庭では子育てで大変(夜泣きで寝られない)。子どもには、まずは日本語、そしてスペイン語、可能であれば英語を学ばせたい。

　二人の青年は、現在、家族や友人とともに、将来に大きな希望を抱いて生活を送っている。しかし、彼らが特別に能力が高く、他の子どもとは異なる子どもたちだったからではない。彼ら自身が学ぶことに意味を見出し、学習に主体性をもって取り組んできたからこそ、現在の彼らの状況があるのである。来日後の10数年の間に、そのきっかけや支えとなる人物との出会いや出来事が存在したのである。

12.1.2. ライフコースと学習支援の役割

　子どもたちの成長・発達と社会文化的な関係性を時間軸で捉え、彼らが歩んでいくそれぞれのステージ[2]の学びの様相を示したものが、図1である。本人の成長・発達という縦の軸にはさまざまな節目がある。例えば、先のIさんの場合は、小学校への入学、小学校4年での取り出し指導の終了、中学校への入学、高校への進学がその節目となっている。Jさんの場合は、大学進学、就職、そして、結婚、第一子の誕生などが節目となっている。子どもたちはこうした節目を経て、次なるステージへと移行していく。そこでは、環境の変化への適応と新たな関係の構築という大きな課題が待ち受けている。特に、中学・高校を終えたその先は、自分で次の環境を選択し、自身

でステージを開拓しなければならない。その時に選択の幅が広がっているかどうかが、その後の子どもたちのライフコースを左右する決定的な要素になる。

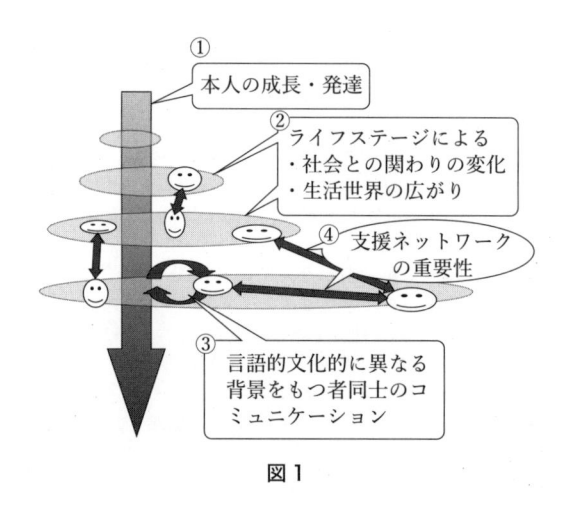

図1

①本人の成長・発達
②ライフステージによる
・社会との関わりの変化
・生活世界の広がり
③言語的文化的に異なる背景をもつ者同士のコミュニケーション
④支援ネットワークの重要性

　成長・発達に応じ(図1の①)、子どもたちの生活世界は、学校と家庭の往復から、遊び仲間との関係を通して地域との関係ができ、徐々に拡張していく(図1の②)。そして、人を介した社会との関わりによって、彼らの意味空間が広がっていく[3]。こうした社会との関わりの変化は、文化間移動をするしないにかかわらず、子どもたち皆が経験し歩んでいく道のりである。しかしながら、言語文化背景の異なる子どもたちが、周囲の他者との関わりを築き、その関係を広げていくためには、文化的差異を乗り越える力が必要となる。彼ら／彼女らの教育や支援に関わる者には、そうした力を育むという重要な役割が期待される。

　他者との社会的な交流は、新たな視点をもたらし、「学習」の新たな意味に気づかせる(図1の③)。例えば、Ｉさんは、日本人の友人に連れられてマンガの販売イベントに行き、自分の描いた漫画が売れたことによって、「漫画を描く」力を自身の将来像に結びつけて考えるようになった。その後、友達に誘われていった専門学校の見学で、「絵を描く」力がゲーム開発で発揮できることを知る。そして、勉強することを、自分の将来像実現の第一歩である「専門学校進学」のためと意味づける。一方、Ｊさんは、中学校の先生が課す学級委員やスピーチコンテストへの出場といった課題への取り組みを

通して、学校社会において自分の存在が認められたと認識している。学ぶことの社会的な価値を実感したと言える。これらの経験を通して自己効力感は高まり、学習に対する内発的な動機が生まれ、その後の進路決定に大きく影響したと考えられる。Jさんは、今、南米の旅で出会った日本人女性と結婚し、家庭をもち、人生の次なるステージを生きている。Iさんの友人とJさんの中学校の先生は、他の社会との接点や、彼ら／彼女らがそれまでとは異なる形で所属集団と関わるきっかけをつくっている。それは、二人の社会的行動の範囲を広げ、人との関わりのあり方に変化をもたらしている。

　文化間移動をしてきた子どもたちも、周囲の日本人にも、言語的文化的に異なる背景を持つ者同士としてコミュニケーションをし、その関係をもとに課題を解決して、自分の「生」を切り拓いていく力が求められる。子どもたちが、こうした関わりを縦、横につなぎ、学びに主体的に関わること、そして、学んだことを自分の生き方として蓄えていく上で、支援ネットワークは学習環境として重要な役割を果たす(図1の④)。子どもたちが成長と共にライフコースの各ステージの学びを切り結び、世界を広げていく環境として、支援や支援に携わる者も縦横に開いた関係性を維持していることが期待される。

12.2. 主体的な学びを生み出す教育・支援 [4]

12.2.1. 主体的に学ぶということ

　12.1. で紹介したIさんとJさんは、自分の将来像を描きながらそれぞれの時点での学びを意味づけ、学習に主体的に取り組んでいる。学習することを、将来をつくるための学びとして位置づけているのである。長期滞在の子どもや、親の国際結婚等で突然日本に来てそれまでとは異なる環境で生きていかなければならない子どもの場合は、特に、生涯学習という概念が重要となる。生涯学習では、子どもの成長発達、ライフコースのステージによる社会的役割の変化、そして、それによる学ぶことの意味や内容の変化、学ぶための力の変化という、相互に関連のあるいくつかの層から教育や支援のあり方を考慮することが必要である。

　Jさんは、現在(2006年11月)、家庭をもち、0歳の子どもの父親でもある。彼は、年齢的には青年期にあり、安定したアイデンティティを形成して社会の一員として生きている。会社員としての責任、夫として父としての新

しい社会的責任を負っている。それは、年齢にともなう身体的・心理的な成長・発達とは異なる要素として彼を形成している。こうした社会的役割の変化は、「学ぶこと」の意味をまた新たなものへと導く。そして同時に、現実的な生活環境にも物理的・時間的変化をもたらし、それに応じ、学ぶ対象も学び方も変わるはずである。このように自身の状況を総合的に捉えた上で学ぶことの意味を見出せた時、主体的な学びが生じるのだと思われる。

ここまでの議論をもとに、今回、筆者は「主体的に学ぶ」ということを、次のように定義したい。

主体的に学ぶということ
・「～を学ぶ」ことの「自分自身」にとっての意味を見出す。
・周囲の人間(社会)との関わりの中で「学んだこと」を価値付ける。
・学びのプロセスと結果について責任をもち、自分の学習をコントロールする。

12.2.2. 主体的な学びの場を創る―教育・支援にもとめられること

第2部で紹介した事例においても、先に紹介した2人の青年の体験談からも、「学び」が育まれる場は学習への動機づけがなされ、具体的な学びの方法や課題設定に関して周囲からの支えがある場だといえる。

ここで、大胆ではあるが、紹介した事例と筆者自身の現場での観察や支援活動の経験をもとに、「主体的な学びの場」を創るための要素を6点提案する。

「主体的な学びの場を創る6つの要素」
①楽しめる「学ぶ場」を創る。
②知的好奇心を刺激する「学ぶ場」を創る。
③「学ぶこと」で広がる世界を経験する場を創る。
④「学ぶこと」で変わる他者との関わりを経験する場を創る。
⑤自分の「学び方」を模索するための具体のスキルや方法が経験できる場を創る。
⑥自分にとっての「学ぶこと」の意味を考える機会を創る。

---

①の「楽しめる」ことが重要であることは誰もが認めることであろう。しかし、知識の獲得や概念の理解が必ずしも楽しい活動であるとは限らない。教育者・支援者が、多様な活動やリソースを利用して対象者にとって楽しい学習活動を構成することが必要となる。

②で重要な点は「知的」ということである。その「知的」ということが意味する具体の学習内容や学習活動は、年齢によっても、個々人の興味関

心によっても、また、学習の準備状況によっても異なるであろう。それぞれの子どもたちの実態を把握し、その子に合った「知的」要素を探ることが重要である。そして、それをいかに学習活動として組み立てていくかが問われる。

③では、学ぶことによって「世界が広がる」ことを、実感できるようにすることが大事である。

「町」という漢字1つでも、子どもたちが生活する社会的文脈に関連付けて学ぶことによって、これまで何気なく見過ごしてきた町名の看板が、意味をもって目に飛び込んで来るかもしれない。それまで、単なる漢字の羅列だった看板が「ここが何という町かを示しているんだ。」と、看板や文字がもつ社会的機能を知るだろう。教室の学びを、子どもにとって意味をもつ社会的文脈において機能するような、学習と生活との関連付けが重要である。

④③が、上記の例のような物理的・空間的リソースを中心にイメージした「世界の広がり」であるとするならば、「他者との関わり」の変化は、周囲の人とのインターアクションとして現われるものである。他者との関わりを通した相互理解を土台に、関係性が変容することを学びの目的として設定したい。つまり、「学ぶ」ことを通して生じるコミュニケーションが新たな関係を構築し、双方が新たな見方や考え方を獲得するような学習の場をつくることである。

⑤は、学習に参加すること自体が、自律的に学ぶ力を高めるような学習を組み立てたいということである。先に言及した「生涯学習」という概念では、子どもたち自身が自身の学習を自分で管理・実施する力が重要となる。それは、辞書を引く技能や、分からない時に尋ねるための表現を知るといった知識や技能のみを指すのではない。波多野(1990)は、自律的に学ぶ力を「自己学習能力」と呼び、動機づけと技能の2つの側面から論じている。そして内発的動機づけとして、知的好奇心と効力感の重要性を指摘する。技能面では、スキーマを活用した知識獲得や読みの技能と批判的思考力を挙げる。こうした力は、自身の知識や思考の状態、つまりスキーマを意識する「メタ認知」の力の発達に依存する。技能とメタ認知は、教育によって育んでいくことが可能であるとするならば、学習を効果的に進めるための適切な方法を知り、それを実際に利用できる場をつくり出すことが重要となる。そして、子どもがそうした学

習に向かおうと思えるようにするには、②③④で述べたように、知的な刺激があり、学習した結果から効力感が感じられる学習環境が必要である。

⑥については、発達段階によって、具体的な機会の設け方は異なるであろう。自分を客体化できる年齢であれば、「学ぶことの意味」を問うこともできる。それは、自身の学習に責任をもつことでもある。しかし、それがまだ難しい場合には、教師や支援者が、学んだことを子どもたちの生活や将来像に結び付けて意味を伝えていくことが必要となろう。いずれにしても、子どもたちが、「今」が自身のライフコースにおいてどのような位置にあるのかを知り、学ぶことに価値づけができることが主体的な学びには必要である。そして、子どもたちが、情報・知識の真偽を探り取捨選択する力をつけ、社会を読み解く力、いわゆる批判的思考力を高めることも、「主体的な学び」のためには重要な要素となる。

12.3. ライフコースと言語的文化的差異の捉え方
─社会的「差別」という問題への教育的対応

本章の冒頭では、主体的な学び手として、二人の日系ブラジル人青年を紹介した。しかし、この二人の青年も順風満帆で今を迎えているわけではない。IさんとJさんの語りからは、明示的には言及されていないものの、社会構造上の差別を感じていたことが読みとれる。在籍学級の学習と異なることを理由に取り出しの日本語指導をやめたいと申し出た時、Iさんにとってその差異はどのような意味をもったのだろうか。Jさんが小学校5年生で同胞との付き合いをやめた時、同胞と日本人のクラスメイトの間にどのような差異を感じたのであろうか。また、取り出しでの学習には頼らないという意思決定の裏で、Jさんは取り出されることに何を感じていたのであろうか。

文化間移動をして日本にやってきた子どもたちは、いつかは、日本人の子どもたちや周囲の大人との間に生じる摩擦や対立に向き合わざるを得ないであろう。文化間移動をしている子どもたちに、文化的階層性とそれによって惹起される「差別」に向き合わせ、それを調整する力を養うという役割が教育に課されていることは間違いない[5]。「主体的な学び」の環境をつくるためにも解決が必要な問題である。

では、子どもたちに、現実問題としての「差別」の存在を知らせ、対処の

仕方を考えさせる教育を、いつ、どのように行うことが適当なのであろうか。これも、子どもたちの成長・発達の状況、その子どもの周囲との関係性、周囲の学校社会・地域社会の民族的少数派や言語文化背景の差異に対する認識のあり様など、多角的に「その時の状況」を捉えて判断することが求められる。視点をかえれば、子どもたちのライフコースにおいて「その時」が時間軸と空間軸の広がりにおいてどこに位置するのかを考えることが重要なのである。

12.3.1. 移動による差異の顕在化―日系ブラジル人のWの作文から

この問題について考えるために、ある日系ブラジル人の中学生(W)の作文を紹介する[6]。

国籍が違う

B町立〇〇中学校　3年　W

私は日系のブラジル人です。日系なので私の家族はみんな日本人みたいな顔をしています。家の中での会話などは、ほとんど日本語しか使いません。でも国籍はブラジルです。

私は小学校4年生の時、父の仕事の都合で長野県のA市に引っ越しました。引っ越す前は今住んでいる群馬県のB町に住んでいて、ここでは学年に最低でも3人はブラジル人の子がいました。でも、長野の学校は小さい学校で、私を除いて全校生徒のうち、ブラジル国籍の子は2人しかいませんでした。その2人も、私と同じ日系でした。その学校では転入生がくることは珍しかったらしく、みんな優しくしてくれて、友達もすぐできました。

ある日、放課後に私はクラスの男子と口ゲンカになった時、その男子に、「ブラジル人のくせになんだよ！！」といわれました。私は泣きながら家に帰りました。そして、なんで国籍が違うだけでそんな言い方をされなくちゃならないんだろう…と思いました。そして、自分が日系ブラジル人で、国籍が日本じゃないことを憎んでしまいました。その男子は、次の日に「昨日はあんな言い方しちゃってごめんね。」と言ってくれました。とてもうれしかったです。でも、やっぱり、ブラジル人であることが嫌でした。それからは周りの人のことを気にしてばっかりで、国籍のことを言われるのが怖くて、人に気を使ってばかりでした。あれから、差別されることは一度もありませんでした。小学校5年生の時、また父の仕事の都合で、B町に戻ってきました。それから私はジュニアのバレーボールチームに入ったので、他校の子と仲良くする機会などが多くなりました。でも私はなぜか、自分がブラジル人であることだけは必死で隠していました。みんな友達だから、私のことを国籍が違うだけで差別しないというのはわかっていました。でもなんだか怖くて、言うことができませんでした。

私は今でもブラジル人だということに少し抵抗を持ってしまっています。ブラジルの人を見ると、自分も同じなのに同じではないと思いたくて、差別をしてしまったことがありました。こんな自分が大嫌いです。でも少しずつ自分が日系ブラジル

人であることに、誇りが持てるようになったらいいなと思います。
　だから将来は日系ブラジル人であることを生かせるような仕事につきたいと考えています。そしてこれからは、差別におびえず、堂々と生きて生きたいと思います。

　Wは国内での移動を契機に、自分と周囲の日本人との国籍の違いを強く認識する出来事を経験した。たわいもないことから始まったクラスメイトとの喧嘩で飛び出した「ブラジル人のくせに、なんだよ。」という一言によってである。日系人が多い地域の学校で国籍を意識させられることのない環境から、別の地域の学校に移動したことによって、国籍の違いという差異性が顕在化したのである。日系人であることとブラジル国籍であることの意識化により、民族的アイデンティティが大きく揺り動かされている。この経験の後、Wは、国籍が周囲との関係作りに影響があるのではと不安な状態が続いている。この出来事がWの自己認識に大きな影響を与えた要素の1つに、小学校高学年で、思春期前期に差し掛かっていたことが挙げられる。また、中学3年生になった今（作文を書いた時点）、この出来事を客体化して作文に書いたということも、Wの心理的な成長を示している。Wは、物理的な移動や心理面の発達に伴い、認識レベル、情動レベルで自身の差異性の捉え方を更新しながら、それを行動に反映させて友達との関係をつくり、生活をしている。社会的差別については、子どもたちの成長・発達の状態やその時の状況に鑑みた上で、今現在どのような教育的対応が必要かを決定することが重要であることがわかる。

12.3.2.　教育実践における「社会的差別との対峙」

　外国人に対する差別や偏見の問題を、人権教育の枠組みにおいて取り組んだ教育実践の例としては、神戸小学校や柿本の実践などがある[7]。神戸小学校では、日々の学校生活において生じた文化的人種的差異に対する偏見や差別にもとづく行動やエピソードを事例として蓄積していた。それを人権教育として授業の中で直接取り上げ、子どもたちに議論させている。また、柿本の中学校では、総合的な学習の時間として選択科目「国際」が開設されている。この授業では、インドシナ難民や中国残留孤児、日系南米人家庭の子どもたちが、自身の出自に関わる歴史的背景を理解し、民族的差異に対する日本社会の構造的問題について学習する。

　一方、社会的差別の問題に直接対峙させるというアプローチではなく、子

どもたちの差異性が生活面に現れる場面や事柄に1つずつ対処しながら、差別が生まれない状況をつくるというアプローチを採っている学校もある。例えば、横浜市立いちょう小学校では、遅刻する子どもたちを迎えに行く、給食指導を通してバランスのよい食生活を考えさせる、歯磨き指導などで衛生に対する意識をもたせるなどの活動を行っている[8]。学校と家庭の間にある認識や習慣の差から生じる「朝食をとらない」「遅刻する」「忘れ物が多い」「攻撃的な発言が多い」「すぐけんかをする」といった日常の具体的な問題を、その都度解決していくのである。問題が発生したときに、子ども本人と保護者、あるいは周囲の子どもたちと共に、何が問題なのか、誤解や情報の行き違いはないのかを話し合う。そして、学校・教師として何を期待しているのかを伝え、課題を解決するために行動することを求める。いちょう小学校は、子どもたちをまずは肯定的に受けとめ、安心して学校生活を送れる「居心地のよい」環境を作ることによって、差別のない学校を作ることを目指しているという。

　神戸小学校や柿本の実践が、「差別」の問題を明示的に取り上げて学習対象として学ばせようという取り組みであるのに対し、いちょう小学校の実践は、差異性によって生じる問題や課題を児童の個々の問題として解決しようというものである。前者が、社会的差別や偏見を人権問題の枠組みで前景化させるのに対し、後者は個別の「生活上・学習上の問題」として扱い、文化的差異を際立たせようとはしない。差別を教育課題として認識している点では共通する両者であるが、そのアプローチの仕方は異なる。前者の「社会的差別」を前景化するアプローチについて危惧されることは、国あるいは民族による境界が固定化される可能性があることである。差別が、国や民族による差異性に起因するという観念が固定的に形成されれば、子どもたちは、「民族的同胞＋同胞に好意を抱く日本人」対「日本人」といった二項対立的な捉え方でしか関係性を築けなくなる恐れがある。子どもたちは、対立する対象が消失した場合、自身の存在を確認するすべがなくなるかもしれない。一方、後景化のアプローチも、個別の生活問題を中心にした課題解決に収斂してしまい、子どもたちに、差異性の社会的意味についての認識を形成することができない可能性がある。それは、子どもたちが自律した社会構成員として社会参画する上で求められる、批判的に社会を読み解き、自身で課題を解決する力を培う力を育成できないままに、差別に目隠しをした状況を作ることになる可能性もある。

どちらの教育的対応が適切かと対立的に議論されることもあるが、結論を急ぐ前に、文化間移動によって言語的文化的な差異性を意識せざるをえなくなった子どもたちの視線から、この問題をもう一度考えたい。

12.3.3. 多様な背景をもつ支援者との関わりを通した学ぶことへの価値付与

「今じゃなくても、ここじゃなくても、他に僕の夢を応援してくれる人がいる」。

小学校の6年生で来日し、現在大阪の大学で学ぶ中国帰国者（残留孤児であるの祖父の呼び寄せ家族という立場で来日）Hさんの一言である。Hさんは、小、中、高校時代を通し、常に周囲との関係に、困難と孤独を感じていたという。この間、Hさんはどのように社会的差別に対峙してきのであろうか。以下、Hさんの同世代のクラスメイトたちとの関わりを、体験談の一部を抜粋するかたちで紹介する[9]。

中国帰国者のHさんの体験談（一部抜粋）

(前略)中学校生活では、週に2回の日本語の勉強以外の時間を、クラスの中でどうすごすかということが、もっとも大きな悩みでした。中学校に入った頃の僕は、片言の日本語しかできませんでした。思っていたよりも授業が難しくて人間関係もうまくいかない…友達が殆どできませんでした。いつもひとりぼっちの私の相談に乗ってくださったのは①担任の先生を始めたくさんの先生方でした。(中略)

中学校3年間、友達関係の悩みはなくなることはありませんでした。日本人は不思議だと思いました。大人の人は、こんなに親切なのに、子どもたちはどうしてこうなんだろう？言いたいことをはっきり言わず、グループになって行動したがる日本の子どもたちは、ストレートにものを言う私の表現の仕方に違和感をもっていたのでしょうね。私は、ある時期から②そのことはあまり考えず、先生方に支えられながら勉強で乗り越えようとしました。

高校生になっても、人間関係の悩みがなくなることはありませんでした。新しい場所、新しい集団での生活は、まずまずのスタートでしたが、あるときを境に状況は一変しました。クラスメイトの目、表情は冷たく、仲が良かった友達まで、僕を避けているようでした。僕は「なんで…？」とストレートに聞いてみましたが、友達は「いや、べつに。」というだけで何も言ってくれません。なにがなんだかわかりませんでしたが、あとで、それが自分とは全く無関係のある報道が原因だったことを知りました[10]。

それ以来、また友達のいない孤独な学校生活が始まりました。高校時代、一度は学校を辞めようとさえ思いました。そんな私を踏みとどまらせてくれたのは、担任の先生を始め、③周囲の大人の方々でした。(中略)

④大学進学という次の目標が定まってからは、そこに向かって一生懸命がんばりました。目標は、大阪○○大学で、中国語と日本語をきちんと学び直すこと。(中略) そのハードルが非常に高いということを先生方もご存知でしたが、それでも、私の

> 目標達成を願って応援してくださいました。(中略)
> 　振り返ってみると、日本に来てから大学に入るまでの7年間、楽しいことも、つらいことも、本当にたくさんありました。これらすべての体験が新しい勉強で、自分にとって計り知れない大きな収穫だと思っています。(中略)自分を支えてくれる家族、友人、そして先生方、多くの人々が回りにいたからこそ、今日の僕がここにいます。(後略)

　Hさんは、言語的文化的な差異によって引き起こされる、孤立や対立、葛藤を経験している。その引き金は、本人個人が帯びている差異性のみではなかった。中国に関する報道によって、一晩で周囲のクラスメイトから疎外されるという経験もしている[10]。個人レベルから国レベルまで、いくつもの層で引かれる国の「境界」を、Hさんは背負わされている。しかしながら、その悩みに耳を傾け、生活・学習面でHさんを支援してくれた多くの支援者のお陰で、「自分を取り戻す大切な時間(本人のことば)」を得ている。

　例えば、①の時期には、学校に来て日本語指導をしていた中国人教師との勉強が、心を開き、中国人としてのアイデンティティを確認する時間だったと言う。また、中国出身者が中心となっている合唱団の活動や、地域のボランティア団体の勉強会にも参加していた。②の時期には、担任教師や教科担当教師が、授業の理解や高校受験の支援を熱心に行ってくれた。③の時期には、担任教師や養護教諭が悩みを聞いてくれ、他の教員にも理解を促してくれた。④の時期には、父親の会社の上司が進路の相談に乗ってくれた。夢であった歌手への道が険しいことや、大学で言語やその他の技術を学んでからでも夢の実現は可能だという助言を受け、Hさんは心の整理をつけ、大学受験に集中できたと言う。こうしたHさんの姿勢に、高校の教師も様々な方法で受験のサポートをする。また、来日後、継続的に日本語の指導や中国語の強化のための支援をしてくれる支援者の方の存在もあった。

　Hさんは、学校に存在する社会的差別に対し、一定程度距離をおいていたことが窺える。周囲にその問題を語る相手が存在し、その問題を一時的に「棚上げ」することが可能になったからであろう。周囲の人とは、中国人の教師、学校の担任、養護教諭、地域のボランティア、中国を良く知る日本人支援者、父親の上司、地域の中国人が中心となっている合唱団など、社会的にも文化的にも多様な背景をもつ人々である。こうした支援者や人々との出会いを通して、「大学で学び、その後、機会があれば歌手の道を目指す」という明確な将来像を描くようになった。民族的アイデンティティと日本社会

への参与に対する積極性をともに維持している。12.1.2.の図1で示した支援のネットワーク化が機能したものと考えられる。

　Hさんは、体験談の最後に、来日後の7年間を振り返り、つらいこと（社会的差別）を客体化して述べている。それが可能になったのは、多様な価値観をもつ周囲の人々による支援が、Hさんを経由して有機的に結び合った成果ではないかと思われる。社会的差別の問題に関し、学校という閉じた文脈で、ある1つの教育的価値観に基づいて解決しようとすることには限界があるということを、H君の体験は物語っているのではないだろうか。社会的差別を前景化するアプローチも後景化するアプローチも、短期的な実践や単独での試みでは、子ども自身が社会的差別を客観的に捉え、自分に合った方法で対応する力を育むことは困難なのではないだろうか。

　2つのアプローチとも、子どもたちが言語的文化的差異による社会的差別を乗り超えて自己実現できるようになるには、教育的対応が必要であると主張する点は共通している。両タイプの教育を、子どもたちの年齢と発達段階、そして社会化の進度やその時点での周囲の子どもとの関係性などを考慮して、いかに教育課程に織り込んでいくかを議論することこそが求められているのである。日本社会における外国人に対する「差別」「偏見」といった問題について学ぶことは、外国人の子どもに限らず、日本人の子どもたちにとっても同様に重要である。その学習に積極的な意味をもたせるには、子どもたちが自律した個人として社会参画することに関連づけることが必要であろう。社会的実践としていかに構成するかが、決定的な要素として問われるのである。どちらの子どもにとっても、学校や教室の「お勉強」としてのみならず、現実的な問題の解決という営みとして、社会との関わりを経験しながら学ぶことが意味をもつ。子どもたちは、自身との対話や多様な価値観をもつ人々との対話を通してこそ、社会的差別を批判的に読み解き、解決する力を身につけていくのだと思われる。そのためにも、こうした教育・支援・経験の蓄積を相互交流することが必要である。そして教育全体の枠組みにこの問題を位置づけ、現代的教育課題への教育的対応をトータルで考えられる学校・教師と地域・支援者のコミュニティが形成されていくことに期待したい。

注
1　川上郁雄(2007)「4.「主体性」と学び、そしてリテラシー教育」『2007年度春季日本

語教育学会大会予稿集』pp.337–339
2　蘭信三は、社会学の立場で中国帰国者の調査を行い、社会的な立場や家庭内での役割といった社会的側面に着目して、帰国者の生涯をいくつかの時期に区分し、ライフステージと呼んでいる。ここでは、青年前期を対象としてはいるが、生涯をライフコースと捉える。子どもたちの時間軸における発達・成長にともない経験する心理的、身体的、社会的な変化の節目を段階的に捉え、ステージと呼ぶことにする。
　　蘭信三(2000)『中国帰国者の生活世界』行路社
3　箕浦康子(1999)『フィールドワークの技法と実際―マイクロ・エスノグラフィー入門』ミネルヴァ書房
4　先に紹介した「年少者日本語教育学について考える会　第5回研究集会」での筆者の提案と議論を、本書に向けて書き下ろしたものである。
5　この問題については、東京学芸大学国際教育センターが開催した、第5回外国人児童生徒教育フォーラムで、大いに議論となった点である。ここでは、東京学芸大学国際教育センター(2005)をもとに述べる。
　　東京学芸大学国際教育センター(2005)『第5回　外国人児童生徒教育フォーラム　外国人児童生徒の「ことばと学び」』
6　大泉町教育委員会・大泉町人権教育推進委員会(2005)『笑顔のあすを　児童・生徒人権ポスター・作文・標語作品展より』個人名、地名等は個人情報保護の立場から、アルファベットにした。
7　神戸小学校(2000)『ふれあい、共感しながら自らを高める子の育成―人権尊重を核にした国際教育―』
　　柿本隆夫(2006)「第1章　教育課程に「外国人生徒のための授業」を位置づける」清水睦美・児島明編著『外国人生徒のためのカリキュラム　学校文化の変革の可能性を探る』嵯峨野書院
8　齋藤ひろみ(2008)「いちょう小学校における外国人児童生徒教育の実際―協働研究者の立場から―」土屋千尋編著『学校・大学・地域の連携・協働による外国人児童の学習環境づくりに関する実践的研究』pp.34–54
9　筆者が参加したフォーラムで直接聞いたH氏の体験談と、その報告書に掲載されている資料をもとに構成した。
　　日本語学習支援ネットワーク会議 in YAMAGATA 実行委員会(2008)『日本語学習支援ネットワーク会議 in YAMAGATA　みんなで支える多文化の子どもたち―外国出身の子どものサポートを考える　報告書』
10　Hさん本人によると、北京で行われたサッカーの日中戦での、中国人サポーターに関する報道だとのことである。

第13章　学習支援から教育コミュニティの創造へ

佐藤郡衛

13.1. 社会で生きていく力を育む―「学力」の多面性とその再定義

　前章では、子どもたちの学習支援をライフコースという視点から構想することの重要性が示された。つまり、子どもたちの学習支援は目の前のことだけでなく、重要なライフステージごとに支援をすることで、子どもたちの主体的な学びを生み出すことが課題になるということである。言語文化的背景の違う子どもたちが、他者との関わりを築き、その関係を広げていくには、その差異を乗り越える力が必要であり、そうした力を育むことの必要性が述べられた。

　この言語文化的な差異を乗り越え、他者と関わっていく力とは、多様な人と関係を作り出す力(相互的な知)、課題を他者とのかかわりを通して解決する力(参与的な知)などである。外国人の子どもの場合、こうした力を獲得するには、「共通の足場を構築できるような場」、さらには「各自が固有の経験を語ることのできる場」を保障する必要があることが指摘されている[1]。つまり、受容的な他者を前提にして、自分を表出できるような居場所を見いだし、そこを足場にして、他者との関係を築き、共同で課題解決できるようにしていくことである。

　しかし、これまでの学習支援は、どうしても目の前の子どもの日本語力、さらには教科の知識をつける支援が重視され、「参与的な知」や「相互的な知」を育成するといった視点が希薄であった。言語文化的背景の違う子どもの場合、日本の学校の教授言語である日本語力が十分でないため「低学力」

が問題になることが多い。これは、現行の学校システムのもとでの学力を基準にするためであり、学力自体を問い直す必要がある。ただ、学校で求められる知識と「参与的な知」「相互的な知」は決して二項対立的にとらえられるものではなく、学力を重層的に把握することで統合した議論が求められる。

　学力を重層的に把握することは、これまで常に外国人の子どもを「低学力」として位置づけ、日本の学校で必要な学力を補償するといったとらえ方を相対化できるようになる。ここでは、「学力」を機能軸と時間軸という2つの軸から整理してみたい。機能軸は、知識や技能の習得それ自体に価値を見いだし、その習得を重視する「道具的」側面と意欲・関心、自己学習力といった個々人の情意面を重視する「表出的」側面に分けられる。また、時間軸は「現在」に価値をおくか、「将来」に価値をおくかに分けられる。つまり、子どもたちのいまを重視するか、それとも将来にわたり必要な力の習得を目指すかということである。この2つの軸を交差させることで、「学力」を次の4つの側面に整理できる(図1参照)。

① 道具的─現在指向→学校の知識習得度(狭義の「学力」)と知識習得の過程で形成される認識の基礎としての力(思考力、観察力、論理力等)
② 道具的─将来指向→学習能力、学習の可能性
③ 表出的─現在指向→意欲・関心、自己学習力等
④ 表出的─将来指向→社会的能力、価値観、市民性

　ただし、外国人の子どもの学力を検討するには、この中核に言語力を据えなければならない。言語力は、日本語と母語の両方をさし、「学力」の基底をなすものである。これは、教科書の意味の理解、授業での教師の説明の理解、教科用語の理解のための言語技能や日本語の文法や語彙を理解する力といったものではない。事実を記録する、描写する、報告するといった学習活動を通して、その内容を正確に理解したり、わかりやすく伝えたりするような言語力である。授業では、具体的な事象から概念を導き出したり、具体的な事象に当てはめ説明したりする活動が中心になるが、そうした活動に参加することで、基礎的な概念の理解が深まるし、その理解には言語力が必要になる。さらに、他者との対話を通して自分の考えを深めたり、さまざまな人間関係のなかで自らの価値などを確かなものにしたりすることができるが、そこでも言語力は重要な役割を果たす。このように言語力とは、「学力」の多様な側面と有機的に結びつきながら高まるものであり、また、多面的な

「学力」の向上とともに言語力も高まっていくものである。

このように「学力」の多面性に注目することは、外国人の子どもたちがどのような「学力」をつける必要があるかを明確にする上で有効である。しかも、「学力」の多面性に注目することは、狭義の「学力」の向上にもつながる。外国人の子どもの場合、成長・発達の過程でどの側面の「学力」に焦点を当てることが重要か、そのためにはどのような支援が適切かを判断する必要がある。狭義の「学力」である「学校の知識の習得度」は、他の「学力」の側面との関わりがあって向上していくものであり、たとえば、「意欲、関心、自己学習力」といった表出的な側面が「知識の習得度」と密接に関連する。外国人の子どもの場合、日本語力が十分でないため、「語彙」の習得に力点がおかれることが多いが、それでは文脈から切り離され、学習可能性としての「学習能力」の向上に結びつかないし、知識の習得もままならなくなる。

また、中学校段階の生徒の場合、高校入試に向けて狭義の「学力」の向上を目指すことが多いが、高校入学後、すぐに中退する生徒も少なくない。こうした生徒の場合、「学習能力」を十分習得していないことが1つの要因になっている。このため、新しい知識や課題を習得・解決していくことができる学習可能性としての「学力」や知識習得の過程で形成される「認識の基礎

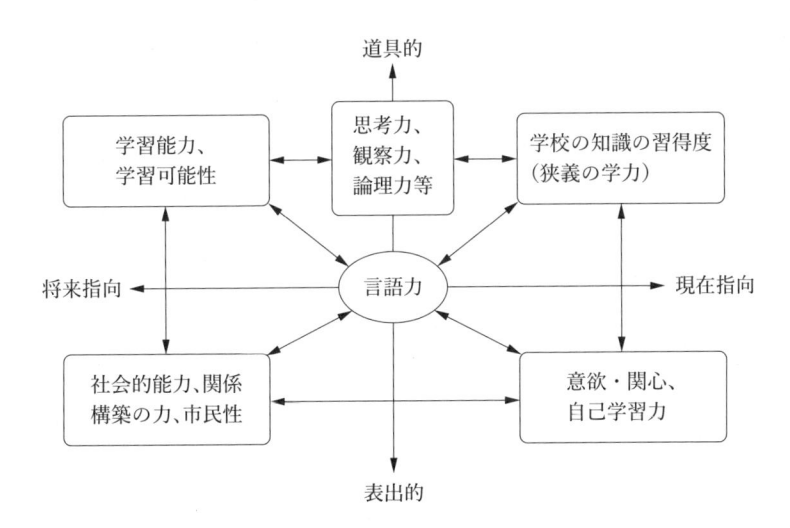

図1 「学力」モデル

としての力(論理力、観察力、批判力等)」などに焦点をあてることが必要になる。さらに、子どもたちの社会関係を豊かにし、自分の居場所を確保し、自分を表出できるような場を保障することが、学習意欲に結びつき、それが知識の習得に結びついていくこともある。

　外国人の子どもの「学力」の議論では、その多面性への注目と同時に、「学力」についての再定義も必要になる。2部の事例で示した門真なみはや高校の取り組みは、狭義の「学力」を再定義する試みととらえられる。「日本語教育」という正規の科目では、日本語能力試験1級合格という目標を設定し、それを「学力」として定義しており、なにより母語(中国語、スペイン語、タイ語、フィリピノ語)を正規の選択科目として位置づけ、成績評価を行い卒業単位として認定しているのである。正規の教育課程に「母語教育」を位置づけることで、その習得度が「学力」として正当に評価されるようにしているのである。このように、日本の学校的な基準をずらす、あるいは相対化することで「学力」のもつ意味も変わってくる。外国人の子どもにとって、「学校の知識の習得度」という場合、学校という制度の枠をいったん相対化した上で、どのような知識が必要かという検討が必要になる。

　以上をまとめると次のように整理できる。①外国人の子どもの「学力」の多面性に注目する必要があること、②日本の学校での基準をずらしたり、相対化したりすることで「学力」の再定義をはかる必要があること、③学力の基底として言語力に注目する必要があること、④「学力」の向上には多様な側面からの支援が必要なこと、以上の4点である。

13.2.　多様な回路による学習支援

　外国人の子どもの場合、知識内容の習得のみに注目すると、子どもたちは学習から距離をおいてしまうことがある。そこで「学力」の多面性に注目し、多様な回路による学習支援が求められることになる。学習支援には次のような回路が考えられる。第1は興味関心を引き出し学習意欲を喚起し、知識の定着をはかるという回路であり、まずは子どもたちの興味関心を引き出すような支援、第2は子どもたちの学習の基礎としての「思考力、観察力など」を育成するという回路で、学習能力や学習可能性を高める支援、第3は言語力を育成することで知識の習得を促す支援、第4は子どもの社会関係を構築していくという回路で他者との関わりの中で学習への動機づけをは

かる支援、そして第5は現在の自分を再構成するという回路で、子どもの過去といまをつなぎ学習の連続性をはかる支援である。こうした支援により、総体として「学力」を高めていくことが課題になる。以下、2部の事例などをもとに詳しくみていく。

第1は興味関心を引き出し、学習意欲を喚起させるような支援である。これは外国人の子どもにとって、日本語力が十分でないため、子どもの興味関心や認知力からかけ離れた授業が行われているといった問題がその背景にある。OECDの移民の子どもを対象にした調査では、数学という教科に限定したものだが、移民の子どもたちの学習意欲（数学に対する意欲・関心）が高く、学校が移民の子どもの学習を教育システムの中で支援する必要性を指摘している[2]。このことから、学習への関心と学ぶ楽しさ、外発的動機づけ、自己効力感などを高めることの重要性が示唆されている。これは、2部の川崎市の日本語指導等協力者グループと小学校における取り組みの事例からもうかがえる。子どもたちがメダカに関心をもつように、実際にメダカを飼うという活動を中心に据えている。興味関心を引き出し、飼育するために、メダカの飼い方を調べるという学習である。子どもたちは、ペットショップでのインタビュー、図鑑で調べるといったメダカを飼うために必要な知識を得るという学習を行うことで、自己学習力や知識の定着をはかろうとしている。

第2は子どもたちに「学習能力」をつけるための支援の試みである。JSLカリキュラムは、子どもたちの「思考力、観察力、論理力」などの知識を体系化したり、関連づけたりするという学習をする上で必要な力を育成することをねらっている。2部の神栖の軽野東小学校の事例は、この回路による学習支援の試みととらえられる。外国人の子どもの一人にきょうだいが誕生するという出来事を出発点にし、「赤ちゃんのふしぎ」という学習単元を開発している。まもなく出産する母親が授業に参加し、子どもたちがその母親のお腹に聴診器をあてて胎児の心音を聞かせ、それを文章化させようとする取り組みである。この活動で、子どもたちは、「音の正体を想像する」「胎児の成長の様子を身長や体重でとらえる」「インターネットで情報を収集する」といった学習活動を展開しているが、その過程で、調べる、気づく、意味づけるといった活動を通して「学習能力」の育成をはかっている。

第3は、言語力の育成を目指した支援である。外国人の子どもたちは、日本語で学習内容を理解し、それを日本語で表現することが学校では求められ

る。しかも、他者に向けて自分の理解を日本語で発信していくことにより、知識の定着もはかることができる。このため、理解を深めるためには、日本語で他者とやりとりする多様な場を保障し、自分が理解したことを日本語で表現する力をつけていくことが必要である。磐田市立東部小学校の実践にこうした支援の特徴を見て取ることができる。国際教室「なかよしワールド」での取り組みに加え、子どもたちが在籍する学級において、子どもの学習参加を支援する試みがなされている。学習に参加できるような日本語の支援をしているが、子どもたちはそのことで、教師の問いを理解し、日本語で表現できるようになっている。こうした日本語力の育成を通して授業に参加できるようにし、その結果、「学力」の向上につなげようとしている。

　第4は、子どもたちの関係性の構築をめざし、他者との関わりを通して学習を展開し、「学力」の向上に結びつけようとする支援である。2部の事例の多くは、外国人の子どもの場合、関係性の構築が鍵になることを示している。ここでは、川崎の「ふれあい館」の学習支援の取り組みをみていく[3]。近くのA高校に入学した生徒が「ふれあい館」でボランティアとして中学生の支援を行っている事例である。この高校生たちは、学校では支援される側だが、「ふれあい館」では支援する存在になっており、しかも、中学生にとっては、意味ある他者になっている。外国人の子どもたちは、将来予定される進路という「常識的な知識」によって縛られ、そこから逃れられないことが多い。ここでは、そうした枠を先輩との関係性を通して壊し、自分の将来の方向を見いだし、そのことにより学習意欲の向上に結びついている。この関係性の構築についてスタッフの原千代子は次のような興味深い報告をしている。「最近のサポートぶりをのぞいてみたら、教材を使っていなくて、何をやっているのかなと思ったら、その中1の男の子に、好きな人がいるかと聞いていて、その子は日本人の女の子が好きだったようですが、それだったら、まず彼氏いるかとか、付き合ってとか言わないとだめだという指導をしていました。」このエピソードは、当事者の視点からの関係性の構築の重要性を示している。英語の学習支援がもともとのねらいだが、思春期特有の子どものもつ興味や関心を正面に据え、信頼関係を築くことで中学生が学校に行くことや学習に意味を見いだすようになっているのである。

　第5は、現在の自分を再構成できるようにすることで「学力」の向上につなげていくような支援である。ここでは、自分の居場所を見つけ、そこでいまの自分をとらえ直し、自信がもてるようになり、それが学習意欲につな

がっていった事例を取り上げる。9歳でインドシナ難民として日本にきたCさんは、公立小学校3年生に編入した。しかし、学校はあまり役立たず、Cさんが居場所を見つけたのは近くの日本語教室だった。「僕はそこですばらしいボランティアの先生と出会いました。僕を外国人の生徒としてではなく、カンボジアのCとしてみてくれました。僕はカンボジア人ですが、タイで生まれて、カンボジアをまったく知らないで日本にきました。先生はそのことを知って、カンボジアについて、戦争のこと、今のカンボジアのことなどいろいろ教えてくれました。勉強することの楽しさを知ったことは大きな意味がありました」[4]と語っている。この事例から、ボランティアの支えにより過去の自分と向き合い、自分をとらえ直すことで、学習の楽しさを知るようになっていることがわかる。こうした取り組みは、2部の群馬県大泉町の国際教育技術普及センターの親子日本語教室の取り組みにも見て取ることができる。つまり、日本語が堪能な子どもが日本語教室の講師をつとめることで自信をつけ、さらに、日本語能力試験の受験という明確な目標設定をすることで、学習の方向性をはっきりさせ、学習意欲を高めているのである。

　以上のように、「学力」の多面性に注目することで、学習支援も多様な回路が必要なことがわかる。単に、学校での知識の習得の支援だけにとどまったのでは、子どもの意欲を減退させたり、将来につながらなかったりすることがある。「学力」の多様性に注目することで、多様な回路による支援が可能になり、それが子どもたちの「学力」を向上させることになる。こうした多様な回路による学習支援は、当然、学校だけでは対応できない。学校だけでなく、地域の多様な支援の場が必要になるが、次にこの点について検討する。

13.3. 多様な学習支援の場を

　多様な回路による学習支援は、学校を中心に多様な展開をみせつつある。11章で述べたように、学校では子どもたちの学習を成立させ、学力を向上させるための多様な試みがなされているが、その多くは親や家庭の協力、教師と日本語ボランティアとの共同、学校と地域との連携のもとで展開しているものである。外国人の子どもの学習支援は、学校だけでは限界があり、家庭や地域と連携することで効果があがる。しかし、家庭や学校そのものが支

援の場として機能しないことがあり、それに代わる場が必要になる。

まず、家庭に代わる支援の場である。子どもにとり家庭は重要な支援の場だが、外国人の子どもにとりその家庭が支援の場になっていないことが多い。ここに、家庭の資源を有効に活用できないという外国人の子どもの特徴がみられる。ラオス難民として、2歳で日本にきたDさんは家庭のことを次のように語っている。

「小学生の時は、家庭では日本語が唯一できる存在として頼られました。学校の連絡網や書類関係はほとんど私が対応しました。…中学生になると高校受験で悩みました。日本人の家庭なら両親が色々と高校のことや受験のシステムなどを知っていて、おせっかいなほど面倒をみてくれるでしょう。しかし、私の両親はまったくそういうことを知らなかったので、ただ応援してもらうだけで頼りにすることができませんでした。私は次第に両親を尊敬することもできなくなり、私自身がラオス人だということに劣等感をもつようになりました(ただし、Dさんは、大学に通うようになったいま、「両親が経験した苦労に耐えられるだろうか。そう考えると本当にすごい両親だなと尊敬しています」と語るようになっていることをつけくわえておく)[5]。

この事例は、Dさん特有のものではなく、外国人の子どもにかなり共通してみられる。つまり、家庭が子どもたちの教育を支える場になっていないのである。宮島喬は、「適切な相互作用や援助の行われるべき場としての家族の存立の困難さ」があるとし、親の日本語能力の不十分さ、同国人同士の集住からくる日本人との接触の少なさ(学校制度への知識、情報の不十分さ)、長時間労働などをその理由として指摘している[6]。家族が子どもの教育の基盤になっておらず、それどころか、子どもの日本語習得が進む一方で、母語の喪失が進み、親子間のコミュニケーションが成立しないというマイナスの事態も生じているのである。そこで、家庭を代替するような支援が必要になる。

小島由枝は、こうした家庭の支援を代替する試みを川崎で行っている。小島は、「宿題がでても、家庭で親が教えることもできず、いつも宿題忘れとなってしまい家庭学習の習慣が身に付かない」ことが、「わからない」ことにつながり学習意欲をなくしてしまう子どもが多いと指摘している。そこで、「すべての子ども達に勉強の場を提供しよう」「子ども達が必要としている学習を支援していこう」と学習サポートを開始した。それが「さくらもと学習サポート」である。これは、ボランティアのスタッフで運営されて

おり、スタッフとしては桜本小学校の職員、「ふれあい館」の職員、地域の青年、保護者、卒業生、近隣保育園の職員など、多くのボランティアが参加し、小学校3年生以上の子どもを対象に、国語・算数を中心に行っている。桜本小学校の学校施設開放団体に登録し、体育館内にある「ミーティングルーム」を借り、毎週火曜日の午後5時30分〜7時、毎週土曜日午前9時〜10時30分に学習支援を実施している。はじめの1時間を「個人勉強」、残りの30分を「みんなで勉強」に当てている。「個人勉強」では、一人ひとりにあう内容を子ども達と一緒に考え行い、「みんなで勉強」ではクイズやビンゴなど工夫を入れながら漢字や日本の県名などを学習できるようにし、また、夏休み・冬休みには特別に数日間サポートを行っていることを報告している[7]。この支援は、家庭に代わる学習支援を地域で展開している例である。

　次に、学校に代わる支援の場の必要性であり、具体的には地域の日本語教室における支援である。外国人の子どもにとって、学校が必ずしも支援の場にならないこともあるし、不就学の子どもたちにとっても地域での支援が重要になる。先に紹介したCさんは、地域の日本語教室が自分の居場所になったことを語っている。「小学校4年生になって転校しました。その学校には、カンボジア、ラオス、ベトナム、ペルーなどさまざまな国籍をもっている子どもたちがたくさんいました。ここでも最初は、まったく授業についていけませんでした。毎週水曜日の放課後に外国人のためのスポーツやそれぞれの子どもたちの国の言葉で勉強を教えてくれました。でも、授業には役立ちませんでしたし、僕の居場所にもなりませんでした。とても苦しかったです。友達も少なくて、毎日が不安で、どうすればいいかわからなくて、考えて、考えて、泣きたいくらいでした。当時の学校の先生は、ついていけない子を見て見ないふりをしているようで、僕も傷つきました。小学校4年生、5年生の僕の記憶には、教室に黒板はあっても、その前にいるはずの先生はいませんでした。先生は透明人間のようでした」。こうした学校生活のなかで、Cさんは地域の日本語教室で自分の居場所を見つけていく。「僕は自分の居場所を見つけたと思いました。（日本語教室の）先生の心の中に、そして先生が教えてくれたことに、そこが自分の居場所だと思いました。目的、目標を持って、自分に自信が持てるようになったのは先生のおかげです。人生を変えてくれた、今でも尊敬している」と語っている[8]。

　Cさんは、中学卒業後に神奈川県内の私立高校に入学する。その後、短大

制御学科に入学、さらに私立大学機械システムデザイン学科に編入学し、卒業後、企業に就職している。地域の日本語教室でのボランティアとの出会いと支援が、高校や大学に入学するための学力に結びついていった例であり、学校に代わり、地域の日本語教室が子どもにとって意味をもったことを示している。こうした地域における支援は、特に不就学の子どもにとって不可欠である。不就学の子どもにとって、地域の日本語教室の学習は、意味のある場合が多く、今後、地域での学習を就学の一定の条件に加えることも考慮していく必要がある。

　さらに、学校と地域の連携により子どもたちの学習の連続性を保障する支援である。愛知県豊田市の保見団地で活動しているNPO法人「子どもの国ゆめの木教室」(以下、「ゆめの木教室」と略)の活動である[9]。この教室の取り組みは、学校と地域のNPOが協力することで、子どもの学習の連続性をはかり、学力を向上させる試みである。「ゆめの木教室」は、2000年4月から活動を開始したが、設立当初から学校との連携ができていたわけではない。代表の井村美穂は、設立当初は、「学校との連携がないものですから、当然、下校時間も分からない、行事も分からない、宿題の内容も分からない。先生が今、この子にどういう指導を望んでいるのか。この子に学力を付けるためにどうしたいのか。そういうこともまったく分からない、そんな時代が2年、3年続いた」と述べている。2002年に豊田市自治振興課からの委託を受けたことが契機になり、徐々に学校との信頼関係ができるようになったという。毎月、保護者に「ゆめの木教室」の出欠の連絡や学習状況等をポルトガル語、スペイン語で報告するようにし、それを学校にも伝えたことで、学校の姿勢も次第に変わってきた。子どもの状況や情報を交換することで、連携がはかられていったのである。「ゆめの木教室」は、継続的に学校へ通い続けるための支援を目的にして、近隣の西保見小学校と緊密な連携がなされ、月1回程度の学校との連絡会(出席状況や気になることやがんばっていることを情報交換し、相互に指導やフォローができるようにするための情報交換会)、宿題連絡ノート(日本語教室から出される宿題を点検し、音読カードに記入)、夏休みの宿題プリント、日常的な連絡などの活動を行っている。

　この「ゆめの木教室」の取り組みは、地域における子どもの学習支援を構想する上で多くの示唆を与えている。学校外の子ども様子を学校に発信し、教師との信頼関係を築き、子どもの情報を共有し、共に支援する関係をつく

りあげている。その結果、子どもの学習の連続性がはかられ、子どもの生活全体を支えることになっている。

13.4. 教育コミュニティの創造に向けて

　ここまで外国人の子どもの学習支援は、学校という場に限定されることなく、子どもたちの生活の広がりに応じて支援していくこと、さらに成長・発達の過程で適切な場で有効な支援をしていくことの必要性を示してきた。それには、支援のネットワークが必要だが、具体的には行政、学校、地域のボランティア団体やNPOなどの連携を実質化していくことである。そこで、外国人の子どもの学習支援の体制をつくり、そして、その体制をどのように地域で具体化するかについて検討する。

　地域で学習支援の体制を構築することの必要性はこれまでも指摘されてきたが、それは決して容易でない。特に、行政、学校、ボランティア団体やNPOとの連携は上手く機能しない場合がある。野津隆志は、外国人の子どもの支援という共通の目標に向かいながら活動を展開しているNPO、教育委員会、学校が連携できない状況を、「情報ギャップ」「連携概念ギャップ」から説明している。NPO、学校、行政では、子どもに関する情報のギャップ、他組織についての知識・情報のギャップがあること、さらに、連携については、NPOは連携を対等の関係の「協働」としてとらえるが、行政は非対等の「委託」をイメージし、学校は教育活動を効果的に進める「補完」というようにとらえることを明らかにしている。こうしたギャップを克服するには、「公的なコミュニケーションの場の設定」と「対等な規範形成」の2点が必要なことを提案している[10]。

　野津が指摘するような「公的なコミュニケーションの場」を設定するような動きは、2部で紹介した福岡の「よるとも会」に見て取ることができる[11]。「よるとも会」は、自主的な活動を、行政の施策の枠(「空き教室」対策事業)にあてはめ、小学校の空き教室を利用できるようにしていった。香椎浜地区は少子化が急速に進んでおり、学校の空き教室が多くなりその対策が求められていた。そこに、自分たちの活動を行政に申請し、学校の空き教室を恒常的に利用できるようにした。自主的な活動から出発し、学校や行政が後から「巻き込まれる」形になっている。最初から学校を核にしたものではなく、地域の活動から学校を巻き込むというところに特徴がある。しか

も、この活動にその学校の教師だけでなく、近隣の中学校の教師、同じ学区内の小学校の日本語教室の担当教師なども参加している。このことで、学校や学校での学習との連続性もはかれるようになる。また、この教室の特徴は、構成メンバーの多様性、緩やかで柔軟な組織づくりにあり、多様な人がボランティアとして関わっている。たとえば、高校生が支援者として入り込み、成人の日本語学習の支援をしたり、小学生の学習支援などを行ったりしている。この会には、会の運営や企画などをめぐって多様な人が関わり、対話を繰り返すという「公的なコミュニケーションという場」が設定されている。しかも柔軟な組織であるため対等な規範を形成させやすいという面をもっている。この会の設立にかかわった吉谷武志は、「みんな、○○さんと呼び合う関係づくりを目指してきた」と語っていることからもそれがうかがえる。

　この他、門真なみはや高校でも教員の有志と教育委員会との継続的な対話が、この高校の取り組みを支えていることが報告されている。また、川崎市の事例は、授業づくりという共通の目標のもとに、教師と日本語指導等協力者が一体になり、行政を巻き込んだ取り組みになっている。「ゆめの木教室」、「よるとも会」、門真なみはや高校、川崎市の授業づくりなどの例から、地域のボランティアやNPO、学校、行政が連携する上で重要な点が示唆される。つまり、三者間の情報のギャップを埋める試みをしていること、積極的に活動を公開していること、自分たちの活動や取り組みについて行政等に何らかの働きかけをしていること、参加者や当事者間の関係が対等であること、さらには行政の側に重要な理解者が存在したことなどである。ここで重要なことは、制度的な枠(おうおうにして権威的な関係であることが多い)から出発しつつも、子どもの情報をもとに共に活動をすることで信頼関係を築き、従来の枠をこえた連携が成立しているという点である。

　文化間移動をする子どもの教育は、こうした関係性をもとにした教育コミュニティへとつなげる必要がある。池田寛は、教育コミュニティを「学校と地域が協働して子どもの発達や教育のことを考え、具体的な活動を展開していく仕組みや運動のこと」と定義し、学校の教師と地域住民・保護者とが協働してその教育効果を実らせていく「恒常的なシステムづくり」が鍵だとしている。その際、「集まって話し合い」「ともに力を合わせ」「いっしょに汗を流す」ことが重要であり、この「協働の作法」はそうした活動への参加を通して学ばれ、伝えられていくものであることが強調されている[12]。この

ことは、支援活動への参加や共同の活動を通して、新たな関係性をつくり、それをシステム化していくことの重要性を示している。

　文化間移動をする子どもの学習支援では、地域のボランティアやNPOなどが重要な役割を果たしているが、教育コミュニティの創造には、地域のボランティアやNPOなどの活動が鍵になる。そうした組織は、それまでとは違った関係が形成されるためである。それは、ギデンズのいう「親密な関係性」に近いものであり、伝統的な人間関係とは全く異なった力学をもち、他者との信頼関係を積極的に樹立することがその成立条件になる。つまり、「関係性を一歩一歩進展させていく」「選択の自由」「関係性における権力の均衡と相互依存性」「相手に寄せる適正な信頼」「互いに相手の個性を受け入れていく」「関係性が現実のすべての側面に対処していく」「関係性が絶えず変わっていく」「協力しあって問題解決を行う」などの特徴をもつものである[13]。文化間移動をする子どもの支援を通して、他者との関係構築のあり方が変わっていくというものである。そのためには、すべての構成員が平等であり、自由に意見を交換しあえること、すなわち「話し合いの公共的空間」をしつらえることが重要であることを指摘している[14]。また、ギデンズは、「話し合いの公共空間」には、「生成力のある政治」が必要であることも指摘している。「社会全体の関心や目標との関連で、個人や集団の身に何かがふりかかる政治というよりも、むしろ個人や集団で《何かを引き起こす》ことを可能にする政治」であるという。つまり、個々人がどう生きるのかという「生き方アイデンティティ」にまで政治が関わるようになり、それを処理するためには、個人や集団がより積極的に何かを生み出す(生成する)ことに関わるような政治の仕組みをつくっていくということである[15]。当然、そこでは参加者自らの責任が問われることになるし、共同責任が不可欠になる。しかも、その活動の結果にまで責任を負わなければならない。

　文化間移動をする子どもたちの教育は、従来の枠を前提にするのではなく、新しい教育の枠組みを生成するような取り組みが求められる。つまり、これまでのように、「国民教育」を前提にするのではなく、これからの日本社会を構成する新しい「市民」の育成といった観点から、その教育をとらえ直す必要があるということである。つまり、教育の目標自体の見直し、教育の内容・方法の改善、子どもたちの母語と日本語の保障といった施策と活動が必要になるし、そのための教育コミュニティが不可欠になる。教育コミュニティを理想的にとらえたり、すでにあるものとして想定したりするのでは

なく、担当者同士の学び合い、子どもの情報を共有した組織間の活動、教師とボランティアとの協働、制度改革に向けた働きかけや運動など、多様な取り組みを通して関係性を構築し、新しい課題解決に向けた活動を展開していくといった一連の実践が教育コミュニティである。こうした実践は、多文化共生を目指した地域づくりへと結びついていく。この教育コミュニティや多文化共生を目指した地域づくりでは、それを担うべき主体の責任についても明確にする必要がある。「コミュニティ」はその責任の所在が曖昧になる恐れがあるが、行政を含めて共同責任の基盤をいかにつくりあげるかが課題になる。その意味でも行政だけでなく、行政に代わり公共的な性格をもつようになった NPO などの役割も重要になる。

今後、文化間移動をする子どもを生活者としてとらえ、社会の構成員として明確に位置づけていくためには、学校、行政、地域のボランティアや NPO が共同責任のもとで、子どもたちの「学力」を向上させていくための取り組みが求められる。それこそが「恒常的なシステムづくり」であり、地域の特性に応じて共同活動をいかに組織し、展開していくかが問われることになる。

注

1 　清水睦美・児島明編著(2006)『外国人生徒のためのカリキュラム』嵯峨野書院
2 　OECD 編(斎藤里美・木下江美訳)(2007)『移民の子どもと学力』明石書店
3 　「ふれあい館」の実践事例については、東京外国語大学多言語多文化教育研究センター編(2008)『外国につながる子どもたちをどう支えるのか―当事者も参加した拠点・ネットワークの構築』を参照のこと。
4 　外国にルーツをもつ子どもたちの将来を考える会編(2008)『外国にルーツをもつ子どもたちへ　将来に続く道』国際日本語普及協会 p.43
5 　外国にルーツをもつ子どもたちの将来を考える会編　前掲書 p.34
6 　宮島喬(2002)「就学とその挫折における文化資本と動機づけの問題」宮島喬・加納弘勝編『変容する日本社会と文化』東京大学出版会 pp.135-137
7 　小島由枝(2006)「教室で活躍できる子どもたち―学習支援の取り組み―」佐藤郡衛・佐藤裕之編『「共に生きる子ども」を育てる国際理解教育』教育出版 pp.117-118
8 　外国にルーツをもつ子どもたちの将来を考える会編　前掲書 p.43
9 　「ゆめの木教室」の実践事例については、東京外国語大学多言語多文化教育研究センター編(2008)『外国につながる子どもたちをどう支えるのか―当事者も参加した拠点・ネットワークの構築』を参照のこと。また、豊田市立西保見小学校の研究紀要等も参照した。

10 野津隆志(2008)「ニューカマー支援NPOと学校・教委・行政の連携―神戸の事例」『異文化間教育』28号　アカデミア出版会 pp.10–20
11 以下の「よるとも会」の事例は、2部で詳細に紹介されている。また、東京外国語大学多言語多文化教育研究センター編(2008)『外国につながる子どもたちをどう支えるのか―当事者も参加した拠点・ネットワークの構築』を参照のこと。
12 池田寛(2005)『人権教育の未来―教育コミュニティの形成と学校改革』解放出版
13 アンソニー・ギデンズ(松尾精文・松川昭子訳)(1995)『親密性の変容』而立書房 pp.143–144
14 アンソニー・ギデンズ(佐和隆光訳)(2001)『暴走する世界』ダイヤモンド社 pp.124–130
15 アンソニー・ギデンズ(松尾精文・立松隆介訳)(2002)『左派右派を超えて―ラディカルな政治の選択』而立書房 p.28

索引

A

AU（Activity Unit） 61, 90

J

JSL カリキュラム 43, 60, 91, 179
JSL サポーター 96

P

PTA（国際委員会／特別委員会） 64, 221

あ

新しい地域づくり 17

い

一時的セミリンガル 32
居場所づくり 12, 40
異文化間リテラシー 244
異文化適応 19
インドシナ難民の子ども 3

う

受け入れ体制 57

え

エスニック・アイデンティティ／民族的アイデンティティ 23, 166, 241

お

親子日本語教室 204, 217
親子の絆 81
親と子のコミュニケーション 135

か

海外・帰国児童生徒教育 6
外国人学校 10
外国人児童生徒教育 6
外国人児童生徒支援の体制 174
（外国人生徒の）就職 166
外国人生徒のサポート体制 152
外国人生徒枠／中国帰国生徒外国人生徒入学者選抜 15, 150
外国人の子どもの学力 268
外国人の子どもの教育に関する施策 4
外国人の保護者のネットワーク 63
外国人労働者 88
書きことば・話しことば 9, 29
学習言語能力 26
学習参加のための日本語 43, 179
学習の記録／学習カード 94, 124
学習の連続性 16
学力 31, 167
「学力」の多面性 269
「学力」の再定義 270
学校の受け入れ方針 9

家庭・地域との連携 114

き

教育コミュニティ 278
教育サポーター 155
教育を受ける権利 7
教員加配 38, 91
教員と教育委員会の連携 150
教科志向型JSLカリキュラム 101
教科内容と日本語の統合学習 41
協調学習／協働学習 241

け

継承語(Heritage Language)教育 49

こ

交換授業 61
高校進学 15, 153
交流学習 126
効力感 237
国際結婚家庭の子ども 56
国際理解教育 37, 125
国際理解教育推進特区 141
子どもたちの生活世界 254
子どもたちの多様な実態 44
個別カリキュラムの開発 44
個別指導 96
雇用、福祉、医療との関連 16

さ

在籍学級との連携 98

在日韓国・朝鮮人の子ども 7
サバイバル日本語 40
サブマージョン 25
参与的な知 267

し

支援ネットワーク 251
支援のネットワーク化 17
自己学習能力 257
自尊感情 22, 138
自治体間の格差 7
社会的差別 260, 262
就学前の子どもへの支援 8
集住(地域) 4, 10, 199
主体的な学び 255, 256
初期日本語指導 13, 92, 178
新規来住 4
進路保障 15, 165

す

スキャフォールディング(足場かけ) 245

せ

生活言語能力 26
生活者 7

そ

相互的な知 267

た

大学進学 165
滞在の長期化 4
第2言語としての日本語 25
多様な回路による学習支援 270
多様な学習支援の場 273

ち

地域の学習支援 277
地域の日本語教室 229, 275
中国帰国児童生徒 119
中国帰国児童生徒教育 6
中国語アナウンス 138
中国語学習 131
中国語教室／母語教室 135

て

ティームティーチング 63
適応指導 35, 92

と

渡日生教育 153
トピック型JSLカリキュラム 67, 99
取り出し指導 38, 91, 123, 157

な

内容重視の言語（日本語）教育 46

に

2言語の発達 30
日系ブラジル人の子ども 7
日本生まれ（の外国人児童・生徒） 122, 142
日本語・国際学級 176, 202
日本語教育の継続性 13
日本語教室 38, 120
日本語指導が必要な外国人児童生徒数 3
日本語指導と教科指導の統合 14
日本語指導等協力者 177
日本語能力試験 155, 204
日本社会の構成員 7
認知の発達／認知発達 30, 32

は

パートナー 193
入り込み指導 39, 122
発達段階 29
発達の軸 16
話しことば／書きことば 9, 29
母親参加型指導 67

ふ

不就学 11
ブラジル人学校 205
ブラジル人集住地 200
文化間移動をする子どもたち iv

ほ

母語教育・母文化教育 49, 159
母語による指導 65
補償教育 236
母文化の維持 163

ま

学ぶ力 44

め

メタ言語能力 30
メタ認知 238

も

モデル 207, 243

ら

ライフコース 22, 251
ライフコースと学習支援 253

れ

連携 193

執筆者紹介（執筆順）
（＊は編者）

第 1 章、第 13 章
＊佐藤郡衛（さとう・ぐんえい）東京学芸大学教授国際教育センター教授
　　主な著書『国際理解教育―多文化共生社会の学校づくり』（明石書店、2001）、『改訂新訂 国際化と教育―異文化間教育学の視点から』（放送大学教育振興会、2003）、共編著『アメリカで育つ日本の子どもたち―バイリンガルの光と影』（明石書店、2008）

はじめに、第 2 章、第 3 章、第 11 章、第 12 章、
＊齋藤ひろみ（さいとう・ひろみ）東京学芸大学教育学部准教授
　　主な著書　共著『外国人児童の「教科と日本語」シリーズ　小学校 JSL カリキュラム』「解説」（スリーエーネットワーク、2005）、「多言語多文化化する学校」赤司英一郎、荻野文隆、松岡榮志編『多言語・多文化社会へのまなざし―新しい共生への視点と教育』（白帝社、2008）、共著『「移動する子どもたち」のことばの教育を創造する―ESL 教育と JSL 教育の共振』（ココ出版、2009）

第 4 章
山中文枝（やまなか・ふみえ）　茨城県神栖市立植松小学校

第 5 章
高橋恵子（たかはし・けいこ）　静岡県磐田市立竜洋西小学校

第 6 章
折田正子（おりた・まさこ）　高知県高知市立横浜新町小学校

第 7 章
大倉安央（おおくら・やすお）　大阪府立門真なみはや高等学校

第 8 章
菅原雅枝（すがはら・まさえ）　神奈川県川崎市日本語指導巡回相談員

第 9 章
拝野寿美子（はいの・すみこ）　神田外語大学非常勤講師

第 10 章
垂見直樹（たるみ・なおき）　九州大学学術研究員・よるとも会スタッフ

文化間移動をする子どもたちの学び
教育コミュニティの創造に向けて

発行	2009年3月31日　初版1刷
定価	2800円+税
編者	©齋藤ひろみ・佐藤郡衛
発行者	松本　功
装丁者	上田真未
印刷製本所	三美印刷株式会社
発行所	株式会社　ひつじ書房
	〒112-0011 東京都文京区千石2-1-2 大和ビル2F
	Tel.03-5319-4916 Fax.03-5319-4917
	郵便振替 00120-8-142852
	toiawase@hituzi.co.jp　http://www.hituzi.co.jp
	ISBN 978-4-89476-343-2

造本には充分注意しておりますが、落丁・乱丁などがございましたら、小社かお買上げ書店にておとりかえいたします。ご意見、ご感想など、小社までお寄せ下されば幸いです。

※未刊の書籍の場合、タイトル・価格等に関しては仮のものも含まれています。ひつじ書房のホームページで最新情報をご確認ください。

移動労働者とその家族のための言語政策
生活者のための日本語教育
春原憲一郎編　1,600円＋税　978-4-89476-387-6

日本語教育政策ウォッチ2008
定住化する外国人施策をめぐって
田尻英三編　1,600円＋税　978-4-89476-408-8

文化間移動をする子どもたちの学び
教育コミュニティの創造に向けて
齋藤ひろみ・佐藤郡衛編　2,800円＋税　978-4-89476-343-2　近刊

多文化社会オーストラリアの言語教育政策
松田陽子著　予価4,200円＋税　978-4-89476-421-7　近刊